Conceitos básicos de linguística
NÍVEIS DE ANÁLISE

Conselho Acadêmico
Ataliba Teixeira de Castilho
Carlos Eduardo Lins da Silva
Carlos Fico
Jaime Cordeiro
José Luiz Fiorin
Tania Regina de Luca

Proibida a reprodução total ou parcial em qualquer mídia
sem a autorização escrita da editora.
Os infratores estão sujeitos às penas da lei.

A Editora não é responsável pelo conteúdo dos capítulos deste livro.
Os Organizadores e os Autores conhecem os fatos narrados, pelos quais são responsáveis, assim como se responsabilizam pelos juízos emitidos.

Consulte nosso catálogo completo e últimos lançamentos em **www.editoracontexto.com.br**.

Elisa Battisti
Gabriel Othero
Valdir do Nascimento Flores
(orgs.)

Conceitos básicos de linguística

NÍVEIS DE ANÁLISE

Copyright © 2025 dos Organizadores

Todos os direitos desta edição reservados à
Editora Contexto (Editora Pinsky Ltda.)

Foto de capa
Daniel Apodaca em Unsplash

Montagem de capa e diagramação
Gustavo S. Vilas Boas

Preparação de textos
Dos organizadores

Revisão
Lilian Aquino

Dados Internacionais de Catalogação na Publicação (CIP)

Conceitos básicos de linguística : níveis de análise / organizado por Elisa Battisti, Gabriel Othero, Valdir do Nascimento Flores. – São Paulo : Contexto, 2025.
208 p.

Bibliografia
ISBN 978-65-5541-618-3

1. Linguística 2. Análise linguística I. Battisti, Elisa II. Othero, Gabriel III. Flores, Valdir do Nascimento

25-1057   CDD 410

Angélica Ilacqua – Bibliotecária – CRB-8/7057

Índice para catálogo sistemático:
1. Linguística

2025

Editora Contexto
Diretor editorial: *Jaime Pinsky*

Rua Dr. José Elias, 520 – Alto da Lapa
05083-030 – São Paulo – SP
PABX: (11) 3832 5838
contato@editoracontexto.com.br
www.editoracontexto.com.br

Sumário

APRESENTAÇÃO 7
Elisa Battisti, Gabriel de Ávila Othero e Valdir do Nascimento Flores

FONÉTICA 11
Sandra Madureira e Plínio Barbosa

FONOLOGIA 33
Elisa Battisti

MORFOLOGIA 53
João Paulo Cyrino

LÉXICO 67
Paula Armelin e Ana Paula Scher

SINTAXE 83
Gabriel de Ávila Othero

PROSÓDIA 101
Carolina Serra e João Antônio de Moraes

SEMÂNTICA 119
Renato Basso

PRAGMÁTICA 137
Marcos Goldnadel

TEXTO 159
Alena Ciulla

ENUNCIAÇÃO 173
Valdir do Nascimento Flores

DISCURSO 185
Gesualda dos Santos Rasia

LISTA DE ASSUNTOS 201

OS AUTORES 205

Apresentação

Elisa Battisti
Gabriel de Ávila Othero
Valdir do Nascimento Flores

A linguística é, hoje, uma área bem estabelecida nos cursos de Letras do país: além de estar presente nos níveis de graduação e de pós-graduação, a linguística conta com pesquisadores e produção qualificados, em uma ampla gama de pontos de vista e abordagens.

Pensando nisso é que organizamos este terceiro volume de *Conceitos básicos de linguística*, agora com o subtítulo *Níveis de análise*. Nossa intenção aqui foi organizar um livro complementar aos precedentes, *Conceitos básicos de linguística: sistemas conceituais* e *Conceitos básicos de linguística: noções gerais*, que apresentasse ao aluno os diferentes níveis da análise linguística. Assim sendo, este terceiro volume da coleção contempla áreas que investigam das menores unidades linguísticas (os fones, os fonemas, os traços fonológicos), passando por unidades intermediárias (as sílabas, os morfemas, as palavras, os sintagmas, as frases fonológicas, as sentenças), até domínios e unidades maiores (a situação de enunciação, o texto, discurso). Essa organização se reflete no sumário do livro, como o leitor poderá notar. Obviamente, os domínios não são estanques; antes, são construções abstratas advindas dos modelos de teoria e de análise linguísticas. Muitas vezes, os domínios, inclusive, se sobrepõem, o que nos permite falar em fenômenos fonético-fonológicos, semântico-pragmáticos, textuais-discursivos, sintático-prosódicos, morfofonológicos, sintático-semânticos, léxico-gramaticais, enunciativo-discursivos, morfossintáticos etc.

Por isso, apesar de o sumário estar disposto de uma maneira que, tentativamente, organiza os níveis de acordo com uma ordem supostamente crescente, das menores unidades linguísticas até os maiores domínios de análise, isso não significa que a leitura ideal deste volume seja essa – se é que existe tal leitura ideal. Ao invés disso, pensamos que uma leitura proveitosa pode ser temática ou teórico-conceitual. Por exemplo, o leitor interessado no conteúdo "gramatical" *stricto sensu* pode seguir esta ordem de leituras dos capítulos: "Fonologia", "Fonética", "Prosódia", "Morfologia", "Sintaxe" e "Léxico". Se o leitor deseja começar pelos domínios "maiores" de análise linguística, uma sequência interessante de leitura pode ser "Semântica", "Pragmática", "Enunciação", "Texto" e "Discurso". Nada impede, porém, que o leitor faça seu próprio percurso investigativo no interior do conjunto das reflexões aqui desenvolvidas, em articulação com o conteúdo presente nos dois volumes anteriores de *Conceitos básicos de linguística*.

Pensamos que este livro pode ser usado preferencialmente de três maneiras:

(i) longitudinalmente, em uma disciplina de introdução ampla à linguística, em que o professor conduz os alunos pelos caminhos da linguagem e apresenta os diferentes níveis da análise linguística. Nesse sentido, cada capítulo do livro pode ser trabalhado em dois encontros e fornecer aos alunos uma primeira aproximação a cada área e domínio de análise linguística. O professor poderá seguir o sumário, tal como está, ou seguir a ordem que sugerimos acima, de caráter teórico-conceitual – ou uma ordem própria. Cada capítulo está preparado para ser usado tanto de forma autônoma como para dialogar com os demais. Essa maneira de trabalhar com este volume poderá ser enriquecida se articulada às cuidadosas apresentações feitas no primeiro volume desta coleção acerca dos sistemas conceituais (linguística saussuriana, linguística distribucional, linguística gerativa e sociolinguística), bem como às noções gerais presentes no segundo volume da coleção, que certamente subsidiarão a leitura dos capítulos aqui propostos;

(ii) transversalmente, em disciplinas mais avançadas dos cursos de Letras e Linguística. Nesse sentido, cada capítulo (ou conjunto de capítulos) pode servir como "a primeira leitura" do curso. O curso pode seguir os caminhos que começaram a ser pavimentados nessa primeira leitura, desenvolvendo-os. Aqui o professor também pode se guiar por uma ordem teórico-conceitual. Por exemplo, em uma disciplina que aborde os sons da fala, o professor pode propor a leitura dos capítulos de Fonologia, Fonética e Prosódia e expandir os conteúdos tratados nesses capítulos ao longo do semestre, com as noções apresentadas nos volumes anteriores. Em uma disciplina que aborde a estrutura da palavra e da frase, o professor pode utilizar os capítulos "Léxico", "Morfologia", "Sintaxe" e "Semântica", aqui presentes, como leituras iniciais e partir nas direções apontadas nesses textos para dar continuidade à disciplina, sempre atento ao que se coloca a respeito dessas áreas no segundo volume (por exemplo, nos capítulos intitulados "Morfologia", "Semântica", "Sintaxe" etc.) e aos fundamentos do grande campo da linguística apresentados em *Conceitos básicos de linguística: sistemas conceituais*. O mesmo gesto teórico-metodológico pode ser feito em uma disciplina que enfoque a construção mais ampla do significado e da análise linguística; ou seja, o professor pode usar os capítulos "Semântica", "Pragmática", "Texto", "Enunciação" e "Discurso", aqui presentes, valendo-se de conceitos abordados no segundo volume (por exemplo, "Enunciação", "Pragmática", "Discurso" etc.). As opções são muitas e variadas, e os capítulos apresentados aqui são concisos, mas consistentes. Além disso, todos eles apontam caminhos a serem seguidos a partir de sua leitura e trazem, na última seção, um roteiro sugerido de próximas leituras – a maioria delas em português, pensando no desenvolvimento da área no cenário nacional;

(iii) finalmente, pensamos que o aluno pode usar este livro para leitura propedêutica em seus estudos individuais – ou em grupos de estudos com colegas –, aliado aos dois volumes que o precedem. Os textos foram escritos pensando nos alunos como público-alvo preferencial. Nesse sentido, são textos claros e com teor marcadamente didático. Todos os autores fizeram questão de apresentar definições claras e teoricamente amparadas, exemplos e sugestões de leituras para que os alunos possam se aprofundar após o estudo do livro.

Enfim, para que a publicação deste volume se tornasse realidade, devemos agradecer às nossas parcerias neste projeto. Primeiramente aos autores dos capítulos, que "compraram a ideia" de escrever textos introdutórios. Foram muitas versões de cada capítulo, muitas idas e vindas entre a versão inicial e a versão final de cada texto. Agradecemos a paciência e a interlocução constante de todos. Além disso, devemos agradecer aos leitores das primeiras versões dos capítulos, que apontavam passagens obscuras, trechos de difícil compreensão, locais onde um exemplo ou outro cairia bem, alguma eventual inconsistência teórica etc. Graças a esses leitores, pudemos preparar um livro mais acessível ao público final, a saber: os alunos de graduação dos cursos de Letras e Linguística do país.

Por fim, gostaríamos de manifestar publicamente nossa alegria em concluir o projeto de publicação dos três volumes de nossos *Conceitos básicos de linguística*, iniciado há bastante tempo. Como diz Roland Barthes em sua aula inaugural no Collège de France, a alegria é melhor do que a honra; "pois a honra pode ser imerecida, a alegria nunca o é". Ora, a alegria em ver publicados os três volumes dos nossos *Conceitos básicos de linguística* também nos enche de felicidade e esperança. Felicidade em compartilhar com nossos leitores um caminho de estudos e pesquisas; esperança em contribuir, mesmo que minimamente, com a ampliação da discussão em torno da linguagem humana entre nós, no Brasil.

Este projeto tornou-se possível porque fomos guiados simultaneamente pelo rigor no tratamento da reflexão teórica (é o nosso apreço pela ciência), pelo respeito à diversidade da abordagem científica (é o nosso apreço pelas diferenças), pela convicção de que a linguagem humana é linda (é o nosso apreço pelo belo) e pela admiração recíproca que os autores desta coleção têm entre si (é o nosso apreço pela amizade).

Este livro conclui um projeto que testemunha um périplo pessoal e profissional, guiado pela ética do saber e do saber conviver. O poeta Manuel de Barros, no *Livro sobre nada*, dá a exata formulação: "A ciência pode classificar e nomear os órgãos de um sabiá, mas não pode medir seus encantos". Que a nossa exposição sobre a ciência linguística permita ao leitor ver melhor o encanto da linguagem. É nosso desejo!

Boa leitura!

Referências

BATTISTI, E.; OTHERO, G. A.; FLORES, V. N. Linguística. In: _____. *Conceitos básicos de linguística: noções gerais*. São Paulo: Contexto, 2022.

FLORES, V. N.; OTHERO, G. A. Várias linguísticas, uma epistemologia da linguística. In: _____. (orgs.) *A linguística hoje: múltiplos domínios*. São Paulo: Contexto, 2023.

_____. Linguística Geral. In: _____. (orgs.) *A linguística hoje: historicidade e generalidade*. São Paulo: Contexto, 2024.

_____. Prefácio: uma outra linguística geral. In: RIZZI, L. *Complexidade das estruturas linguísticas, simplicidade dos mecanismos da linguagem*: uma aula no Collège de France. No prelo.

Fonética

Sandra Madureira
Plínio Barbosa

INTRODUÇÃO

A palavra "fonética" se origina do grego *phonetikós*, que significa "relativo à voz ou ao som". A fonética é o ramo da linguística que estuda os sons da fala em todos os aspectos compreendidos "na cadeia da fala" (Denes e Pinson, 1988 [1963]).

A partir da cadeia da fala, a fonética investiga a produção dos sons pelo aparelho fonador, a transmissão dos sons em meios físicos, a recepção dos sons pelos ouvidos, a decodificação dos sons pelo cérebro, bem como os níveis de representação dos sons no cérebro dos falantes e dos ouvintes.

A fonética não se restringe ao domínio linguístico. Busca subsídios em outras disciplinas para o entendimento de como a fala é gerada no corpo humano, de como as propriedades físicas constituem os sons da fala, de como o ouvido recebe as vibrações sonoras e as transmite para o cérebro e de como o cérebro processa a fala.

Subsídios em disciplinas das áreas de ciências exatas, biológicas, humanas, engenharias, além de avanços no campo da tecnologia vêm revigorando os estudos fonéticos. Considerar esses avanços ajuda a compreender o desenvolvimento dos estudos fonéticos desde o século passado e as contribuições que a pesquisa fonética tem gerado para a sociedade.

Por exemplo, as tecnologias que possibilitam a visualização dos movimentos dos órgãos do aparelho fonador, como a ressonância magnética e a ultrassonografia, oferecem dados de qualidade para esclarecer mecanismos que outrora só eram acessados com técnicas invasivas, como a palatografia, técnica que usa o palatógrafo, uma placa posicionada no palato do falante, para registar os movimentos da língua na produção dos sons da fala.

Do ponto de vista da contribuição para o entendimento das propriedades físicas dos sons da fala, as técnicas, os programas de computador (Barbosa, 2021) e as ferramentas livres para a realização de análise da composição em frequências dos sons, como o PRAAT (Boersma e Weenink, 2022), possibilitam a visualização e a mensuração dos parâmetros acústicos a partir da concretude da onda sonora. Além da análise desses parâmetros, medidas articulatórias podem ser obtidas a partir de um instrumental próprio, detidamente comentado em Barbosa (2022a).

Os campos de investigação dos estudos fonéticos também se ampliaram a partir de demandas de explicações para fenômenos relacionados a atividades desenvolvidas em sociedade. Campos férteis se formaram a partir dessas demandas e impulsionaram os estudos sobre os fatores sociais que impactam a fala (sociofonética), a comparação de locutores (fonética forense), os distúrbios de fala (fonética clínica), o ensino de pronúncia em L2 (fonética aplicada ao ensino) e as artes dramáticas (uso profissional da voz).

A fonética se relaciona estreitamente com a fonologia (ver capítulo "Fonologia"), e o nível de estreitamento dessa relação varia de acordo com as características do modelo fonológico considerado (Arvaniti, 2007). Tradicionalmente, o foco na descrição dos sons da fala, no uso de técnicas laboratoriais e a natureza da investigação experimental é associado aos estudos de fonética, e o foco na função e estruturação e variabilidade dos sons nos sistemas das línguas, aos estudos da fonologia.

Tanto o foco fonético quanto o fonológico incidem sobre os segmentos fônicos (vogais e consoantes) e prosódicos da fala. Esses dois tipos de elementos são considerados, a seguir, sob a perspectiva dos estudos fonéticos.

OS SEGMENTOS FÔNICOS

Na produção dos sons da fala, a corrente de ar pode ser egressiva ou ingressiva. No caso da língua portuguesa, e de um vasto número de línguas, os segmentos fônicos são produzidos com a corrente de ar egressiva (movimento para fora do aparelho fonador) e com a câmara iniciadora pulmonar, ou seja, os pulmões.

O aparelho fonador compreende três partes principais: a parte sublaríngea, a parte laríngea e a parte supralaríngea. A primeira, também referida como pulmonar ou respiratória, fornece a corrente de ar para a produção dos sons; fazem parte dela o diafragma, os pulmões e a traqueia. A segunda, a parte laríngea, é formada pelas cartilagens cricoide, aritenoides, tireoide e pelas pregas vocais e encimada pela epiglote (as pregas vocais verdadeiras, que ao vibrarem produzem os sons vozeados, estão localizadas abaixo das pregas vocais vestibulares, também conhecidas como falsas pregas vocais; na parte anterior da laringe, as pregas vocais se ligam à tireoide e, na parte posterior, às aritenoides). A terceira parte, a supralaríngea, é formada pelas cavidades ressoadoras (bucal, nasal, faríngea e labial) e pelos articuladores. A cavidade labial é a que se forma quando os lábios estão protruídos, ou seja, se projetam formando uma cavidade à frente dos dentes. Experimente falar "u,o,ó" para perceber que os lábios se projetam à frente dos dentes, deixando uma cavidade entre os lábios e os dentes. O aparelho fonador e suas principais partes podem ser visualizados na Figura 1.

Figura 1 – Diagrama das três principais partes do aparelho fonador com órgãos das partes sublaríngea e laríngea indicados. Na parte laríngea do aparelho fonador, da esquerda para a direita: visão frontal, lateral e detrás da estrutura laríngea que se localiza no topo da traqueia.

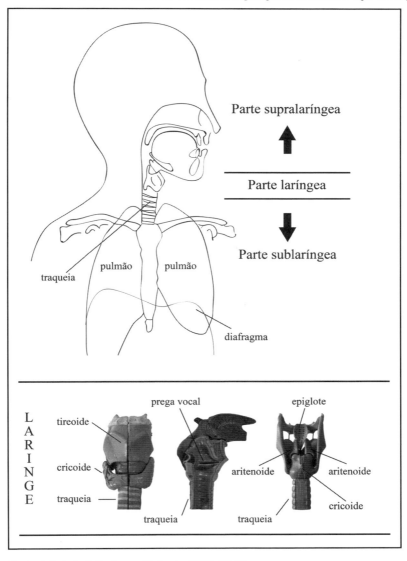

Fonte: Adaptado de Barbosa e Madureira (2015: 39-40).

14 Conceitos básicos de linguística

Os articuladores da fala podem ser classificados em ativos e passivos. Os articuladores ativos são os que se movimentam em direção aos passivos na produção dos sons da fala: lábio inferior, língua (ponta, lâmina e dorso), véu palatino e pregas vocais. Os articuladores passivos são lábio superior, dentes incisivos superiores, alvéolos, palato duro, véu palatino e úvula. Note que, ao produzir um som oral velar, como o da consoante inicial da palavra *gato*, por exemplo, o véu palatino tem um papel passivo (a língua se movimenta em direção a ele), mas, na articulação de sons nasais, como o da consoante inicial da palavra *mata*, o seu papel é ativo, pois abaixa para que a corrente de ar possa passar para a cavidade nasal. A seguir, na Figura 2, em que apresentamos os articuladores, o véu palatino está erguido, bloqueando a passagem da corrente de ar para a cavidade nasal. Na Figura 3, apresentamos as cavidades ressoadoras dos sons da fala.

Figura 2 – Diagrama dos articuladores do aparelho fonador.

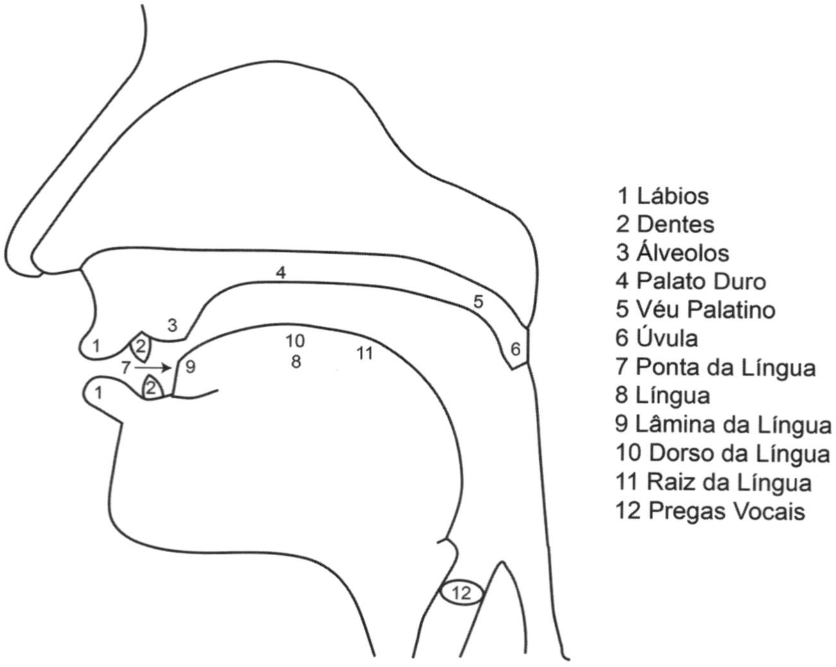

1 Lábios
2 Dentes
3 Álveolos
4 Palato Duro
5 Véu Palatino
6 Úvula
7 Ponta da Língua
8 Língua
9 Lâmina da Língua
10 Dorso da Língua
11 Raiz da Língua
12 Pregas Vocais

Figura 3 – Diagrama das cavidades ressoadoras do trato vocal.

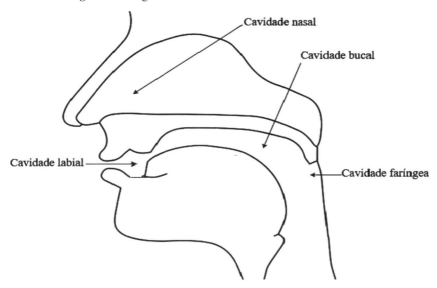

A qualidade dos sons, segundo a Teoria Acústica de Produção da Fala (Fant, 1960), também conhecida como teoria Fonte-Filtro, é determinada pela configuração das cavidades que ressoam a fonte de voz (vibração das pregas vocais) ou fontes de ruído (obstruções totais ou parciais à passagem da corrente de ar pelos articuladores).

Do ponto de vista acústico, os sons da fala são, portanto, fruto de fontes de voz (som harmônico das pregas vocais), fontes de ruído ou fontes de voz combinadas com fontes de ruído que ressoam em cavidades compreendidas no trato vocal: a cavidade faríngea, a cavidade bucal, a cavidade nasal e a cavidade labial. Essas fontes de ruído e de voz que ressoam nas cavidades do trato vocal configuram os sons. Fontes de ruído são encontradas, por exemplo, nos sons produzidos com os modos de articulação oclusivos e fricativos. Note o leitor que os modos de articulação serão explicados e exemplificados quando introduzirmos, mais adiante neste capítulo, os critérios de descrição das consoantes.

Duas grandes classes de sons, cuja nomeação deriva de como os articuladores configuram as cavidades ressoadoras no trato vocal, são a das obstruintes e a das ressoantes (também conhecida como classe das soantes). Os sons obstruintes são aqueles que opõem à corrente de ar uma obstrução total ou parcial, provocando a ressonância de fontes de ruído na cavidade bucal. São sons obstruintes as consoantes oclusivas, fricativas e africadas. Os demais sons da fala são ressoantes: as consoantes nasais, *taps/flaps*, vibrantes, laterais e aproximantes, bem como as vogais. Os ressoantes são os sons produzidos com o trato vocal subdividido ou livre, de maneira que, mesmo havendo uma obstrução total em uma das cavidades ressoadoras ou em parte de uma cavidade ressoadora, há passagem livre da corrente de ar que ressoa a fonte de voz produzida pela vibração das pregas vocais.[1]

As diferenças entre os sons obstruintes e ressoantes em relação à presença ou ausência de obstruções à passagem da corrente de ar levam-nos a considerar o maior ou menor grau de afastamento entre articuladores, que determina o grau de abertura do trato vocal em suas produções. Experimente produzir isoladamente os sons da fala na seguinte sequência: "t"; "s" e "a". Na produção da consoante "t", a lâmina da língua entra em contato com os alvéolos, ou seja, os articuladores não estão afastados; na produção da consoante "s", há algum afastamento entre os articuladores, já que a lâmina da língua se aproxima dos alvéolos, mas não os toca; e, na produção da vogal "a", o dorso da língua se encontra em uma posição baixa e central na boca, em um grau de afastamento dos articuladores que deixa totalmente livre a passagem para a corrente de ar.

Consideremos, a seguir as características articulatórias e acústicas das consoantes e das vogais. As características articulatórias têm relação com a produção dos sons e as acústicas, com as consequências físicas dessas produções: as ondas sonoras. As ondas sonoras são processadas auditivamente, interpretadas e identificadas perceptivamente.

Articulatoriamente, as consoantes podem ser classificadas por três critérios: (i) ponto de articulação, (ii) modo de articulação e (iii) vozeamento. O ponto de articulação se refere ao local do obstáculo criado à passagem da corrente de ar pelos articuladores; o modo de articulação, a como a corrente de ar supera os obstáculos formados pelos articuladores e é liberada; e o vozeamento, ao papel exercido pelas pregas vocais, que podem entrar em vibração ou não quando a corrente de ar passa por elas. Cada um desses critérios é considerado e exemplificado a seguir.

Em relação ao *ponto de articulação*, as consoantes são classificadas de acordo com a região ou articuladores envolvidos em sua produção.

- **Bilabiais:** lábio inferior / lábio superior; exemplo: **p**ato, **b**ato, **m**ato.
- **Labiodentais:** lábio inferior / dentes incisivos superiores; exemplo: **f**aca, **v**aca.
- **Dentoalveolares:** ponta da língua / face lingual dos dentes incisivos superiores ou ponta ou lâmina da língua / região alveolar; exemplo: **t**ela, **d**ela, **l**ado, **n**ado, caro, **s**apo, **z**ero.
- **Pós-alveolares:** dorso da língua / região pós-alveolar; exemplo: **ch**ama, **j**ato.
- **Retroflexas:** consoantes produzidas pela ação da sublâmina da língua que se curva em direção ao palato duro; exemplo: po**r**ta (o "r" caipira).

- **Palatais:** dorso da língua / palato duro; exemplo: **lh**ama, **nh**oque.
- **Velares:** dorso da língua / palato mole; exemplo: **c**aro, **g**ata, **K**im, **r**ei.
- **Uvulares:** dorso da língua / região uvular do palato mole; exemplo: **c**ume; **g**ume, **r**ua.
- **Faríngeas:** base da língua / paredes de faringe; exemplo: alguns sons do árabe.
- **Glotais:** entre as pregas vocais; exemplo: ca**rr**o (falares do Rio de Janeiro, Minas Gerais e da região Nordeste, por exemplo).

Os articuladores referidos nos pontos de articulação podem se tocar ou se aproximar de formas particulares, designadas *modos de articulação*. Quanto ao modo de articulação, as consoantes podem ser classificadas conforme segue.

- **Oclusivas (ou plosivas):** os articuladores em contato provocam uma obstrução total à passagem da corrente de ar, que é liberada repentinamente com uma plosão, gerando acusticamente uma fonte de ruído transiente, ou seja, breve. Exemplos: **p**ulo, **b**ola, **t**ela, **d**ela, **c**ala, **g**ala.
- **Fricativas:** os articuladores, aproximados, geram uma obstrução parcial à corrente de ar, de forma que ela é liberada continuamente por uma passagem muito estreitada, gerando acusticamente uma fonte de ruído contínuo. Exemplos: **f**ala, **v**ala, **s**ala, **z**ela, **ch**alé, **g**ela e, em muitas variedades de português brasileiro como as do Rio de Janeiro, Minas Gerais e da região Nordeste, **r**io, **r**ua, **r**aça.
- **Africadas:** a oclusão total formada pelos articuladores é desfeita parcialmente, de forma que uma obstrução à passagem da corrente de ar, inicialmente total, se torna parcial, o que acusticamente provoca um ruído transiente (plosão), seguido de um ruído contínuo (fricção). Exemplos: **t**ia e **d**ia (no falar de paulistanos e cariocas, por exemplo).
- **Nasais:** os articuladores em contato na cavidade bucal formam uma obstrução total à passagem da corrente de ar, que, então, é liberada por meio da cavidade nasal, cujo acesso é propiciado pelo abaixamento do palato mole na orofaringe, formando uma ressonância nasal. Na cavidade bucal, assim que os articuladores se separam, a corrente de ar é liberada; **m**ato, **n**ata, **nh**oque.
- *Taps* ou *flaps*: durante a passagem da corrente de ar, a vibração deriva de uma rápida batida da língua nos alvéolos ou dentes superiores. Exemplos: ca**r**o, te**r**á, b**r**aço, po**r**ta.
- **Vibrantes:** durante a passagem da corrente de ar, ocorre o movimento vibratório repetido de um articulador (língua ou úvula), impulsionado pela corrente de ar, donde se apreende que é um fenômeno dinâmico acionado

pela corrente de ar. Exemplos: pronúncia do "r" escutada frequentemente em narrações de futebol (**Rrr**onaldinho) e em falares de português brasileiro de descendentes de portugueses e italianos, por exemplo.
- **Laterais:** os articuladores em contato na região central da cavidade bucal provocam, nesse ponto, um bloqueio à passagem da corrente de ar, que ressoa na cavidade bucal e é liberada pelos lados da língua. Exemplos: lado, lhama.
- **Aproximantes:** articuladas com um estreitamento entre os articuladores maior do que o observado na produção de uma vogal, mas não grande o suficiente para gerar acusticamente uma fonte de ruído como no caso da produção de fricativas. Exemplos: me**u**, pa**i**.

Em relação ao **vozeamento**, os sons podem ser **vozeados**, quando as pregas vocais entram em vibração, ou **não vozeados**, quando as pregas vocais não entram em vibração. Por vibração das pregas vocais, entende-se o movimento cíclico do fechar (pregas vocais se juntam) e abrir (pregas vocais se separam). Cada fechamento seguido de abertura configura uma vibração.[2] Para perceber essa distinção, produza as consoantes "s" e "z" isoladamente. Experimente colocar a mão sobre o pescoço ao produzi-las; fazendo isso, você perceberá a vibração na produção do "z", mas não na produção do "s", pois o som "z" é vozeado e o "s" não. Experimente também colocar as mãos, tapando as orelhas enquanto pronuncia o "z" e o "s". Você perceberá a diferença de vozeamento entre eles.

Sons vozeados podem, dependendo da distribuição que ocupam na palavra e nos enunciados, desvozearem. Como exemplo, podemos citar o desvozeamento de uma vogal em final de enunciado quando, além disso, é precedida por uma consoante não vozeada, como no seguinte exemplo: "O nenê é muito fofo". Neste exemplo, a vogal da sílaba átona da palavra "fofo", estando diante de fronteira final de enunciado e precedida por consoante não vozeada, tende a se desvozear.

Um outro fator que pode contribuir para o desvozeamento é o ajuste de voz "*whisper*" ("sussurro"), que se caracteriza por escape de ar. Experimente sussurrar como se estivesse falando um segredo ao pé do ouvido de alguém: "Maravilha viver". Percebeu o desvozeamento dos sons?

No Quadro 1, apresentamos os sons consonantais do português brasileiro transcritos com os símbolos do Alfabeto Fonético Internacional e suas descrições em termos de modo de articulação, ponto de articulação e vozeamento (sons não vozeados à direita e vozeados à esquerda nos pares).

O Alfabeto Fonético Internacional é um sistema de notação fonética dos sons da fala que foi criado pela Associação Fonética Internacional para representar, de um para um, os sons existentes nas línguas do mundo, tanto consoantes quanto vogais. Contém letras do alfabeto grego e romano e outros símbolos especificamente criados para esse fim, além de diacríticos, que são sinais que acompanham os símbolos, como o sinal de nasalização, por exemplo, e marcadores prosódicos, como, por exemplo, o sinal indicativo de acento tônico.

Na transcrição dos sons que apresentam um papel distintivo nas línguas, os fonemas, os símbolos vêm entre barras inclinadas e, para a transcrição das realizações dos fonemas, os fones, os símbolos vêm entre colchetes. O fonema do português brasileiro /l/, por exemplo, realiza-se como uma lateral alveolar [l] em posição inicial de sílaba, como na palavra "lá" e como [w] ou [ɫ] em final de sílaba, como na palavra "sul", pronunciada como [suw] em São Paulo e, eventualmente, [suɫ] no Rio Grande do Sul, por exemplo. Para saber mais sobre fonemas, veja o capítulo "Fonologia", neste volume.

Entre os símbolos fonéticos no Quadro 1, alguns correspondem a sons que são referidos como róticos, por serem, na escrita, representados pela letra "r". São eles os fricativos velares, uvulares e glotais, os *taps/flaps*, os vibrantes e a aproximante dentoalveolar. No falar de São Paulo, palavras como "corre/corro" são produzidas com fricativas velares/uvulares, mas, no falar de estados do Nordeste, por exemplo, são produzidas como fricativas glotais. Em posição final de sílaba, em palavras como "par", tanto róticos fricativos, quanto *taps/flaps*, vibrantes e aproximantes podem ocorrer, dependendo da origem geográfica do falante, do estilo de fala, do conteúdo emotivo da fala etc.

Experimente produzir cada um dos sons transcritos no Quadro 1 seguido da vogal "a". Se tiver dúvidas sobre como produzi-los, releia as descrições sobre os pontos, modos de articulação e vozeamento. Se quiser ouvir os sons transcritos abaixo e visualizar suas produções, recorra a sites como o Seeing Speech IPA Chart.[3]

Quadro 1 – Símbolos fonéticos de sons do português brasileiro e suas descrições em termos de modo e ponto de articulação.

Pontos ➡ Modos de articulação ⬇	Bilabial	Labiodental	Dentoalveolar	Pós-alveolar	Retroflexa	Palatal	Velar	Uvular	Glotal
Plosivas	p b		t d				k g		
Fricativas		f v	s z	ʃ ʒ			x ɣ	χ ʁ	h ɦ
Africadas				ʧ ʤ					
Nasais	m		n			ɲ			
Taps/Flaps			ɾ		ɽ				
Vibrantes			r					R	
Laterais			l			ʎ	ɫ		
Aproximantes			ɹ			j	w		

É importante ressaltar que as características de produção dos sons da fala geram consequências acústicas e que as pistas acústicas vão determinar como os sons são percebidos. Como ilustração dessa afirmação, vamos considerar, na Figura 4, um espectrograma de banda larga[4] de uma sequência de sílabas: [da], [la], [na], [ɾa] e [ra]). Elas iniciam por consoantes vozeadas produzidas no mesmo ponto de articulação, com maneiras de articulação diversas, o que explicita como características diferenciadas de modo de articulação resultam acusticamente.[5] A Figura 4, gerada no ambiente do PRAAT (Boersma e Weenink, 2022), apresenta a forma da onda, o espectrograma de banda larga e uma camada de transcrição fonética da sequência de sílabas em questão. Os retângulos superpostos ao espectrograma indicam as consoantes. A localização do ruído transiente é indicada por uma seta vertical, enquanto a do ruído contínuo por uma seta horizontal.

Figura 4 – Forma de onda (em cima), espectrograma de banda larga (no meio) e camada de transcrição fonética (abaixo) de uma sequência de sílabas iniciadas por consoantes com o mesmo ponto de articulação e vozeamento (alveolares vozeadas) produzidas com diferentes modos de articulação.

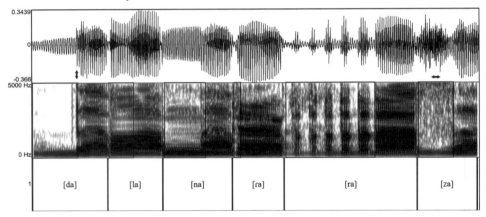

Observar as consequências acústicas das produções dos sons nos espectrogramas nos ensina a entender o vínculo entre produção e percepção dos sons. As articulações que produzimos geram características acústicas que são utilizadas como pistas pelos ouvidos. Só conseguimos entender plenamente como se articula um som da fala se atentarmos às consequências acústicas de nossas articulações. O que ouvimos é o produto acústico (o som) do que foi produzido pelo aparelho fonador.

A seguir, passamos a considerar os critérios de classificação das vogais. Articulatoriamente, as vogais são classificadas de acordo com cinco critérios: (i) a altura do dorso da língua, (ii) o posicionamento do dorso da língua entre o palato duro e o palato mole, (iii) a configuração labial, (iv) o abaixamento ou o levantamento do véu palatino e (v) o grau de tensão com que são produzidas. A classificação articulatória a partir desses critérios resulta em categorias de (i) vogais altas, médias e baixas; (ii) anteriores, centrais e posteriores; (iii) arredondadas e não arredondadas; (iv) orais e nasais; e (v) tensas e relaxadas.

Na Figura 5, apresentamos o quadro das vogais do português brasileiro (PB). No Quadro 2, estão as suas descrições em termos articulatórios e exemplos de ocorrências em palavras. O critério de tensão só foi incluído para contemplar a distinção entre as duas vogais altas anteriores e as duas vogais altas posteriores. Note que as palavras "lide" e "lido" aparecem duas vezes no Quadro 2, pois a pronúncia da vogal final dessas palavras, dependendo do falar, varia.

Figura 5 – Quadriláteros com as vogais orais e nasais do PB.

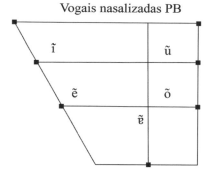

Fonte: Adaptado de Barbosa e Albano (2004: 229).

Quadro 2 – Relação, descrição e exemplificação de vogais do PB.

Vogal	Descrição Articulatória	Exemplo em palavra
[i]	Vogal alta, anterior, oral, não arredondada, tensa	lido
[e]	Vogal média-alta, anterior, oral, não arredondada	lema /lide
[ɛ]	Vogal média-baixa, anterior, oral, não arredondada	leste
[a]	Vogal baixa, central, oral, não arredondada	lado
[u]	Vogal alta, posterior, oral, arredondada, tensa	uva
[o]	Vogal média-alta, posterior, oral, arredondada	ovo/ lido
[ɔ]	Vogal média-baixa, posterior, oral, arredondada	hora
[ɪ]	Vogal alta, anterior, oral, não arredondada, relaxada	lide
[ɐ]	Vogal média-baixa, central, oral, não arredondada	lida
[ʊ]	Vogal alta, posterior, oral, arredondada, relaxada	lido
[ĩ]	Vogal alta, anterior, nasal, não arredondada	minto
[ẽ]	Vogal média-alta, anterior, nasal, não arredondada	menta
[ɐ̃]	Vogal média-baixa, central, nasal, não arredondada	manta
[õ]	Vogal média-alta, posterior, nasal, arredondada	monto
[ũ]	Vogal alta, posterior, nasal, arredondada	mundo

Uma sequência de segmentos vocálicos constitui uma unidade chamada ditongo quando for constituída de dois elementos e tritongo quando for constituída por três elementos. O ditongo e o tritongo apresentam um núcleo vocálico e outro(s) elemento(s) não nuclear(es), denominado(s) *glide(s)* – ou semivogais. São exemplos de palavras com ditongos: **pai, lei, boi, meu, pau, céu, sou, viu, fui, dói, mãe, pão, água, série, pátria, sério**. São exemplos de tritongos: **qual, igual, iguais**. Quando a vogal precede o *glide* como em "**pai**", o ditongo é referido como decrescente e quando o *glide* antecede a vogal como em "**água**" é chamado de crescente.

Consideremos, a seguir, as características acústicas das vogais. O que ouvimos como vogais são frequências reforçadas pelo trato vocal, os chamados formantes, que são as faixas mais escuras e relativamente horizontais que se veem no espectrograma de banda larga de produções das vogais [i], [a],[u] na Figura 6. Na estruturação formântica das vogais, os dois ou três primeiros formantes determinam a qualidade da vogal, ou seja, possibilitam diferenciar uma vogal da outra. Assim, a estruturação formântica (o espaçamento entre esses dois ou três primeiros formantes) de uma vogal a diferencia de outra.

No espectrograma de banda larga presente na Figura 6, os formantes correspondem às faixas escuras e são numerados de baixo para cima; o primeiro (F1) e o segundo formante (F2) estão sinalizados.

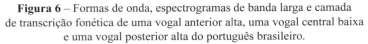

Figura 6 – Formas de onda, espectrogramas de banda larga e camada de transcrição fonética de uma vogal anterior alta, uma vogal central baixa e uma vogal posterior alta do português brasileiro.

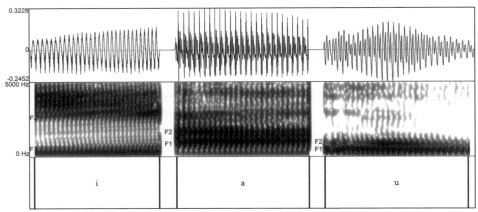

O tamanho e a configuração da cavidade bucal delineados pelo posicionamento da língua determinam a estruturação formântica. As vogais [i] e [u] são produzidas com o dorso da língua em uma posição alta, enquanto a vogal [a] é produzida com o dorso da língua baixo. Essa posição do dorso afeta o tamanho da cavidade bucal em relação à cavidade faríngea. Pode-se observar, na Figura 6, que o valor de F1 da vogal baixa é mais elevado do que o F1 das vogais [i] e [u]. O valor de F2, entretanto, é mais elevado do que o da vogal [u] e menos elevado do que o da vogal [i]. *Grosso modo*, como recurso mnemônico, podemos dizer que, nas produções de vogais, quanto mais alto o dorso da língua, mais baixo será o F1 e vice-versa: quanto mais baixo o dorso da língua, mais alto o F1. E ainda, quanto mais anteriorizado estiver o dorso da língua, mais alto o F2 e vice-versa, quanto mais posteriorizado, mais baixo o F2.

Essas diferenciações em termos das frequências que são reforçadas derivam dos tamanhos e das configurações das cavidades ressoadoras formadas a partir do posicionamento dos articuladores. Elas podem ser entendidas a partir da Teoria Acústica da Produção da Fala (Fant, 1960) e da Teoria da Perturbação (Chiba e Kajiyama, 1941), apresentadas em Barbosa e Madureira (2015, 2023) juntamente a aspectos metodológicos da fonética acústica experimental, além de uma descrição acústica detalhada dos sons do português brasileiro e do europeu.

Feitas considerações sobre as características de produção dos sons da fala e suas consequências acústicas, falta abordar como as pistas acústicas determinam o modo como os sons são percebidos. Em relação aos segmentos fônicos, o ruído transiente fornece uma pista acústica para a identificação das consoantes plosivas e o ruído contínuo para a identificação das fricativas. As frequências reforçadas a partir das ressonâncias produzidas pelas configurações que modelam o trato vocal, os formantes, nos fornecem pistas para a identificação dos sons ressoantes, sinalizados acusticamente pelas frequências dos formantes.

PROSÓDIA

O termo "prosódia" foi utilizado pela primeira vez na *República* de Platão na expressão *phthongous te kai prosōdias*, para opor o conteúdo segmental (*phthongous*) a variações melódicas (*prosōdias*) presentes em formas de narrar por imitação.

Na linguística, o termo "prosódia" recebeu um sentido especializado, com uma acepção usada, num primeiro momento, pelos estruturalistas e funcionalistas de forma negativa, como "todos os fatos de fala que não entram no quadro fonemático, isto é, aqueles que não concernem, de uma forma ou outra, à segunda articulação" (Martinet, 1991: 83). Ou seja, nessa acepção, prosódia referia-se à articulação envolvida na produção dos sons com propriedades contrastivas, os fonemas da língua. A prosódia trataria de tudo aquilo não concernente ao estudo dos fonemas, mas ao estudo da variação sonora na cadeia fônica, perpassando de uma sílaba a várias sílabas da frase, como quando diferenciamos uma pergunta de uma asserção com as mesmas palavras.

Focando aqui nos seus aspectos fonéticos, a prosódia está associada atualmente aos estudos do ritmo e entoação da fala, o que inclui a investigação de sua configuração por fatores linguísticos, paralinguísticos e extralinguísticos. Um exemplo do primeiro fator é a distinção entre uma frase declarativa de uma interrogativa apenas pelo uso da maneira como nós as entoamos: "Pedro fez a tarefa." vs. "Pedro fez a tarefa?". Um exemplo do segundo fator é a realização de uma frase na certeza que o fato aconteceu ou na incerteza dele, como na mesma frase "Pedro fez a tarefa", considerando que quem o diz sabe com certeza, ou não, que/se Pedro fez a tarefa. Um exemplo do terceiro fator é a produção de uma frase sob diferentes efeitos emocionais ou em diferentes velocidades.

Esses mecanismos estão imbricados com fatores sociais e biológicos como gênero, faixa etária, classe social, entre outros.[6] Faz parte dessa investigação o estudo das funções de *segmentação* (divisão do enunciado em partes menores, pelo uso de quebras ou pausas prosódicas; por exemplo, quando segmentamos a frase utilizando a notação da barra inclinada (/): "Faça chuva, / faça sol, / cá estou eu para te ajudar") e de *proeminência* (destaque de uma unidade da fala com relação ao seu entorno, como no caso da ênfase numa palavra, como assinalamos nas seguinte palavras sublinhadas: "Hoje estou bem cansado, não aguento mais"). Tudo isso é realizado a partir de parâmetros da produção da fala, como duração, frequência fundamental e intensidade.

Alguns exemplos ajudarão a refletir sobre as noções evocadas acima. Tomemos uma sentença contendo apenas a palavra "sim". Agora imagine alguém emitindo essa palavra para realizar uma declaração, como respondendo assertivamente à pergunta "Você é mortal?". Procure perceber, como falante do português, na resposta dada, a melodia do enunciado: ela migra de um nível menos grave para um nível mais grave (ainda mais fácil de perceber se você responder "claro que sim"). Agora imagine que alguém quer pedir uma confirmação de algo que foi dito com essa mesma palavra, "sim" ("Você disse 'sim'?"). Não fica claro que a melodia agora é ascendente? Além disso, essa melodia ascendente é de alguma forma distinta da combinação de melodia ascendente seguida imediatamente de uma descendente quando você usa o mesmo "sim" para perguntar o que alguém quer, ao olhar para você de forma inquisitiva.

Passemos para as emoções e atitudes. Como seria seu "sim" se tivesse muito aborrecido com a pessoa que o indaga? E se, ao invés disso, você estivesse feliz de fazer algo por ela, por ter sido sempre boa com você? Não lhe responderia de forma gentil e amigável? No primeiro caso, estando aborrecido, você não sentiu uma certa tensão em seu pescoço?

Vejamos como você pronunciaria uma sentença longa como (1):

(1) Faz muito tempo que não admirava a paisagem deste belo lugar; isso me faz muito bem.

Pronuncie essa sentença em voz alta. Como você dividiria o trecho ao falar? Em que pontos você toma o ar? Uma possibilidade seria (2), marcada pelas barras inclinadas:

(2) Faz muito tempo / que não admirava a paisagem deste belo lugar; / isso me faz muito bem.

Outra possibilidade é não fazer a pausa entre "tempo" e "que", tomado por uma necessidade de expressar esse sentimento de bem-estar. Você daria ênfase em quais palavras? Uma possibilidade seria nas palavras indicadas a seguir, em caixa-alta:

(3) Faz MUITO tempo que não admirava a paisagem deste belo lugar; isso me faz MUITO bem.

Se a ênfase fosse, por exemplo, apenas em "isso", talvez você quisesse dizer que, entre todas as sensações, a de contemplar uma paisagem bonita é a que faz mais bem. E tudo isso com as mesmas palavras! O mecanismo da fala que faz todos esses exercícios é a prosódia.

Mensuração da duração

Quando falamos de medida de duração para a investigação da prosódia, nos referimos à medida da duração de unidades que vão do tamanho da sílaba ao tamanho de grupos acentuais, isto é, os constituintes que terminam no momento das quebras prosódicas exemplificadas acima. Tais constituintes são definidos por duas proeminências consecutivas, como nos grupos acentuais da sentença (4), a seguir, em que assinalamos as sílabas de maior duração com o sublinhado.

(4) A casa do vizinho tinha uma varanda muito agradável.

Pronunciada com forças maiores nas sílabas sublinhadas e, consequentemente com maior duração em português brasileiro, teremos três grupos acentuais assim delimitados:

(5) [A casa do vizinho] [tinha uma varanda] [muito agradável]

Para observar a duração de unidades silábicas, há necessidade de procedimentos técnicos usando-se programas como o PRAAT. Entre os procedimentos estão a normalização e a suavização por média móvel dessas durações, que também são afetadas pela realização dos segmentos sonoros do tamanho do fonema. Por exemplo, a sílaba [sa] é intrinsecamente longa por conter a mais longa das consoantes ([s]) e a mais longa das vogais ([a]), sem por isso ser, necessariamente, algo percebido como pertinente ao nível do enunciado para o ouvinte. Para isso, seria preciso diferir sensivelmente de sua duração habitual, como ao fazer uma ênfase, por exemplo.

Além disso, a duração de sílabas fonológicas não costuma revelar uma informação prosódica relevante, tendo em vista que o cérebro humano captura a sequência dos inícios das vogais para a percepção da temporalidade na fala (Barbosa, 2006; Dogil e Braun, 1988). A Figura 7, a seguir, mostra três modos de analisar a duração das unidades entre inícios de vogais na sentença "Em seguida apareceu um papagaio real que tinha fama de orador", retirada de um texto de Monteiro Lobato e pronunciada por uma locutora carioca. Na Figura 7, as barras mostram as durações brutas dessas unidades em milissegundos, com transcrição fonética assinalada logo abaixo, pelo uso do Alfabeto Fonético Internacional. As linhas sobre as barras ligam os valores das durações normalizadas pela técnica estatística do *z-score* (pontos marcados com "+"); em seguida, valores que são suavizados por média móvel (pontos marcados com "o"). A normalização seguida de suavização possibilita definir os picos de duração que são passíveis de serem percebidos pelos ouvintes como proeminentes, como demonstramos em Barbosa (2008).

Figura 7 – Durações brutas em milissegundos (barra cinza), em *z-scores* (pontos "+" conectados) e em *z-scores* suavizados (pontos "o" conectados) do enunciado "Em seguida apareceu um papagaio real que tinha fama de orador", pronunciado por locutora carioca.

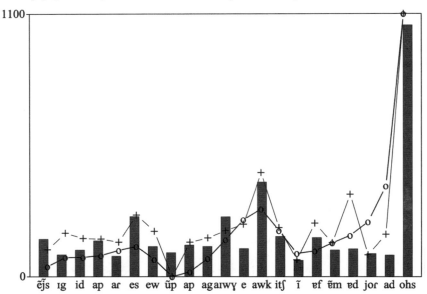

No exemplo que estamos examinando, "Em seguida apareceu um papagaio real que tinha fama de orador", vemos que os picos locais estão nas palavras "apareceu", "real", e "orador", correspondentes às posições que a locutora salientou em relação ao contexto imediato, constituindo um modo de falar, uma escolha ao ler essa frase.

Além das medidas de duração no nível da sílaba e da formação dos grupos acentuais, os estudos prosódicos incluem também a análise das pausas, tanto silenciosas quanto preenchidas, como a análise das taxas de elocução (*speech rate*) e articulação (*articulation rate*). As pausas silenciosas são transparentes ao entendimento: nesse caso, pausamos sem produzir som verbal algum. As pausas preenchidas, por outro lado, são aqueles sons ou prolongamentos sonoros que usamos enquanto estamos "pensando" no que falar, como "eeee" e "aqueleeee". A taxa de elocução se refere ao número de unidades linguísticas por unidade de tempo (geralmente medida em sílabas por segundo) e inclui as pausas de qualquer tipo. A taxa de articulação, por sua vez, diz respeito à produção de sílabas pronunciadas apenas nos trechos com som, excluindo, portanto, as pausas silenciosas.

Mensuração da frequência fundamental

Quando falamos de medida da frequência fundamental (F0), o correlato acústico da vibração das pregas vocais, referimo-nos ao chamado contorno melódico, o principal contributo para a percepção, a longo termo, da entoação. Mas também esse contorno, como no caso da duração silábica, tem alterações locais, na forma de picos, vales, subidas e descidas, que assinalam as funções básicas de prosódia, de segmentação e de proeminência. Além disso, como apontamos acima, assinalam também funções globais entre os polos linguístico e extralinguístico.

Comecemos com as funções, expressas por eventos melódicos locais, considerando a Figura 8.

Figura 8 – Curva da F0 do trecho "[...] mesmo o Brasil ganhando, mesmo (o) Brasil perdendo [...]", pronunciado por uma locutora paulista durante um programa de rádio.

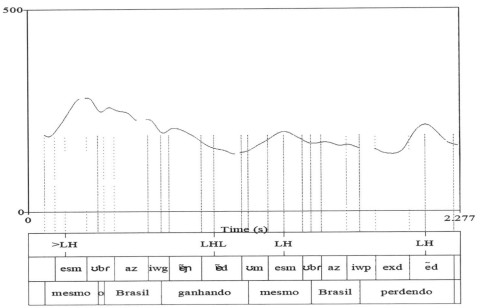

Observe os picos da curva durante as duas instâncias da palavra "mesmo". Na primeira vez, usamos símbolo >LH para representar uma subida com pico bem logo depois da sílaba tônica.[7] Na segunda instância, o pico é antecipado, ocorrendo no meio da vogal, por isso o símbolo LH não tem o sinal de "atraso" (>). Na primeira instância, a subida é mais rápida e atinge um pico mais alto do que na segunda. Essas diferenças fazem com que o primeiro "mesmo" seja percebido como mais enfático do que o segundo.

A melodia, por sua vez, também assinala a função de segmentação em unidades tonais (da mesma forma que os picos locais de duração delimitam grupos acentuais), como se vê na Figura 9.

Figura 9 – Contorno da F0 superposto ao espectrograma de banda larga do enunciado "Ele era uma vítima da democracia", pronunciada por um locutor paulista durante um programa de rádio. Observe a curva baixa ao final, assinalada por L.

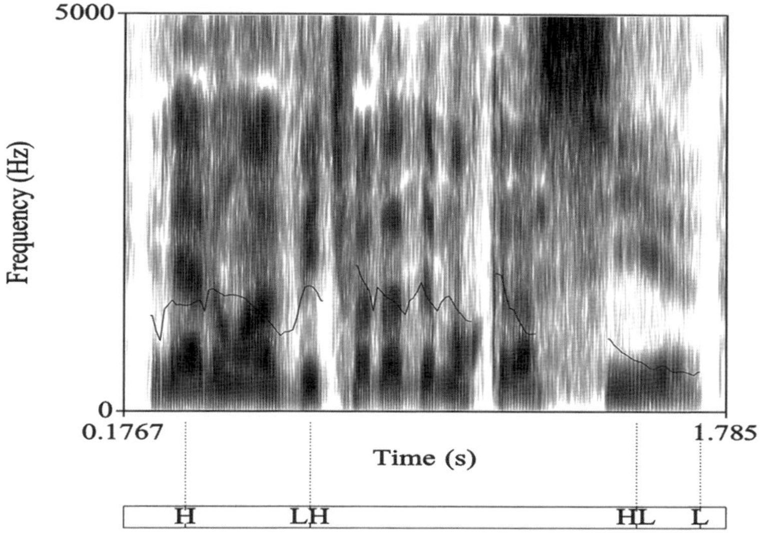

A figura mostra o contorno da F0 da frase assertiva "Ele era uma vítima da democracia" que termina numa descida que chega a um valor mínimo, ponto marcado com o símbolo L (*low*). Esse tom baixo marca localmente o fim do enunciado em português brasileiro.

Mudanças globais da F0, isto é, em todo o enunciado, assinalam as funções apresentadas acima, incluindo aspectos paralinguísticos, como atitudes com relação à proposição, como na oposição entre certeza e dúvida, as quais afetam todo um enunciado. Imagine você falando a mesma sentença com certeza do que diz ou sem certeza. Não percebe que, desde o início, seu modo de falar é inteiramente distinto?

Ao se extraírem medidas numéricas locais e globais dos contornos melódicos apresentados aqui, bem como medidas de duração silábica, é possível quantificar e testar estatisticamente as diferenças entre as diversas situações comunicativas. A estatística inferencial com os dados prosódicos é ferramenta *sine qua non* para a investigação científica (Barbosa, 2013).

Mensuração da qualidade de voz

Por fim, quando falamos de medidas de qualidade de voz, nos referimos a parâmetros acústicos que revelam, mesmo que indiretamente, aspectos do modo de fonação. Esses parâmetros são referidos como correlatos acústicos da qualidade de voz. Assim, quando estamos tensos ou nervosos, a voz também se faz mais tensa, provocando uma produção mais irregular e/ou soprosa da voz (o som produzido pela vibração das pregas vocais). Alguns desses correlatos são as medidas de *jitter*, *shimmer* e razão harmônico-ruído (HNR, da sigla em inglês, *Harmonic-to-Noise Ratio*). As duas primeiras se referem a medidas de irregularidade dos ciclos de vibração de nossas pregas vocais, enquanto o último se refere à quantidade de ruído presente na nossa fala.[8]

Para aqueles que queiram analisar a prosódia do ponto de vista perceptivo, de forma atrelada com a articulação, considerando medidas de parâmetros prosódico-acústicos que realizam funções prosódicas, o recurso ao *Voice Profile Analysis*, conhecido como VPA (Laver e Mackenzie Beck, 2007), pode ser útil, pois oferece um sistema que compreende categorias para analisar elementos prosódicos e ajustes de qualidade de voz (Madureira e Camargo, 2020).

ROTEIRO DE LEITURAS

Este capítulo introdutório teve como objetivo apresentar ao leitor o escopo dos estudos em fonética. Consideramos aspectos de interdisciplinaridade e a contribuição das tecnologias aos estudos fonéticos e abordamos conteúdos relativos aos segmentos fônicos e à prosódia da fala.

Se o leitor desejar obter uma visão geral dos conceitos e dos princípios da fonética, da relação entre fonética e fonologia, entender como os sons das línguas são produzidos, conhecer os critérios fonéticos para a descrição dos sons e da prosódia e vivenciar exemplos de sons em mais de 500 línguas, recomendamos a leitura do livro de Laver (1994). Se desejar saber sobre fonética experimental, recomendamos Barbosa (2022), Hayward (2000) e Llisterri (1991).

Se o leitor quiser adquirir conhecimentos sobre fonética acústica e sobre análise acústica dos sons do português brasileiro e europeu, recomendamos Barbosa e Madureira (2015, 2023). Essa obra introduz fundamentos da teoria acústica de produção da fala, procedimentos metodológicos de análise de dados de fala e fornece instruções para realizar a segmentação, a medição de propriedades físicas como frequência, intensidade e duração, propõe questões para reflexão e para o desenvolvimento de experimentos em fonética acústica e sugere atividades que guiam o leitor a realizar a descrição e a análise dos sons da fala.

Se o leitor quiser ampliar seu conhecimento sobre a prosódia da fala, recomendamos Barbosa (2019), que introduz o leitor aos aspectos perceptivos, articulatórios, funcionais e estruturais concernentes. São contempladas as características da entoação, do ritmo, da qualidade de voz, da sílaba, da taxa de elocução, da taxa de articulação e da pausa. Caso a busca convirja especificamente para o modelamento do ritmo da fala, Barbosa (2006) apresenta um modelo dinâmico de ritmo embasado em um sistema de acoplamento entre dois osciladores que têm os níveis acentual e silábico como atratores.

Se o leitor se interessar por temas concernentes à fonética forense, recomendamos o livro organizado pelo Grupo de Estudos em Fonética Forense (GEFF) da Unicamp, coordenado por Barbosa et al. (2020). Se o interesse recair em Sociofonética, o livro de Thomas (2010) discute e apresenta o campo de atuação da sociofonética. Sobre o uso da voz na interação social, sugerimos o livro de Pittam (1994) e, para a fonética clínica, o livro organizado por Ball (2021).

Notas

[1] Os sons obstruintes são as consoantes plosivas (ou oclusivas), fricativas e africadas. Os demais sons da fala são ressoantes (laterais, nasais, *taps* ou *flaps*, vibrantes, aproximantes e vogais). A descrição dessas categorias de sons é dada a seguir, juntamente com exemplos.
[2] As pregas vocais entram em vibração quando a corrente de ar, vinda dos pulmões, as encontra fechadas e as tensiona para poder passar pela laringe.
[3] Disponível em: www.seeingspeech.ac.uk/ipa-charts/. Acesso em: 5 set. 2024.
[4] O espectrograma de banda larga é um gráfico que mostra a frequência (na ordenada, ou seja, no eixo vertical), o tempo (na abscissa, ou seja, o eixo horizontal) e a intensidade (no contraste entre claro e escuro) da onda sonora. Quanto mais intensidade houver, mais escura será a faixa. No espectrograma de banda larga, visualizam-se o ruído no trato vocal e as ressonâncias do trato vocal, nomeadas *formantes*, correspondentes a frequências reforçadas pela ressonância das fontes de voz.
[5] Para uma observação dos traços no espectrograma de ponto e modo de articulação, convidamos o leitor a consultar a obra de Barbosa e Madureira (2015).
[6] A obra seminal dos estudos prosódicos é, sem dúvida, o livro da pesquisadora estoniana Ilse Lehiste, *Suprasegmentals* [Suprassegmentais].
[7] L e H são as iniciais dos vocábulos "*low*" (baixo) e "*high*" (alto), do inglês. As iniciais em sequência representam contornos melódicos (de F0).
[8] Para saber mais, consulte a obra on-line de Barbosa (2022b).

Referências

ARVANITI, A. Greek Phonetics: The State-of-the-Art. *Journal of Greek Linguistics*, v. 8, 2007, pp. 97-208.

BALL, M. (ed.) *Manual of Clinical Phonetics*. Abingdon: Routledge, 2021.

BARBOSA, P. A. A dynamical model for generating prosodic structure. In: Speech Prosody 2006. *Proceedings*. Dresden: ISCA Archive, 2006, pp. 366-9. Disponível em: https://www.isca-archive.org/speechprosody_2006/barbosa06_speechprosody.html. Acesso em: 19 mar. 2025.

_____. Prominence-and boundary-related acoustic correlations in Brazilian Portuguese read and spontaneous speech. In: Speech Prosody 2008. *Proceedings*. Campinas: ISCA Archive, 2008, pp. 257-60. Disponível em: https://www.isca-archive.org/speechprosody_2008/index.html. Acesso em: 15 mar. 2024.

_____. Elementos essenciais para um entendimento dos limites e vantagens da estatística inferencial na pesquisa fonética. *Revista Virtual de Estudos da Linguagem*, v. 7, 2013, pp. 51-67.
_____. *Prosódia*. São Paulo: Parábola, 2019.
_____. (coord.). *Análise fonético-forense*: em tarefa de comparacão de locutor. Campinas: Millenium, v. 1, 2020.
_____. *Prosody Descriptor Extractor* (for Praat), 2021. [Computer program]. Disponível em: https://github.com/pabarbosa/prosodyscripts/tree/master/ProsodyDescriptorExtractor. Acesso em: 19 mar. 2025.
_____. *Ciências da Fala*. São Paulo: Parábola, 2022a.
_____. *Manual de Prosódia Experimental*. Porto Alegre: Editora da Abralin, 2022b.
BARBOSA, P. A.; ALBANO, E. C. Brazilian Portuguese. *Journal of the International Phonetic Association*, v. 34, n. 2, 2004, pp. 227-32.
BARBOSA, P. A. et al. Speech Breathing and Expressivity: An Experimental Study in Reading and Singing Styles. In: QUARESMA P. et al. (eds.) *Lecture Notes in Computer Science*. New York: Springer International Publishing, 2020, v. 12037, pp. 393-8.
BARBOSA, P. A.; MADUREIRA, S. *Manual de Fonética acústica experimental*: aplicações a dados do português. São Paulo: Cortez, 2015.
_____. *Manual de fonética acústica experimental*: aplicações a dados do português. São Paulo, Cortez, 2023. E-book.
BOERSMA, P.; WEENINK, D. *Praat*: doing phonetics by computer. 2022. Disponível em: https://www.fon.hum.uva.nl/praat/. Acesso em: 2 fev. de 2022.
CHIBA, T.; KAJIYAMA, M. *The Vowel*: its nature and structure. Tokyo: Kaiseikan, 1941.
DENES, P. B.; PINSON, E. N. The Speech Chain: The Physics and Biology of Spoken Language. In: DOGIL, G.; BRAUN, G. *The Pivot model of speech parsing*. Vienna: Verlag, 1988 [1963].
DOGIL, G.; BRAUN, G. *The Pivot model of speech parsing*. Vienna: Verlag, 1988.
FANT, G. *Acoustic Theory of Speech Production*. The Hague: Mouton, 1960.
HAYWARD, K. *Experimental Phonetics*: An Introduction. Harlow: Longman, 2000.
INTERNATIONAL Phonetic Alphabet (IPA) Chart With Sounds. International Phonetic Alphabet, 2022. Disponível em: https://www.internationalphoneticalphabet.org/ipa-sounds/ipa-chart-with-sounds/. Acesso em: 27 set. 2024.
LAVER, J. *Principles of phonetics*. Cambridge: Cambridge University Press, 1994.
LAVER, J.; MACKENZIE BECK, J. *Vocal Profile Analysis Scheme–VPAS* [handout]. Edinburgh: Queen Margareth University College, Research Centre, 2007.
LEHISTE, I. *Suprasegmentals*. Cambridge: The MIT Press, 1970.
LLISTERRI, J. *Introducción a la fonética*: el método experimental. Barcelona: Anthropos, 1991.
MADUREIRA; S.; CAMARGO, Z. *O protocolo de análise perceptiva VPA e seus usos para a área forense*. In: BARBOSA, P. A. (coord.). Campinas: Millennium, v. 1, 2020, pp. 89-106.
MARTINET, André. *Éléments de linguistique générale*. Paris: Armand Colin, 1991.
PITTAM, J. *Voice in Social Interaction*: An Interdisciplinary Approach. *Language and Language Behaviors Series*, v. 5. Thousand Oaks: Sage Publications, 1994.
THOMAS, E. *Sociophonetics*: An Introduction. Bloomsbury Academic, 2010.

Fonologia

Elisa Battisti

INTRODUÇÃO

Fonologia é a organização dos sons nas línguas humanas, um dos aspectos com base em que produzimos e compreendemos os enunciados. É também o estudo dessa organização, de que resultam diferentes modelos teóricos, como a fonologia autossegmental, dedicada à estrutura interna dos segmentos, a fonologia lexical, voltada à interface fonologia-morfologia, e assim por diante. Modelos como esses reúnem-se no que se chama *teoria fonológica*.

À teoria fonológica interessa não só descrever, mas especialmente explicar o fato de falantes e ouvintes de, por exemplo, português brasileiro tomarem uma sequência fônica como a transcrita foneticamente[1] em (1), resultante de juntura vocabular, como uma realização oral possível e compreensível das três palavras morfossintáticas do enunciado *passa o açúcar*, independentemente da variabilidade de pronúncia e do contexto pragmático-discursivo de enunciação.

(1)   [ˌpaswa'sukah]

Como explica Kennedy (2017), a fonologia parte da observação de que cada língua combina, de forma sistemática e padronizada, um conjunto fixo de sons – vogais e consoantes – em sílabas e, essas, em unidades maiores, portadoras de significado, na formação de palavras. Os segmentos combinados são *fonemas*, unidades simbólicas destituídas de significação, mas com *valor contrastivo*, realizadas em um ou mais *fones* na cadeia da fala. Segmentos contrastivos[2] são responsáveis por diferenças mínimas de significação no nível lexical, como ilustram /p/ e /n/ nas realizações fonéticas em (2.a) e (2.b), para os enunciados *quero pão* e *quero não*, respectivamente.

(2) a. [ˈkɛɾʊ ˈpə̃w̃]
    b. [ˈkɛɾʊ ˈnə̃w̃]

Os fonólogos captam os diferentes aspectos implicados na organização dos sons nas línguas humanas a partir de uma etapa descritivo-analítica chamada *fonemização*, um levantamento dos segmentos contrastivos e não contrastivos nas línguas, bem como de suas combinações possíveis e alterações sistemáticas observadas nessas combinações. Com base nisso, os fonólogos podem ou propor novos modelos teóricos, ou valer-se de modelos já existentes para representar a organização fonológica e explicar como produzimos e compreendemos a fala no que se refere à face fônica das línguas. Por isso, pode-se resumir o *objeto da teoria fonológica* à representação e computação mental dos sons das línguas, como afirma De Lacy (2007).

As atuais concepções de fonologia e teoria fonológica têm suas raízes em estudos anteriores ao advento da linguística[3] e beneficiam-se de vários desenvolvimentos posteriores dessa ciência.

BREVE HISTÓRICO DA FONOLOGIA

A fonologia instituiu-se como disciplina linguística com o surgimento da ciência da linguagem. No entanto, conforme Robins (1983 [1967]), a preocupação com a face fônica da linguagem está registrada em tratados da Antiguidade clássica, ligados à tradição gramatical e ao sistema de escrita alfabética. Séculos depois, investigações como as que deram corpo à fonética e à análise histórico-comparativa das línguas indo-europeias, entre os séculos XVIII e XIX, pavimentaram o caminho para o surgimento da fonologia.

Na Índia, no século IV a.C., a descrição detalhada do sânscrito feita por Pāṇini, comentada dois séculos mais tarde por Pantañjali no que se refere especialmente à composição dos vocábulos, mostra a preocupação dos estudiosos com os sons representados pelas letras. Pāṇini analisa as articulações bucais e distingue os sons vocálicos, considerando, por exemplo, a vogal /a/ essencial e as vogais /e/ e /o/ secundárias, porque teriam evoluído dos ditongos /ai/ e /au/. Essas descrições permaneceram desconhecidas dos europeus até o século XVIII, pela influência do modelo greco-latino de gramática no estudo da linguagem.

A gramática grega, cujo auge foi entre os séculos IV a II a.C., dedicou-se aos sons da língua grega ao estudar o acento do vocábulo e da oração. Se os hindus basearam seus estudos na articulação dos sons, os gregos fundamentaram-se na audição, relacionando os sons e o acento do grego à música. No entanto, mesmo com esse empenho, não se pode afirmar que a face fônica da linguagem tenha despertado grande interesse entre os gregos, tampouco, mais tarde, entre os latinos.

Na Idade Média, som e letra eram confundidos nos tratados e debates. Ainda que reconhecessem três aspectos ligados às letras – gráfico, fônico e o nome da letra –, as discussões reduziam-se ao aspecto visual das letras. Já no Renascimento, com a expansão territorial pelas navegações e o contato com novos povos, ressurge o latim clássico, por um lado, como língua dos estudiosos; por outro, aparece o interesse em estudar as línguas vivas modernas, o que lançou luz ao aspecto oral da linguagem e fomentou o desenvolvimento de uma teoria fonética, pela curiosidade sobre os órgãos da fala e seu funcionamento na produção dos sons da linguagem. A partir do século XVII, os estudos dos sons das línguas aproximaram-se da fisiologia e de outras ciências naturais. Os estudos de pronúncia também ganharam relevo nessa época, principalmente na aprendizagem de línguas estrangeiras, o que alicerçou a fonética e levou a seu advento, em meados do século XIX.

Ainda antes, no século XVIII, um certo empreendimento linguístico impulsionou tanto a fonética quanto a fonologia. Estudiosos da linguagem, como o alemão Franz Bopp, lançaram-se à elaboração de gramáticas histórico-comparativas das línguas europeias, coletando evidências e construindo hipóteses sobre sua evolução. O objetivo era comprovar o parentesco entre as línguas e, eventualmente, reconstituir a língua original. Tal empreendimento foi desencadeado por uma tese do jurista, filólogo e orientalista inglês Sir William Jones, comunicada à Sociedade Real Asiática em 1786. Ele defendeu que haveria um parentesco entre o sânscrito, a língua clássica da Índia, com o latim, o grego e as línguas germânicas, pautando-se em semelhanças significativas entre essas línguas.

Apesar de ter-se mostrado muito produtivo à época, o empenho comparatista evidenciou a dificuldade de lidar com as letras na escrita de documentos antigos, que exigiam decifração e não se mostravam registros confiáveis para comprovar os sons efetivamente produzidos. São dessa época os primeiros sistemas de notação que evoluíram ao *alfabeto fonético*. Esse teve uma primeira versão consensual, da Associação Internacional de Fonética, em 1887.

A aproximação da fonética com as ciências naturais imprimiu-lhe caráter científico, o que se estendeu aos próprios estudos comparatistas, porém atribuiu-lhes um caráter mais fisiológico e físico do que linguístico. Ao mesmo tempo, resultados do empreendimento comparatista, como a postulação de leis fonéticas representando a sistematicidade da evolução e mudança linguística, colaboraram para fortalecer a ideia de que as línguas são uma propriedade essencial da mente humana, como defendeu, à época, o linguista alemão Wilhelm von Humboldt. Embora expressas na materialidade fônica da fala, as mudanças linguísticas orientam-se por leis não propriamente físicas, mas mentais, que estão por trás das produções fonéticas. Eis o gérmen da ideia de língua como sistema, como face psíquica e primordial da linguagem, explorada por Saussure em seu *Curso de linguística geral* (2006 [1916]) e basilar para as subdisciplinas ou áreas da gramática (natural) que daí começam a se delinear: fonologia, morfologia e sintaxe.

Quando Ferdinand de Saussure ministrou os três cursos de linguística geral na Universidade de Genebra entre 1907 e 1911, expôs ideias que vinha amadurecendo desde as pesquisas histórico-comparativas por ele realizadas em sua formação acadêmica. Por exemplo, Saussure tira a ideia de valor linguístico de seus trabalhos sobre a acentuação do lituano. Ele percebeu que decompor o acento em seus correlatos fonéticos não mostrava nada sobre as diferenças (de significado) entre as palavras. O que as distinguia era o acento cair nesta ou naquela sílaba. O acento, a quantidade (breve/longa) vocálica, também estudada por Saussure, são maneiras de diferenciação de palavras, têm valor no conjunto de unidades/diferenças da língua.

Não propriamente Saussure, mas estudiosos que o sucederam deram corpo às subdisciplinas linguísticas. No que diz respeito à fonologia, destacam-se os trabalhos do Círculo Linguístico de Praga na primeira metade do século XX, na contribuição de dois de seus participantes, Nikolai Trubetzkoy e Roman Jakobson. Eles definiram o fonema como *unidade mínima distintiva* e o estudaram em suas propriedades fundamentais, os *traços distintivos*. Paralelamente, nos Estados Unidos, estruturalistas americanos beneficiaram-se do aparato fonético para registrar as unidades sonoras elementares de línguas nativas e descrever suas combinações. Assim fazendo, estabeleceram um método de descoberta chamado *fonemização*, um exame de distribuição das unidades fônicas, voltado à relação entre fones e fonemas, e consolidaram a análise fonêmica. Entre os americanos, destacam-se as pesquisas de Leonard Bloomfield, que define fonema como feixe de traços distintivos, e de Zellig Harris, que desenvolve procedimentos de descoberta de fonemas e morfemas na análise linguística, com base em suas propriedades distribucionais.

Mais tarde, nos anos de 1960, um discípulo de Zellig Harris, Noam Chomsky, já conhecido por aplicar à sintaxe a ideia de seu mestre, de língua como estrutura transformacional, une-se ao linguista Morris Halle. Juntos, Chomsky e Halle publicam a obra *The Sound Pattern of English* (SPE) ("Os padrões sonoros do inglês") em 1968 e, com ela, fundam a vertente da fonologia designada, desde então, Fonologia Gerativa. Nela, os autores propõem um conjunto de traços fonológicos binários e formulam regras fonológicas para dar conta do inglês e, potencialmente, de outras línguas do mundo. Boa parte das teorias fonológicas correntes identifica-se, em alguma medida, com essa vertente.

FONOLOGIA COMO NÍVEL DE ANÁLISE LINGUÍSTICA E ALGUNS MODELOS FONOLÓGICOS CONTEMPORÂNEOS

A fonologia é uma das áreas centrais da teoria linguística, fundamental para a investigação das línguas humanas. Inicialmente, como observa Camara Jr. (1984), houve empregos contraditórios das designações *fonética* e *fonologia*. Considere-se, por exemplo, a afirmação de Saussure (2006 [1916]: 42-3):

> A fisiologia dos sons (em alemão Lautphysiologie ou Sprachphysiologie) é frequentemente chamada de "Fonética" (em alemão *Phonetik*, inglês *phonetics*, francês *phonétique*). Esse termo nos parece impróprio; substituímo-lo por *Fonologia*. Pois *Fonética* designou a princípio, e deve continuar a designar, o estudo das evoluções dos sons; não se deveriam confundir no mesmo título dois estudos absolutamente distintos. A Fonética é uma ciência histórica; analisa acontecimentos, transformações e se move no tempo. A Fonologia se coloca fora do tempo, já que o mecanismo da articulação permanece sempre igual a si mesmo.

Os desenvolvimentos da fonologia, brevemente relatados na seção anterior, e da fonética, abordados no capítulo "Fonética", consolidaram disciplinas distintas, cada qual voltada a seus próprios objetos. Afastaram-se da distinção histórico-não histórico, invocada por Saussure no trecho acima. Os objetos de estudo da fonética e da fonologia têm a ver com a face fônica da linguagem, mas são tratados por metodologias próprias, para responder perguntas específicas. Análises fonológicas podem buscar, na fonética, evidências para testar modelos e representações; na via inversa, análises fonéticas podem buscar, na fonologia, motivações representacionais para os fatos observados, sem, contudo, desfazer os recortes específicos das duas áreas de estudo.

A fonologia e o "mínimo cognitivo"

Em relação à fonologia, e para justificar o estatuto particular desse nível linguístico, Odden (2013) explica que os sons das línguas humanas, em sua realização na fala, reúnem muita informação e são altamente variáveis. Aspectos fonético-acústicos das realizações fônicas, como formato de onda, valores formânticos, duração, amplitude e frequência (ver capítulo "Fonética") podem ser levemente distintos entre falantes, e as emissões de uma mesma palavra por um mesmo falante podem diferenciar-se sutilmente umas das outras, por exemplo, com vogais um pouco mais nasalizadas, ou mais abertas ou fechadas, reduzidas, alongadas;

com consoantes um pouco mais desvozeadas, suavizadas, alongadas, e assim por diante. A pergunta que se apresenta é: como podemos compreender uns aos outros face à alta variabilidade das realizações fonéticas das línguas?

Para conseguirmos produzir e compreender a linguagem tão rápida e automaticamente como fazemos, lidamos com a alta variabilidade fonética e a multiplicidade de informações do sinal sonoro descartando informações fonéticas mais finas e reduzindo-as a um *mínimo cognitivo*. Em termos segmentais, o mínimo cognitivo corresponde a uma unidade abstrata a que associamos as múltiplas e sutis diferenças fonéticas. Essa unidade garante, por exemplo, que as diversas realizações fonéticas da consoante final de um vocábulo como *mar* – ma[r], ma[ɾ], ma[ɹ], ma[ɻ], ma[x], ma[h], ma[:] – sejam mapeadas a uma unidade abstrata, teoricamente representada por /r/,[4] assim evitando que as diferenças de pronúncia interfiram na compreensão do vocábulo como um todo.

A fonologia assume que tal mínimo cognitivo seja mobilizado tacitamente pelos falantes, sem que eles se deem conta, para distinguir morfemas e vocábulos na produção e percepção da linguagem, assim garantindo a inteligibilidade da comunicação. Além disso, a fonologia supõe que o mínimo cognitivo seja representado, em nossa mente/cérebro, pelas propriedades essenciais (contrastivas) das unidades fônicas e pelo conjunto de regras ou restrições sobre combinações e modificações dos segmentos em ambientes fônicos particulares.

Aspectos constitutivos do mínimo cognitivo em fonologia são representados, na teoria fonológica, por modelos teóricos ou modelos de análise particulares. Neste capítulo, abordaremos três modelos – fonologia métrica, teoria da sílaba, fonologia prosódica – além da fonologia gerativa conforme o SPE, para, adiante, retomar o exemplo (1) [ˌpaswa'sukah]. Mostraremos que o exemplo (1) exibe alterações segmentais motivadas por aspectos prosódicos (pela posição do segmento na estrutura interna da sílaba e pela posição do acento primário na palavra) e pelo encadeamento dos itens lexicais na sentença. Assim fazendo, cumpriremos o objetivo deste capítulo: caracterizar fonologia e apontar alguns de seus objetos de interesse, apresentando modelos teóricos contemporâneas aplicáveis ao *nível fonológico de análise linguística*.

Antes de passar aos modelos teóricos em suas potencialidades representacionais e explicativas, consideremos alguns aspectos da fonemização do português a partir da obra *Estrutura da língua portuguesa*, do linguista brasileiro Joaquim Mattoso Camara Jr. (1970), conhecimento necessário para tratar do exemplo (1) e, com ele, ilustrar o potencial analítico e explicativo dos modelos em questão.

Contrastes consonantais e vocálicos do português conforme Camara Jr. (1970)

Nos limites deste capítulo, destaca-se, de Camara Jr. (1970), o inventário de contrastes consonantais e vocálicos do português, em boa medida contemplado nos Quadros 1 e 2.

Quadro 1 – Fonemas consonantais do português cf. Camara Jr. (1970).

		Bilabial	Labiodental	Alveolar	Palatoalveolar	Palatal	Velar
Oclusivo	*Desvozeado*	/p/ pata		/t/ teu			/k/ calo
	Vozeado	/b/ bata		/d/ deu			/g/ galo
Fricativo	*Desvozeado*		/f/ faca	/s/ assa	/ʃ/ chá		
	Vozeado		/v/ vaca	/z/ asa	/ʒ/ já		
Nasal		/m/ soma		/n/ sono		/ɲ/ sonho	
Vibrante				/r/ murro			
Tepe				/ɾ/ muro			
Aproximante	*Lateral*			/l/ fala		/ʎ/ falha	

Fonte: Battisti, Othero e Flores (2021: 140).

Os 19 fonemas consonantais e os 7 fonemas vocálicos, representados entre barras inclinadas nos Quadros 1 e 2, são acompanhados de palavras-exemplo. Essas, comparadas a outras muito similares, formam *pares mínimos* distintivos: pares de palavras nas quais o fonema representa a única diferença entre vocábulos de significados distintos – /p/ e /b/ em *pata, bata*, /o/ e /ɔ/ em *avô, avó* – o que comprova o valor contrastivo dos segmentos no sistema da língua.

Quadro 2 – Fonemas vocálicos do português cf. Camara Jr. (1970).

		Anterior	Posterior
Alto		/i/ ilha	/u/ uva
Médio	Fechado	/e/ ele	/o/ avô
	Aberto	/ɛ/ ela	/ɔ/ avó
Baixo		/a/ ave	

Fonte: adaptado de Battisti, Othero e Flores (2021: 141).

Além de apontar as unidades contrastivas da língua, análises como a de Camara Jr. (1970) examinam a distribuição dos segmentos nas sílabas e nas palavras. Fazem afirmações sobre as combinações fônicas possíveis, bem como sobre a neutralização[5] de contrastes entre alguns segmentos em certos ambientes fônicos, evidenciada pela realização de um só membro de um par contrastivo, ou pela variabilidade das manifestações fonéticas. As consoantes do português (Quadro 1) – /p, b, t, d, k, g, f, v, s, z, ʃ, ʒ, m, n, ɲ, r, ɾ, l, ʎ/ – têm seu valor contrastivo atestado em início de sílaba. Por exemplo, /p/ão é diferente, em termos de significado, dos vocábulos /v/ão, /m/ão, /s/ão, /n/ão, /t/ão, /d/ão, /k/ão, /ʃ/ão, e esses também se distinguem semanticamente uns dos outros. Como todos esses vocábulos são iguais em forma fônica exceto pelas consoantes iniciais, conclui-se que as consoantes iniciais sejam as responsáveis pelos diferentes significados, isto é, tenham *valor contrastivo* no sistema do português. Em final de sílaba, o número de consoantes observadas é reduzido e sua realização fonética é variável. No que se refere às vogais (Quadro 2) – /i, u, e, o, ɛ, ɔ, a/ –, a posição em que se atesta seu valor contrastivo é a tônica, já que há neutralização entre as vogais médias em sílabas átonas.

A etapa de fonemização, fundamental para qualquer análise fonológica, é reconhecida até mesmo em gramáticas normativas como a de Cunha e Cintra (1985) para o português. Os autores dedicam o capítulo 3 de sua obra (*Fonética e fonologia: os sons da fala*) a resultados de fonemização. No entanto, a fonemização não alcança o que se vem buscando nas análises fonológicas desde o advento da fonologia gerativa a partir do SPE: cumprir o objetivo explicativo de esclarecer os sistemas fonológicos de línguas particulares, para desvelar as propriedades universais das línguas humanas. Um passo dado pela teoria fonológica rumo ao objetivo explicativo está na proposição de *traços* e *regras fonológicas*, de que trataremos a seguir.

ALGUNS PRINCÍPIOS DE FONOLOGIA GERATIVA CONFORME O SPE

Se as diferenças articulatórias na produção dos segmentos [p] e [b], [o] e [ɔ] associam-se ao valor contrastivo dessas unidades no sistema de uma língua como o português, elas devem ser a manifestação fonética de propriedades fonológicas relevantes. Como [p] é desvozeado (produzido sem a vibração das pregas vocais) e [b], vozeado (produzido com a vibração das pregas vocais) (ver capítulo "Fonética"), o traço relevante parece ser [±vozeado].[6] O fonema /p/ caracteriza-se pelo traço [-vozeado], o fonema /b/, pelo traço [+vozeado]. Em relação ao par de vogais, como [o] tem uma articulação fechada (maxilar menos baixo em relação ao palato duro ou céu da boca) e [ɔ], uma articulação aberta (maxilar mais baixo em relação ao palato duro), /o/ caracteriza-se pelo traço [-baixo], /ɔ/, pelo traço [+baixo].

A teoria fonológica fornece ao linguista um conjunto total de traços para expressar os contrastes. A depender do modelo teórico, esse conjunto apresenta algumas diferenças. Nos quadros 3 e 4, representam-se as propriedades contrastivas dos fonemas do português com traços fonológicos segundo o SPE. No quadro 5, apresenta-se uma breve descrição desses traços.

Quadro 3 – Representação por traços dos fonemas consonantais do português. São sombreadas as células de traço dispensável na representação do fonema.

	p	b	t	d	k	g	f	v	s	z	ʃ	ʒ	m	n	ɲ	l	ʎ	r	ɾ
[soante]	-	-	-	-	-	-	-	-	-	-	-	-	+	+	+	+	+	+	+
[contínuo]	-	-	-	-	-	-	+	+	+	+	+	+	-	-	-	+	+	+	+
[vibrante]	-	-	-	-	-	-	-	-	-	-	-	-	-	-	-	-	-	+	-
[nasal]	-	-	-	-	-	-	-	-	-	-	-	-	+	+	+	-	-	-	-
[labial]	+	+	-	-	-	-	+	+	-	-	-	-	+	-	-	-	-	-	-
[coronal]	-	-	+	+	-	-	-	-	+	+	+	+	-	+	+	+	+	+	+
[anterior]		+	+					+	+	-	-		+	-	+	-	+	+
[lateral]	-	-	-	-	-	-	-	-	-	-	-	-	-	-	-	+	+	-	-
[vozeado]	-	+	-	+	-	+	-	+	-	+	-	+	+	+	+	+	+	+	+

São sombreadas as células de traço dispensável na representação do fonema.
Fonte: Battisti, Othero e Flores (2021: 141).

Quadro 4 – Representação por traços dos fonemas vocálicos do português.

	i	e	ɛ	a	ɔ	o	u
[alto]	+	-	-	-	-	-	+
[baixo]	-	-	+	+	+	-	-
[posterior]	-	-	-	+	+	+	+
[arredondado]	-	-	-	-	+	+	+

Fonte: Battisti, Othero e Flores (2021: 142).

Cada segmento contrastivo no sistema da língua é concebido como um conjunto de propriedades. No SPE, por exemplo, esses conjuntos são representados tecnicamente em *matrizes de traços*, como se vê em (3) para as vogais médias do português.

(3) /e/   /ɛ/   /ɔ/   /o/
     -alto   -alto   -alto   -alto
     -baixo   -baixo   -baixo   -baixo
     -posterior   -posterior   -posterior   -posterior
     -arredondado   -arredondado   -arredondado   -arredondado

Com traços, representam-se as propriedades contrastivas dos fonemas e as propriedades que classes de segmentos compartilham. Isso possibilita ao analista aproximar-se do intento explicativo da fonologia. Por exemplo, o fato observado na fonemização de Camara Jr. (1970), de que, em posições átonas, há neutralização de contraste entre as vogais médias do português, pode ser explicado como classe: a neutralização afeta certas vogais, as vogais médias altas, porque elas compartilham propriedades, são [-alto] e [-baixo] na representação do SPE. Esse modelo formaliza a neutralização e outras generalizações fonológicas como *regras de mudança de segmento/traço*, chamadas *regras de reescrita*, que mapeiam *formas subjacentes* (registradas entre barras inclinadas) a *formas de superfície* (registradas entre colchetes).[7]

Quadro 5 – Descrição de traços distintivos de fonemas consonantais e vocálicos.

Traço distintivo de **consoante**	Aspecto articulatório a que se refere o traço[8]
[±soante]	Vozeamento, se espontâneo/obrigatório (+) ou não (-)
[±contínuo]	Fechamento da porção oral do trato vocal, se incompleto (+) ou (-) completo
[±vibrante]	Toque do articulador ativo no passivo, se (+) múltiplo com vibração ou (-) não
[±nasal]	Percurso da corrente de ar pela cavidade nasal (+) ou não (-)
[±labial]	Lábio como articulador ativo, se há (+) participação ou se não há (-) participação
[±coronal]	Ponta/lâmina da língua como articulador ativo, se há (+) participação ou se não há (-) participação
[±anterior]	Em fonemas [+coronal], se produzidos com a ponta da língua (+) ou não (-)
[±lateral]	Contato das bordas da língua, se comprimido lateralmente (+) ou não (-)
[±vozeado]	Vibração (+) ou não (-) das pregas vogais

Traço distintivo de **vogal**	Aspecto articulatório a que se refere o traço
[±alto]	Corpo da língua em relação ao palato duro, na dimensão vertical, pela abertura do maxilar inferior, se próximo (+) ou não (-)
[±baixo]	Corpo da língua em relação ao palato duro, na dimensão vertical, pela abertura do maxilar inferior, se distante (+) ou não (-)
[±posterior]	Movimento do corpo da língua na dimensão horizontal, se recuado (+) ou não (-)
[±arredondado]	Formato dos lábios, se arredondados (+) ou não (-)

Fonte: Adaptado de Battisti, Othero e Flores (2021: 142).

Grosso modo, as regras de reescrita podem ser expressas como em (4):

(4)   A → B/___C pode ser lido como "A passa a B no ambiente fônico C"

Por exemplo, a elevação vocálica na neutralização das vogais médias em sílabas átonas finais no português, exemplificada em (5), é representada por Knies e Guimarães (1989: 30) pela regra (6), onde V representa vogal; # representa final de vocábulo; ___ representa a posição na sequência fônica em que o segmento de interesse ocorre.

(5)   lequ[e] > lequ[ɪ]
        bol[o] > bol[ʊ]
(6)   V → [+alto] /___#
        -alto
        -baixo
        αposterior
        -acento

Na regra (6), o símbolo α indica que a valência da vogal para o traço [±posterior] é indiferente. A leitura da regra é a de que vogais [e] e [o] (vogais com os traços [-alto] e [-baixo]), em posição átona ([-acento]), elevam-se (passam a [+alto]) em final de vocábulo, ambiente de neutralização.

Embora a formalização por regra, como em (6), possibilite registrar regularidades fonológicas, as regras mostram-se um recurso inadequado ao intento explicativo da fonologia gerativa. Além de prever padrões fonológicos não atestados nas línguas do mundo (não há bloqueio formal ao que se pode lançar antes ou depois da seta em uma regra de reescrita), o modelo do SPE baseado em regras apresenta outras limitações, como a representação do *acento*.⁹ A regra (6) exemplifica essa limitação: para o SPE, o acento é um traço, uma propriedade segmental análoga às representadas pelos demais traços fonológicos, quando evidências há de que o acento seja uma propriedade independente dos segmentos. A *fonologia métrica* é um modelo de análise desenvolvido pela teoria fonológica para responder a essa limitação.

Alguns princípios de fonologia métrica

Uma das premissas da fonologia métrica é a de que o acento não é uma propriedade do segmento, mas um suprassegmento, ou seja, uma propriedade linguística associada aos segmentos, não integrante dos segmentos. O acento associa-se geralmente a vogais em núcleos silábicos, respeitando-se intervalos rítmicos do tipo *sílaba fraca-sílaba forte* (fra-for), como se ilustra esquematicamente em (7), com os vocábulos relacionados *açúcar-açucareiro*.

(7)

	a. /a.su.ka⟨R⟩/	b. /a.su.ka⟨R⟩/+/ei.ro/
intervalos rítmicos estrutura métrica	fra-for-fra . * . *	fra-for-fra for-fra . * . * . *

Em (7), a linha superior traz a representação fonológica da forma subjacente do vocábulo. Os pontos nas formas subjacentes (entre barras inclinadas) marcam fronteiras silábicas, e os parênteses angulares assinalam os segmentos extramétricos.[10] A segunda linha apresenta a estrutura métrica. Ali, marca-se a proeminência relativa das sílabas, decorrente do intervalo rítmico *fraco-forte*, com o ponto (sílabas fracas) e com o asterisco (sílabas fortes).

O português, como outras línguas, situa o acento primário nas três últimas sílabas da palavra, geralmente na penúltima (a maioria das palavras do português é paroxítona). A representação em (7) mostra que o acento primário (situado na sílaba com dois asteriscos) move-se da sílaba /su/ (7.a) para a direita na palavra derivada, passando à sílaba /ei/[11] (7.b). Ou seja, o acento não é uma propriedade do segmento, passível de ser representada por traço fonológico. É uma propriedade da estrutura métrica, associada, pelo algoritmo de acento, a sílabas em certas posições da palavra, respeitando-se intervalos rítmicos manifestos nas várias línguas naturais. Sobre isso, cabe esclarecer que, no processamento cognitivo, a atribuição/percepção de acento primário decorre da operação de um algoritmo – um "programinha de computador" – que segue certos parâmetros. Por exemplo, em português, o algoritmo de acento geralmente posiciona o acento primário na penúltima sílaba de vocábulos terminados por vogal – *gelo, gela**dei**ra, **chu**va, chuva**ra**da* – e na última sílaba de vocábulos terminados por consoante – *Bra**sil**, mu**lher**, na**riz**, gar**çom**.*

Além de princípios de fonologia métrica, os dados em (7) mostram a necessidade de levar em conta a existência de um outro elemento representacional, *a sílaba*.

Alguns princípios da Teoria da Sílaba

Diferentes concepções de estrutura interna da sílaba deram corpo a modelos de análise distintos, englobados no que se costuma chamar *Teoria da Sílaba*. O fato de que mais segmentos contrastivos são licenciados (ocorrem) em início de sílaba do que em final de sílaba[12] é um dos argumentos para sustentar um modelo de estrutura interna de sílaba como o de Selkirk (1982), representado em (8). A estrutura em (8) é hierárquica: nela, a posição inicial da sílaba, chamada *onset*, é mais relevante (está acima de) do que a posição final de sílaba, chamada *coda*. Nessa representação, o símbolo σ quer dizer sílaba, *rima* é a posição que domina o núcleo e a coda:

(8)
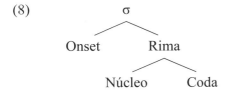

Em (9) encontra-se a aplicação dessa estrutura a duas sílabas relevantes no par de vocábulos *açúcar-açucareiro*, considerado antes, em (7).

(9) a.   b.
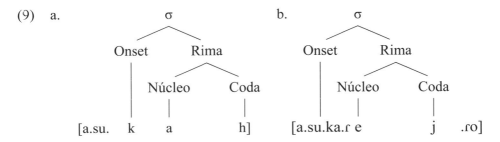

As estruturas silábicas em (9) mostram dois fatos relevantes. O segmento /r/ em final de palavra, extramétrico em (7), é incorporado à coda silábica em (9.a), posição que autoriza menos contrastes nas línguas do mundo e na qual, em português, poucas consoantes ocorrem – na notação de Camara Jr. (1970), apenas /S/, /N/, /l/, /r/, como se observa em *mas, som, mal, mar*, por exemplo – apresentando grande variabilidade em sua manifestação. Com a estrutura silábica atribuída, /r/ realiza-se em (9.a) como fricativa glotal desvozeada [h], uma das variantes de coda observadas em português. Já em (9.b), a afixação de -*eiro* provoca ressilabação de /r/ e o segmento realiza-se como tepe alveolar [ɾ] em *onset* silábico. A posição silábica, então, não só define o segmento manifesto em superfície, mas também ou previne o segmento de variação, como na posição de *onset* (9.b), ou torna o segmento suscetível à variação, como na posição de coda (9.a).

Os modelos da fonologia métrica e da teoria da sílaba fornecem explicações iniciais para as alterações segmentais no exemplo (1), [ˌpaswaˈsukah], que retomaremos aqui. Além de a coda final de *açúcar* apresentar uma das variantes de /r/ nessa posição (a fricativa glotal desvozeada [h]), há em (1) modificações em juntura vocabular no nível da frase, o que interessa à *fonologia prosódica*, modelo teórico sobre a interface fonologia-sintaxe. Antes de passar ao modelo, é interessante explicitarmos as modificações em questão.

O contraste do dado (1), [ˌpaswaˈsukah], com uma possível enunciação pausada e silabada, [ˈpasa o aˈsukar], produzida em resposta a uma pergunta como: "*Pode repetir?*", indica que, em (1), as alterações ocorrem entre palavras morfossintáticas distintas e afetam vogais. Decorrem, conforme Bisol (1992, 1996), de processos de *juntura* – união entre palavras em sequência no enunciado – ou *sândi vocálico externo* (fenômeno que envolve uma palavra terminada por vogal e outra iniciada por vogal). No dado (1), observa-se a aplicação de três processos de sândi vocálico: *elisão* (apagamento), em que a vogal final de [ˈpasa] é apagada, virando [ˈpas]; *ressilabação* (passagem de um segmento de uma sílaba a outra), em que o [s] remanescente passa ao início da sílaba seguinte, formada pela sequência vocálica [u a] > [sua]; *ditongação* (um dos segmentos vocálicos em uma mesma sílaba passa a semivogal), [sua] > [swa]. A elisão foi possível em (1) porque as vogais seguintes são átonas (o processo é bloqueado por vogal seguinte tônica, como em *bebe água* *[ˌbɛˈbagwɐ]). A ditongação afetou vogais átonas. Seria bloqueada apenas se as duas vogais envolvidas fossem tônicas (como em *fubá úmido*, *[fuˈbumidʊ]).

A ocorrência de sândi vocálico externo suscita uma questão: se todo processo fonético-fonológico tem um *domínio* – um *locus* – de aplicação (como sílaba, raiz, palavra), que domínio corresponderia a "entre palavras"? A resposta a essa questão é fornecida pela *fonologia prosódica*.

Alguns princípios de fonologia prosódica

A fonologia propõe que, de forma análoga à constituência sintática, mas não totalmente isomórfica a esse nível de estruturação, as palavras ou grupos de palavras formam constituintes – os *constituintes prosódicos* – passíveis de serem lidos, pela fonologia das línguas naturais, como domínios de aplicação de processos fonológicos como os de sândi. Uma concepção de constituência prosódica fornecida pela teoria fonológica é a de Nespor e Vogel (1986), representada em (10). Bisol (1992, 1996) segue essa concepção para tratar do sândi vocálico externo em português.

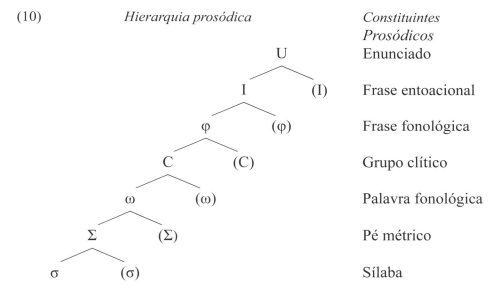

A hierarquia prosódica em (10) inclui constituintes abordados antes: *sílaba* (σ) e, na metrificação necessária à atribuição de acento, pares de sílabas em intervalos forte-fraco ou fraco-forte, que se podem reunir no constituinte *pé métrico* (Σ) – como a sequência de sílabas forte-fraco (*rei.ro*) no final do vocábulo *açucareiro*, em (7.b). Cada constituinte da hierarquia compõe-se de pelo menos um constituinte da categoria imediatamente inferior. Por exemplo, a *palavra fonológica*, que se define por possuir um acento primário, compõe-se de um ou mais *pés métricos*,[13] e esses geralmente constituem-se de duas unidades – sílabas ou *moras*,[14] como se vê nos exemplos de (11), registrados ortograficamente:

(11)   [[a.(çú.ca⟨r⟩)$_Σ$]$_ω$, [(céu)$_Σ$]$_ω$, [[(ca.sa)$_Σ$]$_ω$

Acima da palavra fonológica está *o grupo clítico*, formado por um clítico – uma palavra funcional átona (em português, monossílabos átonos como as preposições *de, a*, os artigos *o, a*, os pronomes oblíquos átonos *me, te, se, lhe*) – e uma palavra fonológica: [o[açúcar]$_ω$]$_C$ é, portanto, um grupo clítico, formado pelo clítico [o] e o vocábulo <açúcar>.

Um grupo clítico, ou uma ou mais palavras fonológicas, compõem, por seu turno, uma *frase fonológica*: [[passa]$_\omega$]$_\varphi$ [[o[açúcar]$_\omega$]$_C$]$_\varphi$. Frases fonológicas, por sua vez, formam uma *frase entoacional*: [[[passa]$_\omega$]$_\varphi$ [[o[açúcar]$_\omega$]$_C$]$_\varphi$]$_I$. Mesmo uma só frase fonológica pode formar uma frase entoacional, desde que se identifique, nela, um contorno de entoação. Por fim, uma ou mais frases entoacionais compõem um *enunciado*: [[eu disse]$_I$ [passa o açúcar]$_I$]$_U$.

Em relação aos processos de sândi vocálico instanciados em (1), os constituintes relevantes são o grupo clítico e a frase fonológica. Bisol (1992, 1996) afirma que, se há sândi entre dois integrantes de um grupo clítico, esses passam a formar uma só palavra fonológica por ressilabação, como se observa na ditongação em (1): [[o[açúcar]$_\omega$]$_C$]$_\varphi$ > [[uaçúcar]$_\omega$]$_\varphi$ > [wa'sukah]. Já o sândi entre frases fonológicas, por sua vez, evidenciado em (1) pela elisão da vogal final de *passa* mais a ressilabação da consoante remanescente à sequência vocálica seguinte, mostra a reestruturação dos constituintes em um só, com um só acento forte (principal) à direita: [[pasuaçúcar]$_\varphi$]$_I$ > [ˌpaswa'sukah].

Modelos como os da fonologia prosódica, da métrica e da teoria da sílaba, apenas pincelados aqui, alcançam seu poder explicativo esclarecendo não só o padrão fonológico de línguas particulares como o português, mas também aspectos recorrentes nas línguas do mundo e, mais importante, prevendo o que se pode observar em termos universais. Em alguma medida, os modelos fonológicos simulam o que deve ser a estruturação do conhecimento dos aspectos fônicos da linguagem humana.

A teoria fonológica pode ser posta à prova por novas evidências linguísticas e por achados de outras ciências como, por exemplo, as ciências cognitivas. Essas atestaram, nos anos 1990, a inviabilidade da aplicação uma-a-uma das regras fonológicas (processamento serial), propostas pelo modelo do SPE. Isso levou ao desenvolvimento da *teoria da otimidade* (Prince e Smolensky, 1993, McCarthy e Prince, 1995), de processamento fonológico paralelo (avaliação, ao mesmo tempo, e não uma-a-uma, de todas as formas candidatas à realização fonética).

Mesmo com esses desafios, segue válido o objetivo maior do empreendimento fonológico, de explicar e prever, via representação linguística, as regularidades fônicas das línguas do mundo, evidenciadas na produção e percepção da fala, na aquisição da linguagem, na variação e mudança linguística, na aquisição da escrita e em outros fatos referentes às línguas naturais.

ROTEIRO DE LEITURAS

Há muitas leituras a sugerir sobre fonologia. Indicam-se aqui apenas publicações de linguistas brasileiros, na forma de livros e capítulos de livro.

Leituras introdutórias à fonologia e à fonética articulatória mais recentemente publicadas são Netto (2001), Silva (2001), Cavaliere (2005), Seara, Nunes e Lazzarotto-Volcão (2015), Battisti (2014). Para apresentações de modelos teóricos em fonologia temos Cagliari (1997a), sobre o modelo fonêmico; Cagliari (1997b), sobre fonologia pela geometria de traços; Albano (2001), acerca da fonologia articulatória; Bisol e Schwindt (2010), sobre teoria da otimidade; Bisol (2010); Hora e Matzenauer (2017), em torno de diferentes modelos de análise fonológica; Souza (2017), sobre fonologia de laboratório; Gomes (2020), sobre fonologia na perspectiva dos modelos de exemplares. Massini-Cagliari (1992) traz um capítulo sobre acento, ritmo e teorias fonológicas.

Coletâneas sobre temas variados em fonologia, de diferentes autores, são organizadas por Araújo (2007), sobre acento; Hora e Collischonn (2003), sobre fonologia do português; Lee (2012), sobre vogais; Abaurre (2013), sobre análises fonológicas com dados do projeto NURC; Tenani (2021), sobre prosódia e escrita. Simões (2006), Roberto (2016), Kailer, Magalhães e Hora (2023) trazem estudos sobre fonologia, ensino e outros temas. Lamprecht et al. (2004) tratam da aquisição fonológica do português. Alves (2016) traz estudos sobre fonética e fonologia na aprendizagem de língua estrangeira, Miranda, Cunha e Donicht (2017), sobre fonologia e aquisição da escrita. Bisol e Brescancini (2002), Bisol e Collischonn (2010) reúnem análises de diferentes autores sobre fonologia e variação no português do sul do Brasil. Já Silva (1996), Hora, Battisti, Monaretto (2019) tratam de fonologia diacrônica do português.

Para esclarecer dúvidas ao longo das leituras, sugerem-se os dicionários de Silva (2011), de fonética e fonologia; Crystal (2000), de fonética e linguística; Trask (2004), de linguística.

Notas finais

[1] Ver o capítulo "Fonética", neste volume, sobre esse tipo de transcrição de dados orais.
[2] Os termos *contrastivo* e *contraste* mostram "uma diferença entre unidades, principalmente quando ela serve para distinguir significações em uma língua. Tal diferença é denominada *distintiva, funcional* ou *significativa*. O princípio de contraste é considerado fundamental para a análise linguística. Pode ser ilustrado pelas noções de *fonema, traços distintivos, morfemas* etc., definidos muitas vezes como 'unidades minimamente contrastivas' em algum *nível* de análise. São exemplos da fonologia os contrastes entre /p/ e /b/ em português...". Crystal (2000, p. 67-68, grifos do autor).
[3] Entende-se aqui que a linguística tenha se instituído com Ferdinand de Saussure e seu *Curso de linguística geral,* no século XX.
[4] Registram-se entre barras inclinadas – / / – as unidades abstratas (fonemas ou segmentos contrastivos), e entre colchetes – [ ] – as realizações fonéticas (fones).
[5] Em fonologia, há *neutralização* quando o contraste entre segmentos observados em dada posição/ambiente fônico não é observado em outra. Por exemplo, em português, /s/ e /ʃ/ contrastam

em posição intervocálica, como em *assa* e *acha*. Em final de sílaba/palavra, o contraste se desfaz: a consoante final de um vocábulo como *nós* pode se realizar como [s] ou [ʃ] sem, com isso, implicar mudança de significado. Outro exemplo: o contraste entre as vogais médias /e, ɛ/ e /o, ɔ/, observado em sílaba tônica, não se observa em sílabas átonas como as pretônicas. Por exemplo, *vê-la* ['velɐ] é diferente de *vela* ['vɛlɐ], mas o vocábulo derivado de *vela*, *veleiro*, pode realizar-se tanto como [ve'lejɾʊ], quanto como [vɛ'lejɾʊ], sem mudança de significado. O mesmo se observa com /o, ɔ/. Por exemplo, s[o]pro é diferente de s[ɔ]pro, mas o vocábulo *soprado* pode se realizar tanto como [so'pradʊ], quanto como [sɔ'pradʊ].

[6] Traços são registrados entre colchetes; as valências + e – acompanhando um traço indicam "tem a propriedade", "não tem a propriedade", respectivamente.
[7] *Formas subjacentes* correspondem às representações fonológicas, *formas de superfície*, às representações fonéticas, respectivamente.
[8] Ver o capítulo "Fonética" sobre os aspectos articulatórios a que se referem os diferentes traços.
[9] O *acento de palavra*, ou *acento primário*, manifesto foneticamente por um grau maior de força ou intensidade na produção de uma sílaba (ver capítulo "Fonética"), exibe valor contrastivo em pares de palavras como *baba* e *babá*, por exemplo, com os mesmos segmentos, mas diferentes sílabas tônicas e significados distintos. O *acento frasal* também contribui para a veiculação de significados distintos (ver capítulo "Prosódia").
[10] Extramétrico é o elemento que não conta na atribuição de estrutura métrica. No exemplo, a consoante final de *açúcar* é extramétrica porque a posição do acento primário nesse vocábulo difere com a da maioria das palavras da língua terminadas em consoante, realizadas como oxítonas: *amor, Brasil, rapaz, capim*. Como *açúcar* não é oxítona, supõe-se que o vocábulo tenha a consoante final extramétrica na entrada lexical, assim sendo "invisível" ao algoritmo do acento quando de sua operação. Sobre extrametricidade na atribuição de acento primário a nomes em português, ver a análise de Bisol (2013), entre outras.
[11] O ditongo [ej] observado foneticamente deriva da sequência subjacente /ei/.
[12] Fato apontado por Goldsmith (1990).
[13] Pés métricos aparecem entre parênteses nos exemplos.
[14] Mora (μ) é uma unidade de peso silábico: sílabas abertas ou leves, como *ca* e *sa* de *casa*, têm uma mora cada; sílabas fechadas ou pesadas, como *cas*, de *casca*, têm duas moras. Ditongos, como em *cai*, também portam duas moras.

Referências

ABAURRE, M. B. M. (org.). *A construção fonológica da palavra*. São Paulo: Contexto, 2013.
ALBANO, E. C. *O gesto e suas bordas*: esboço de fonologia acústico-articulatória do português brasileiro. Campinas: ALB & Mercado de Letras; São Paulo: FAPESP, 2001.
ALVES, U. K. (org.) *Aquisição fonético-fonológica de língua estrangeira*: investigações rio-grandenses e argentinas em discussão. Campinas: Pontes Editores, 2016.
ARAÚJO, G. A. (org.). *O acento em português*: abordagens fonológicas. São Paulo: Parábola, 2007.
BATTISTI, E. Fonologia. In: SCHWINDT, L. C. (org.). *Manual de linguística*: fonologia, morfologia e sintaxe. Petrópolis: Vozes, 2014, pp. 27-108.
BATTISTI, E.; OTHERO, G. A.; FLORES, V. N. *Conceitos básicos de linguística*: sistemas conceituais. São Paulo: Contexto, 2021.
_____. *Conceitos básicos de linguística*: noções gerais. São Paulo: Contexto, 2022.
BISOL, L. Sândi vocálico externo: degeminação e elisão. *Cadernos de estudos linguísticos*, n. 22, 1992, pp. 69-80.
_____. O sândi e a ressilabação. *Letras de hoje*, v. 31, n. 2, 1996, pp.159-68.

_____. (org). *Introdução a estudos de fonologia do português brasileiro.* 5. ed. Porto Alegre: EDI-PUCRS, 2010.

_____. O acento: duas alternativas de análise. *Organon*, v. 28, n. 54, 2013, pp. 281-321.

BISOL, L.; BRESCANCINI, C. (orgs.). *Fonologia e variação*: recortes do português brasileiro. Porto Alegre: EDIPUCRS, 2002.

BISOL, L.; COLLISCHONN, G. (orgs.). *Português do sul do Brasil*: variação fonológica. Porto Alegre: EDIPUCRS, 2010.

BISOL, L.; SCHWINDT, L. C. (orgs.). *Teoria da otimidade*: fonologia. Campinas: Pontes Editores, 2010.

CAGLIARI, L. C. *Análise fonológica*: introdução à teoria e à prática com especial destaque para o modelo fonêmico – Parte I. Campinas: Edição do Autor, 1997a.

_____. *Processos fonológicos do português brasileiro interpretados pela fonologia da geometria de traços* – Parte II. Campinas: Edição do Autor, 1997b.

CAMARA JR., J. M. *Estrutura da língua portuguesa.* Petrópolis: Vozes, 1970.

_____. *Dicionário de linguística e gramática referente à língua portuguesa.* 11. ed. Petrópolis: Vozes, 1984.

CAVALIERE, R. *Pontos essenciais em fonética e fonologia.* Rio de Janeiro: Lucerna, 2005.

CHOMSKY, N.; HALLE, M. *The sound pattern of English.* New York: Harper & Row, 1968.

CRYSTAL, D. *Dicionário de linguística e fonética.* 2. ed. Trad. Maria Carmelita Pádua Dias. Rio de Janeiro: Zahar, 2000.

CUNHA, C.; CINTRA, L. F. L. *Nova gramática do português contemporâneo.* Rio de Janeiro: Nova Fronteira, 1985.

DE LACY, P. Introduction: aims and content. In: _____. *The Cambridge handbook of phonology.* New York: Cambridge University Press, 2007.

GOLDSMITH, J. A. *Autosegmental & metrical phonology.* Oxford/Cambridge: Blackwell, 1990.

GOMES, C. A. (org.) *Fonologia na perspectiva dos modelos de exemplares*: para além do dualismo natureza/cultura na ciência linguística. São Paulo: Contexto, 2020.

HORA, D.; COLLISCHONN, G. (orgs.). *Teoria linguística*: fonologia e outros temas. João Pessoa: Ideia, 2003.

HORA, D.; MATZENAUER, C. L. (orgs.). *Fonologia, fonologias*: uma introdução. São Paulo: Contexto, 2017.

HORA, D.; BATTISTI, E.; MONARETTO, V. O. *Mudança fônica do português brasileiro.* História do português brasileiro v. 3. Coord. Ataliba T. de Castilho. São Paulo: Contexto, 2019.

KAILER, D. A.; MAGALHÃES, J. S.; HORA, D (orgs.). *Fonologia e variação*: diretrizes para o ensino. Prefácio Luiza Helena Oliveira da Silva. Campinas: Pontes Editores, 2023.

KENNEDY, R. *Phonology*: a course book. New York: Cambridge University Press, 2017.

KNIES, C. B.; GUIMARÃES, A. M. M. *Elementos e fonologia e ortografia do português.* Porto Alegre: EDUFRGS, 1989.

LAMPRECHT, R. R. et al. *Aquisição fonológica do português*: perfil de desenvolvimento e subsídios para terapia. Porto Alegre: Artmed, 2004.

LEE, S. H. (org.). *Vogais além de Belo Horizonte.* Belo Horizonte: FALE/UFMG, 2012.

MASSINI-CAGLIARI, G. *Acento e ritmo.* São Paulo: Contexto, 1992.

McCARTHY J.; PRINCE, A. Faithfulness and reduplicative identity. In: BECKMAN, J. et al. (eds.). *Papers in Optimality Theory* - UMass Occasional Papers 18. Amherst, GLSA, 1995. pp. 249-384.

MIRANDA, A. R. M.; CUNHA, A. P. M.; DONICHT, G. (orgs.). *Estudos sobre aquisição da linguagem escrita.* Pelotas: Editora UFPEL, 2017.

NESPOR, M.; VOGEL, I. *Prosodic phonology.* Dordrecht: Foris Publications, 1986.

NETTO, W. F. *Introdução à fonologia da língua portuguesa.* São Paulo: Hedra, 2001.

ODDEN, D. *Introducing phonology.* 2nd ed. New York: Cambridge University Press, 2013.

PRINCE A; SMOLENSKY, P. *Optimality Theory*: Constraint interaction in generative grammar [relatório técnico]. Boulder: Rutgers University/University of Colorado, 1993.

ROBERTO, M. *Fonologia, fonética e ensino*: guia introdutório. São Paulo: Parábola, 2016.

ROBINS, R. H. *Pequena história da linguística*. Trad. Luiz Martins Monteiro de Barros. Rio de Janeiro: Ao Livro Técnico, 1983 [1967].

SAUSSURE, F. *Curso de linguística geral*. Org. C. Bally; A. Sechehaye; A. Riedlinger. Trad. A. Chelini; J. P. Paes; I. Blikstein. 27. ed. São Paulo: Cultrix, 2006 [1916].

SEARA, I. C.; NUNES, V. G.; LAZZAROTTO-VOLCÃO, C. *Para conhecer fonética e fonologia do português brasileiro*. São Paulo: Contexto, 2015.

SELKIRK, E. The syllable. In: HULST, H. van der; SMITH, N. *The structure of phonological representations* (part II). Foris: Dordrecht, 1982. pp. 337-83.

SILVA, R. V. M. *O português arcaico*: fonologia. 3.ed. São Paulo: Contexto, 1996.

SILVA, T. C. *Fonética e fonologia do português*: roteiro de estudos e guia de exercícios. São Paulo: Contexto, 2001.

SILVA, T. C. *Dicionário de fonética e fonologia*. Colab. D. O. Guimarães e M. M. Cantoni. São Paulo: Contexto, 2011.

SIMÕES, D. *Considerações sobre a fala e a escrita*: fonologia em nova chave. São Paulo: Parábola, 2006.

SOUZA, P. C. Fonologia de laboratório. In: FIORIN, J. L. (org.). *Novos caminhos da linguística*. São Paulo: Contexto, 2017. pp. 11-35.

TENANI, L. E. *Sobre fronteiras*: prosódia, escrita, palavra. Araraquara: Letraria, 2021.

TRASK, R. L. *Dicionário de linguagem e linguística*. Trad. Rodolfo Ilari. Rev. técnica I. V. Koch e T. C. Silva. São Paulo: Contexto, 2004.

Morfologia

João Paulo Cyrino

INTRODUÇÃO

A morfologia é o estudo da estrutura interna das palavras. Conseguimos perceber que as palavras possuem uma estrutura interna porque elas podem ser divididas em partes menores e essas partes ainda vão possuir algum significado. Por exemplo, todas as palavras abaixo têm algo em comum:

(1) a. cachorros
     b. parafusos
     c. escolhas
     d. parágrafos

Qualquer falante de português conseguiria capturar que, apesar de se referirem a coisas bastante diferentes, todas as palavras em (1) veiculam a ideia de plural, ou seja, de que há mais de um cachorro, mais de um parafuso, mais de uma escolha e mais de um parágrafo. Podemos facilmente atribuir esse significado ao som /s/ no final das palavras. Sendo assim, podemos entender que a palavra *cachorro* possui uma realização com um /s/ no final, *cachorros*, que a faz se referir a mais de um cachorro.

Essa prática de identificar que uma palavra é formada por partes menores e enumerar essas partes é denominada *análise morfológica*. No exemplo (1) vimos palavras que podem ser analisadas, ou seja, divididas em mais de uma parte. Chamamos essas palavras de *complexas*.

No entanto, nem todas as palavras do português podem ser assim analisadas. A palavra *bar*, por exemplo, não pode ser subdivida em partes menores, do ponto de vista morfológico. Ou seja, não conseguimos dividi-la em segmentos menores sem que seu significado seja perdido. Podemos, por outro lado, adicionar partes a ela e criar palavras complexas, como em *bares (bar + es)* ou *barzinho (bar + zinho)*.

No entanto, a palavra *dar*, fonologicamente parecida com "bar" é uma palavra complexa. Ela pode ser dividida em duas partes: a primeira é constituída somente pelo som /d/ enquanto a segunda pelo som /ar/. Essa possibilidade de divisão fica clara quando vemos outras partes que podemos adicionar a /d/:

(2) a. dar (d + ar)
     b. dou (d + ou)
     c. dei (d + ei)

Em morfologia, temos um termo central que é o *morfema*. O morfema é o menor constituinte significativo de uma palavra. Exemplos de morfemas são os *-s* em *cachorro-s, parafuso-s, escolha-s* e *parágrafo-s*, o *-ar, -ou* e *-ei* em *d-ar, d-ou* e *d-ei*, ou mesmo o próprio *d-* que ocorre nessas palavras. Pode-se dizer que palavras como *bar*, que não podem ser analisadas morfologicamente, são constituídas de apenas um morfema (ou seja, são palavras *monomorfêmicas*).

Para além da análise morfológica, que identifica os morfemas existentes em uma língua e suas combinações possíveis, a morfologia se encarrega também de investigar os mecanismos que as línguas possuem para formar suas palavras. Já sabemos que morfemas podem se combinar, mas essas combinações podem se dar de diversas maneiras e algumas delas são particularmente desafiadoras.

Vamos tomar como exemplo um fenômeno denominado *truncamento*, uma combinação desafiadora. Até agora, vimos que novos significados podem ser adicionados a uma palavra na medida em que *adicionamos* morfemas a ela. O truncamento, porém, envolve *reduzir* uma palavra a uma palavra menor. Em português temos alguns exemplos, tais como:

(3) a. pisci (piscina)
     b. bici (bicicleta)
     c. reaça (reacionário)
     d. sapata (sapatão)

Esse processo nem sempre é somente uma abreviação da palavra original, podendo adicionar a ela uma carga semântica afetiva ou jocosa (cf. Scher, 2011). Em morfologia, dizemos que o truncamento não é um processo denominado *concatenativo* porque não envolve a combinação aditiva de um morfema após o outro. Para dar conta desses casos, é necessário ter um conceito mais abstrato do que é um morfema, e a elaboração desse tipo de conceito precisa ser consistente o suficiente para poder dar conta também dos casos em que a morfologia se comporta de forma concatenativa.

Desafios como esses são usuais no estudo da morfologia das línguas. Como diz Bloomfield (1933: 207):

> De forma geral, construções morfológicas são mais elaboradas que as sintáticas. As características de modificação e modulação são mais numerosas e frequentemente irregulares – isto é, confinadas a constituintes e combinações particulares. [...] Sendo assim, línguas se diferem mais na morfologia do que na sintaxe.

Após essa breve introdução à morfologia, apresento a seguir um histórico das origens da disciplina e conceitos essenciais, como *forma livre*, *forma presa*, *morfema*, *morfe* e *alomorfia*. Em seguida, são discutidos os dois tipos principais de processos morfológicos: *concatenativos* e *não concatenativos*. Por fim, são sugeridas leituras adicionais para aprofundamento. Vale ressaltar que a morfologia é uma área complexa, com diversas abordagens teóricas e métodos, refletindo a complexidade dos fenômenos linguísticos. Este capítulo oferece apenas uma introdução, reconhecendo a riqueza de contribuições de diferentes perspectivas para a compreensão da formação de palavras nas línguas.

AS ORIGENS DA MORFOLOGIA

O termo *morfologia* vem das palavras gregas *morphē* (que significa *forma*) e *lōgos* (que significa *estudo* ou *palavra*). Foi o poeta e estudioso alemão Wolfgang von Goethe quem usou o termo pela primeira vez nos anos 1790, inicialmente para descrever o estudo da forma e estrutura dos organismos na biologia. Mais tarde, outro estudioso alemão, o filólogo August Schleicher, atribuiu o termo ao estudo da forma das palavras dentro da linguagem (Schleicher, 1859), ou o que hoje chamamos de estrutura interna das palavras.

Embora o termo *morfologia* seja relativamente novo, a investigação sobre como as palavras são formadas remonta a tempos antigos. Na antiga Mesopotâmia, por exemplo, há registros de reflexões sobre isso em tábuas de argila datadas de cerca de 1600 a.C. Na Grécia, Dionísio, o Trácio, escreveu um trabalho chamado *Tekhné Grammatikē* (ou Arte Gramática), por volta do século I a.C. Nesse trabalho, ele define a palavra como o bloco de construção básico da frase e a classifica em oito tipos diferentes: nome, verbo, particípio, artigo, pronome, preposição, advérbio e conjunção. Ele descreve como essas palavras podem mudar dentro de cada tipo.

Por exemplo, aqui estão alguns trechos da definição de *verbo* na gramática de Dionísio, traduzidos para o português por Chapanski (2003: 30):

> Verbo é uma palavra não sujeita à variação de caso, que admite tempo, pessoas, números e exprime atividade ou passividade. Há oito acidentes do verbo: o modo, a diátese, a espécie, a forma, o número, a pessoa, o tempo e a conjugação. [...] Há três diáteses: ativa, passiva, média. Da ativa, tem-se por exemplo, *túptô* (eu firo); da passiva, *túptomai* (eu sou ferido). A média é a diátese que expressa por vezes a ativa, por vezes a passiva, como em *pépêga* (eu me fixei), *diéphthora* (eu fui destruído), *epoiêsámên* (eu faço), *egrapsámên* (eu escrevo).

Os estudos de gramática que se desenvolveram ao longo da história da Europa são fortemente baseados em gramáticas como a de Dionísio, o Trácio. No que se refere ao aspecto morfológico, não seria diferente. As gramáticas atualmente costumam ter uma seção denominada Morfologia que se ocupa em explicar quais são as classes gramaticais das palavras e quais suas características: substantivos variam de acordo com gênero e número; verbos variam de acordo com tempo, modo, número e pessoa; advérbios são invariáveis etc. No Brasil, isso está inclusive previsto na Nomenclatura Gramatical Brasileira (Portaria nº 36, 28 de janeiro de 1959).

Apesar da importância dos gramáticos gregos na formatação da visão ocidental de como se organiza uma língua, podemos atribuir as origens do estudo da morfologia tal qual é feito hoje a uma obra mais antiga, vinda da Índia. Trata-se do *Aṣṭādhyāyī*, obra do gramático Pāṇini, datada entre 350 a 250 a.C. Essa obra descreve a língua sânscrita falada na época, mostrando, entre outras coisas, como as palavras derivam de partes menores ou até mesmo de outras palavras.

Os conceitos e mecanismos que Pāṇini utilizou para descrever a formação de palavras no sânscrito chamaram a atenção de muitos estudiosos a partir do século XIX. Entre esses estudiosos está Leonard Bloomfield, o precursor da corrente linguística denominada *distribucionalismo*,[1] que deu origem às bases de como estudamos a morfologia atualmente. Bloomfield expressa claramente a admiração pela obra de Pāṇini em seu livro *Language*:

> Essa gramática [de Pāṇini] [...] é um dos maiores monumentos da inteligência humana. Ela descreve minuciosamente cada flexão, derivação, composição, e cada uso sintático da fala de seu autor. Nenhuma outra língua, até hoje, foi tão perfeitamente descrita. (Bloomfield, 1933: 10).

Especificamente, na seção de morfologia de seu livro, Bloomfield (1933: 208) diz: "O estabelecimento da morfologia requer estudo sistemático. Os antigos gregos fizeram algum progresso nessa direção, mas, no principal, nossa técnica foi desenvolvida pelos gramáticos hindus".

Formas livres e formas presas

O trabalho de Bloomfield consistia, em grande parte, em investigar e documentar as diversas línguas indígenas faladas na América do Norte. A tarefa de compreender o funcionamento dessas línguas é muito diferente daquela de compreender uma língua europeia cuja descrição se baseia em séculos de reflexão gramatical, inspirada nos gramáticos gregos, por exemplo. Nesse contexto, foi necessário criar métodos para estabelecer unidades de análise. Os conceitos de *forma livre* e *forma presa* são oriundos dessas necessidades.

Se tomarmos uma frase como "O cachorro roeu o osso", podemos subdividi-la em partes menores e testar se essas subdivisões funcionam, trocando-as por outras. Veja o exemplo abaixo. A totalidade da frase (4a) é dividida em duas partes em (4b). Verificamos que a divisão funciona quando conseguimos trocar [roeu o osso] por [latiu] em (4c). Também verificamos em (4d) que [roeu] pode ser um componente quando trocamos [o osso] por [a cadeira]. Finalmente, vemos que podemos trocar [cachorro] por [coelho], o que nos leva à análise em (4e) e, consequentemente, [cachorro] pode ser analisado como um componente da frase também.[2]

(4) a. [O cachorro roeu o osso]
    b. [O cachorro] [roeu o osso]
    c. [O cachorro] [latiu]
    d. [O cachorro] [roeu] [a cadeira]
    e. [O] [coelho]
    f. [cachorro]

Essa técnica de particionamento da frase chegaria a um ponto em que uma subdivisão não poderia mais ser pronunciada sozinha. Por exemplo, podemos pronunciar sozinhos [latiu] e [roeu], mas não conseguimos pronunciar [lat] e [iu], ou [ro] e [eu].[3] Sob o ponto de vista da metodologia distribucionalista, [latiu] e [roeu] são denominadas *formas livres*.

Interessantemente, como já vimos em outros exemplos, uma palavra ainda pode ser subdivida em partes dotadas de significado. A forma livre *latiu* pode ser dividida em *lat-*, que é a parte que se refere ao som que o cachorro produz e em *-iu*, que é a parte que se refere a uma ação realizada no passado. A palavra *roeu* pode ser dividida em *ro-*, a parte que se refere a um tipo de ação feita com os dentes,[4] e em *-eu*, que se refere a uma ação realizada no passado.[5] Se as palavras *latiu* e *roeu* correspondem a formas livres no método distribucionalista, os morfemas *lat-*, *-iu*, *-ro* e *-eu* são denominados *formas presas*.

Bloomfield teria definido a palavra como uma *forma livre* que só pode ser dividida em *formas presas*. Mas essa definição é insuficiente. Por exemplo, em português, consideramos que *guarda-roupa* é uma palavra e ela pode ser dividida em *guarda* e *roupa*. Tanto *guarda* como *roupa* podem ser denominadas formas livres, pois podem ser pronunciadas sozinhas em um enunciado. Além disso, uma palavra como *infelizmente* pode ser subdividida em três partes: *in-*, *feliz* e *-mente*. Embora *in-* pareça claramente uma forma presa e, talvez, *-mente* também possa ser considerada como tal, *feliz* com certeza ocorre sozinha com o mesmo significado, sendo possível caracterizá-la como forma livre. Até hoje, porém, não existe entre os estudos morfológicos uma definição de palavra que seja amplamente aceita e facilmente aplicável a todas as línguas.

Além dos conceitos de *forma livre* e *forma presa*, um conceito bastante útil proposto pelo linguista brasileiro Joaquim Mattoso Camara Jr. é o de *forma dependente*. Trata-se de formas que constituem palavras em português, mas que não ocorrem sozinhas em um enunciado. Elas não possuem acento tônico. O exemplo mais típico de forma dependente são os pronomes átonos, como o *te* em *eu te amo*. Perceba que, para a pergunta *quem você ama?*, a resposta poderia ser *tu* ou *você*, mas nunca *te*. Artigos como *o* em *o gato* e *a* em *a flor* também podem ser considerados formas dependentes. É importante observar que as formas dependentes não são presas: elas permitem bastante flexibilidade nas combinações morfossintáticas: podemos dizer *o gato*, como também *o lindo gato*; *a flor* e *a bela flor*. Ao menos na língua portuguesa escrita, pronomes átonos podem ocorrer antes ou depois do verbo: *te amo* ou *amo-te*.

Alomorfia

Ao descrever e documentar as línguas, observamos que é comum a existência de formas presas com um mesmo significado. Por exemplo, os verbos em português podem ser conjugados de formas diferentes: *cantar*, *elogiar* e *amar* são conjugados como *cantei*, *amei* e *elogiei* na primeira pessoa do singular do pretérito perfeito. Por outro lado, *partir*, *crescer* e *ouvir* são conjugados como *parti*, *cresci* e *ouvi*. Podemos entender a formação do pretérito perfeito da primeira pessoa do singular de duas formas: (i) dois *morfemas -ei* e *-i* com o mesmo significado ou (ii) um único *morfema* com o significado de pretérito perfeito da primeira pessoa e duas realizações fônicas distintas /ei/ e /i/.

Bloomfield e seus sucessores favoreceram o segundo tipo de compreensão: *morfemas* são unidades abstratas que podem ser realizadas de formas distintas a depender do contexto. Dessa forma, o que vemos nas palavras são a realização de um morfema, a que chamamos de *morfe*. Quando um morfema tem mais de uma realização possível, como no caso das conjugações verbais do português, dizemos que suas realizações são *alomorfes*.

Olhar para a existência de duas ou mais formas presas com o mesmo significado como um caso de *alomorfia* é vantajoso, na medida em que permite questionarmo-nos sobre quais tipos de contexto favorecem a ocorrência de uma forma e quais tipos de contexto favorecem a ocorrência de outra. Em português, sabemos que a primeira pessoa do pretérito perfeito em -*ei* ocorre com verbos cujo infinitivo é em -*ar* (o que chamamos de primeira conjugação): *cantar, eu cantei; amar, eu amei*. Por outro lado, a primeira pessoa do pretérito perfeito em -*i* ocorre em verbos cujo infinitivo é em -*er* ou em -*ir* (segunda ou terceira conjugações, respectivamente): *comer, eu comi; sorrir, eu sorri*. Como a ocorrência de -*ei* ou de -*i* depende de uma característica morfológica do verbo em si (forma do infinitivo), dizemos que se trata de uma alomorfia *morfologicamente condicionada*.

A alomorfia pode também ser condicionada por fatores fonológicos, ou seja, pode ser *fonologicamente condicionada*. Por exemplo, o plural de *carro* é *carros*: bastou adicionar um -*s* ao final da palavra. Mas, se a palavra no singular for terminada em som de /s/, o plural passa a ser -*es*: *gás* e *gases*, *vez* e *vezes*. Além disso, se a palavra for terminada em som de /s/ e o acento não cair na última sílaba, o morfema de plural não é realizado com nenhuma forma, nesse caso, podemos representar o morfema de plural com algo que chamamos de *morfema zero*: um *tênis* e dois *tênis*+Ø, um *ônibus* e dois *ônibus*+Ø. Sobre o morfema zero, cabe dizer que é simplesmente um morfema sem pronúncia. Ele tem sido usado desde os tempos de Pāṇini para descrever a morfologia das línguas. Apesar de ser uma ferramenta útil, há um debate na área sobre se o morfema zero realmente existe nas línguas ou se é apenas uma conveniência descritiva.

PROCESSOS MORFOLÓGICOS CONCATENATIVOS: AFIXAÇÃO E COMPOSIÇÃO

A abordagem de Bloomfield apresentada na seção anterior nos leva a uma concepção de que a formação de palavras é consequência de processos de concatenação de unidades cada vez menores até chegar ao morfema. O processo de concatenação mais básico nessa visão é denominado *afixação*. Podemos entender esse processo como uma generalização dos mecanismos trazidos por Pāṇini ao sânscrito, para as demais línguas do mundo: um afixo (que é um morfema) pode ser concatenado a uma forma presa, constituída de um ou mais morfemas, a que denominamos *base*. Um exemplo de afixação é o que ocorre com o plural em português. O afixo -*s* é adicionado ao final das bases:

(5) a. planeta *(base)* + -s *(afixo)* = *planetas*
     b. gato + -s = gatos
     c. chapeuzinho + -s = chapeuzinhos

É importante ter em conta que a base pode ser um morfema ou uma sequência de morfemas já previamente formada por um processo concatenativo como a afixação. No exemplo acima, podemos enxergar a base *planeta* como sendo indivisível, talvez constituída de um morfema só. Já a base *chapeuzinho* é claramente formada por, pelo menos, dois morfemas: *chapéu* e -*zinho*. Dentro dessa visão concatenativa da morfologia, podemos representar o processo de formação das palavras como uma hierarquia:

(6) *Formação de "planetas":*

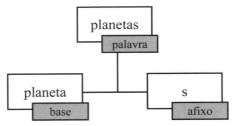

(7) *Formação de "chapeuzinhos":*

Quando a base é formada por apenas um único morfema, denominamos essa base de *raiz*. Se visualizarmos a hierarquia de baixo para cima, podemos entender que a formação da palavra *chapeuzinho* se dá em dois estágios: começando pela afixação de *-zinho* à raiz *chapéu* e terminando pela afixação de *-s* à base *chapeuzinho* formada no estágio anterior.

Algo que costuma diferenciar a formação de palavras da formação de frases é o fato de que processos como o de afixação podem acarretar mudanças fonológicas na base. Por exemplo, a palavra *papel*, quando concatenada com o afixo *-s* de plural, resulta em *papéis* e não em **papels*. Descrever e analisar os processos fonológicos envolvidos na afixação é um dos papéis do morfólogo. Nossa língua está repleta de desafios nesse sentido. Por exemplo, que tipo de processo faz com que o plural de *avião* seja *aviões*, mas o plural de *alemão* seja *alemães*? Ou que tipo de processo faz com que o plural de *poço* ['po.su] tenha um *o* aberto na primeira sílaba *poços* ['pɔ.sus], mas que o plural de *lobo* ['lo.bu] preserve o som do *o* da primeira sílaba *lobos* ['lo.bus]?

Tipos de afixos

Podemos classificar os afixos que existem nas línguas de acordo com a posição em que eles ocorrem com relação à base. Podemos enumerar basicamente quatro tipos: *prefixos, sufixos, circunfixos* e *infixos*.

Os *prefixos* são afixos que ocorrem antes da base. Em português, são exemplos de prefixos *des-*, em *desligar* ou *desconectar*, e *in-*, em *inútil* ou *inativo*. Os *sufixos* são afixos que ocorrem após a base. São o tipo de afixo mais frequente em português: o *-s* dos plurais, o *-ei* da primeira pessoa do pretérito perfeito em *cantei* e *amei*, o aumentativo masculino *-ão* em *jogão* ou *dogão*, ou o feminino *-ona* em *casona* e *gatona*.

Mais dificilmente de se detectar em português são os *circunfixos*. Trata-se de afixos que ocorrem em pares, uma parte antes da base e a outra após. O fato de precisarmos utilizar prefixos juntamente com sufixos para formar verbos a partir de alguns substantivos pode ser considerado como um caso de *circunfixação*. Vamos tomar, por exemplo, a palavra *monte,* da qual podemos formar *amontoar*. Podemos considerar que, para esse caso, um circunfixo *a-...-oar* está indicando a ideia de juntar coisas na forma de um monte. Outro caso seria o de *engavetar* ou *engarrafar*, em que o circunfixo *en-...-ar* estaria indicando a ação de colocar algo dentro da base, em uma gaveta no primeiro caso, ou em uma garrafa no segundo caso.

Os *infixos* são aparentemente inexistentes no português. São afixos que ocorrem dentro da base. O tagalog, uma das línguas faladas nas Filipinas, possui infixos. Podemos tomar como exemplo o infixo *-um-* que forma verbos a partir de substantivos. Então, a palavra *bili*, que significa preço, torna-se *bumili*, que significa comprar. Outro exemplo é a palavra *kain*, que significa comida, tornando-se *kumain*, que significa comer.

Flexão e derivação

Além do critério da posição dos afixos com relação à base, outra forma de dividir os processos de afixação, ou qualquer outro processo morfológico, é com relação ao tipo de significado que os morfemas podem adicionar à base. Temos dois tipos de fenômenos nesse sentido: *flexão e derivação*.

Na *flexão*, os morfemas trazem informações que adaptam a palavra ao seu contexto sintático. Por exemplo, o sufixo *-ei* de primeira pessoa do singular do pretérito perfeito ocorre nos verbos para contextualizá-los em uma frase em que o sujeito é *eu* e a ação ocorreu no passado: *eu amei o filme*; *eu cantei a canção*. Outro tipo de flexão ocorre com o sufixo de gênero dos adjetivos. O sufixo *-o* ocorre em *bonito* quando se está qualificando algo masculino: *o carro bonito; o apartamento bonito*. O sufixo *-a* somente ocorre quando se está qualificando algo feminino: *a bicicleta bonita; a casa bonita*.

Os significados veiculados pela morfologia flexional costumam pertencer a um conjunto bem específico de significados associados ao funcionamento da gramática da língua. Morfemas flexionais normalmente indicam *gênero* (*masculino, feminino*), *número* (*singular, plural*), *tempo* (*presente, passado, futuro*), *pessoa do discurso* (*primeira, segunda* ou *terceira*), entre outras propriedades gramaticais da língua.

A *derivação* ocorre quando os morfemas adicionam significados que qualificam a base de alguma forma. Esses significados podem ser de diferentes naturezas. Por exemplo, os sufixos *-inho* e *-ão* adicionam o significado de ser pequeno ou ser grande a um livro em *livrinho* e *livrão*, respectivamente. O prefixo *re-* costuma adicionar o significado de que a ação descrita pela base é feita novamente: *reinventar* – inventar novamente, *reler* – ler novamente. O sufixo *-ismo* parece adicionar um significado de um tipo de sistema de valores centrado no que a base descreve: *consumismo* – um sistema de valores centrado no consumo; *idealismo* – um sistema de valores centrado no ideal; *distribucionalismo* – um sistema de valores centrado na distribuição.

Utilizamos o termo *derivação* frequentemente para referirmo-nos aos processos morfológicos que resultam em mudança de classe gramatical de uma palavra. Por exemplo, o sufixo *-eza* deriva, a partir dos adjetivos *belo* e *real*, os substantivos *beleza* e *realeza*; o sufixo *-ear* pode formar verbos a partir de substantivos: *prosear* de *prosa, cornear* de *corno, caetanear* de *Caetano*.

Morfemas derivacionais podem apresentar diversas restrições de aplicação. Por exemplo o sufixo *-eza,* apresentado no parágrafo anterior, não pode ocorrer em qualquer adjetivo: não podemos formar *forteza* de *forte* ou *feieza* de feio. É, aliás, bastante difícil determinar a quais adjetivos o sufixo *-eza* pode se aplicar. O mesmo ocorre com *-ear*, e com diversos outros morfemas derivacionais.

Composição

Para além da afixação, temos um outro processo morfológico concatenativo denominado *composição*. Composição é nada menos do que a formação de uma nova palavra a partir de duas formas livres, como *guarda-chuva, paraquedas* e *limpa-vidros*. Chamamos essa palavra nova de *composto* ou *palavra composta*.

O significado de um composto pode estar bastante relacionado ao significado das palavras que o formam: *guarda-chuva* tem o significado relacionado a guardar (proteger) da chuva, *paraquedas,* por sua vez, tem o significado relacionado a parar (amenizar) as quedas e *limpa-vidros* tem o significado relacionado a limpar os vidros. Por outro lado, boa parte dos compostos possuem significados ditos não composicionais: os significados não possuem relação com as palavras que os formam. Exemplos disso são *bem-te-vi*, que é uma espécie de pássaro, ou *amor-perfeito*, que é uma espécie de flor.

PROCESSOS MORFOLÓGICOS NÃO CONCATENATIVOS

Os processos não concatenativos são aqueles que alteram a forma e o significado de uma palavra, mas não envolvem adição de segmentos fonológicos que podemos identificar como bases ou afixos. Existem quatro tipos comumente vistos de processos não concatenativos: *apofonia, transfixação, reduplicação e truncamento*. Destes, o truncamento é de especial interesse para o estudo da morfologia do português. Mas vejamos alguns exemplos dos demais.

A *apofonia* é um processo que envolve alterações de sons na base. É um processo bastante comum na formação de plurais do inglês. Embora muitas palavras na língua formem o plural com a adição de *-s*, algumas palavras formam o plural por meio de mudanças nas vogais. Por exemplo, algumas palavras formam o plural com a mudança da vogal longa /u:/ pela vogal longa /i:/: o plural de *foot* /fu:t/ (pé) é *feet* /fi:t/ (pés), o plural de *tooth* /tu:θ/ (dente) é *teeth* /ti:θ/ (dentes) e o plural de *goose* /gu:z/ (ganso) é *geese* /gi:z/ (gansos).

A *transfixação* envolve a ocorrência de um morfema que se intercala com os fonemas da base. Esse morfema é denominado *transfixo* ou *morfema descontínuo*. Esse fenômeno é muito comum nas línguas semíticas (árabe e hebraico, por exemplo). Nessas línguas, as raízes das palavras podem ser formadas por três consoantes, e as vogais que se intercalam com essas consoantes são responsáveis por definir diversas características gramaticais. Podemos observar o funcionamento desse sistema com exemplos da raiz *k-t-v* do hebraico moderno, relacionada a *escrita*:

(8) a. kotev   *(transfixo CoCeC)*
"escritor" ou "eu/você/ele escreve"
b. katav   *(transfixo CaCaC)*
"escreveu"
c. ktivah   *(transfixo CCiCah)*
"escrita"
d. ktavot   *(transfixo CCaCot)*
"artigos"

A *reduplicação* ocorre quando a base ou parte dela é duplicada. O fenômeno ocorre em diversas línguas. Em latim, ocorre a *reduplicação* do início da base dos verbos para a formação de tempos perfeitos. Sendo assim, a forma verbal *currit* (corre) torna-se *cucurrerat* (tinha corrido) ou a forma verbal *mordet* (morde) torna-se *momorderat* (tinha mordido): duplicação da primeira sílaba *cu* e *mo*, respectivamente. Em malaio, o plural é formado pela reduplicação da base inteira. Dessa forma, o plural de *rumah* (casa) é *rumah-rumah* (casas). Um possível caso de reduplicação em português ocorre quando alguns verbos na terceira pessoa do presente são repetidos indicando uma ação que ocorre múltiplas vezes, como em *o corre-corre das crianças no recreio*, ou *o late-late dos cachorros no final da tarde*.

O *truncamento* ocorre quando parte da base é suprimida. Em português, alguns exemplos de truncamento foram apresentados no início do texto e encontram-se repetidos em (9):

(9) a. pisci (piscina)
b. bici (bicicleta)
c. reaça (reacionário)
d. sapata (sapatão)

Esses exemplos nos mostram que existem diferentes padrões de ocorrência do fenômeno. Os truncamentos em (9a) e (9b) são formados pela preservação das duas sílabas iniciais da base e pela supressão do restante. Já em (9c) e (9d), temos como resultado do processo palavras que preservam segmentos do início da base até a consoante após a segunda sílaba, formando uma terceira sílaba com essa consoante e a vogal *a*. Há outros padrões identificados na literatura. Um desafio para os estudiosos de morfologia da língua portuguesa é identificar o que motiva uma palavra ser truncada segundo um padrão ou outro.

ROTEIRO DE LEITURAS

A morfologia é uma área bastante diversa, havendo muitas formas diferentes de desenvolver pesquisa. É difícil apontar para um roteiro de leituras que seja representativo da riqueza de teorias e descrições que já foram feitas. Dessa forma, indico materiais em língua portuguesa que complementam o que foi dito neste capítulo e mostram um pouco do que é feito em morfologia no Brasil.

Primeiramente, é indispensável a leitura do livro *Estruturas da língua portuguesa*, do linguista Joaquim Mattoso Camara Jr. A versão original é de 1970, mas há uma edição crítica de 2019 que convém conferir. O livro apresenta uma análise da morfologia do português brasileiro a partir de seu oitavo capítulo. Essa análise segue, em grande medida, os métodos distribucionalistas, sendo bastante interessante para entender quão desafiadora é a morfologia do português e o quanto o autor foi habilidoso em sua análise, buscando motivações muito ricas para explicar as diversas irregularidades da língua.

Existe uma grande variedade de materiais mais introdutórios e gerais sobre morfologia. Nesse sentido, recomendo o livro *Para conhecer morfologia* (2016), de Maria Cristina Figueiredo Silva e Alessandro Boechat de Medeiros. Trata-se de um livro interessante por trazer um capítulo sobre a abordagem de Camara Jr. Além disso, o livro aborda, de forma introdutória, duas teorias atuais sobre a formação de palavras: a morfologia distribuída e a morfologia baseada em palavras.

No que diz respeito a propostas teóricas específicas, recomendo o *Manual de morfologia distribuída* (2022), organizado por Ana Paula Scher, Indaiá Bassani e Paula Armelin, e *Morfologia construcional* (2022), organizado por Juliana Soledade, Carlos Alexandre Gonçalves e Natival Simões Neto. O primeiro livro é um curso de morfologia distribuída, uma proposta gerativista de morfologia baseada em morfemas. Sendo um manual, permite aprender sobre os diversos aspectos e motivações da teoria e aplicar os conhecimentos por meio de exercícios, preparando o leitor para desenvolver pesquisa nessa área. O livro conta com um prefácio de David Embick, um importante pesquisador dentro desse quadro teórico. O segundo livro é uma coletânea de trabalhos que abordam fenômenos morfológicos da língua portuguesa sob a perspectiva da morfologia construcional, uma proposta de morfologia baseada em palavras. Nele, pode-se compreender como os fenômenos são analisados, na prática, sob o ponto de vista dessa teoria e aprender bastante sobre os diversos fenômenos morfológicos do português. Além disso, há a entrevista com Geert Booij e outra com Jenny Audring, dois pesquisadores importantes dentro dessa perspectiva.

Notas

[1] Corrente teórica em linguística associada ao estruturalismo, consolidada nos anos 1940 e 1950. Tem como precursor Leonard Bloomfield, que enfatizava a importância de métodos rigorosamente empíricos de análise formal da língua. O *distribucionalismo* se concentra na análise da estrutura da língua com base na distribuição das formas dos elementos linguísticos e nas relações entre essas formas, sem recorrer ao significado. A abordagem distribucionalista envolve a segmentação de sentenças em unidades menores e a análise da frequência e das posições dessas unidades, para identificar padrões e estruturas gramaticais.
[2] Ver capítulo "Sintaxe", neste volume.
[3] Repare que [eu] é uma sequência fonológica homônima ao pronome de 1ª pessoa do singular – caso em que pode ser pronunciada sozinha e, conforme veremos a seguir, tem o estatuto de uma forma livre.
[4] Como em "ro-edor", "ro-í", "ro-emos" etc.
[5] Como em "com-eu", "l-eu", "perceb-eu" etc.

Referências

BLOOMFIELD, L. *Language*. New York: Henry Holt, 1933.
CÂMARA JR., J. M. *Estrutura da língua portuguesa* – Edição Crítica. São Paulo: Vozes, 2019.
CHAPANSKI, G. *Uma tradução da tékhne grammatiké, de Dionísio Trácio, para Português*. Curitiba, 2003. Dissertação (Mestrado em Letras – Estudos Linguísticos) – Universidade Federal do Paraná.
FIGUEIREDO SILVA, M. C.; MEDEIROS, A. *Para conhecer morfologia*. São Paulo: Contexto, 2016.
SCHER, A. P. Formas truncadas em português brasileiro e espanhol peninsular: descrição preliminar. *ReVEL*, ed. esp, n. 5, 2011, pp. 61-79.
SCHER, A. P.; BASSANI, I.; ARMELIN, P. R. *Manual de Morfologia Distribuída*. Ed. da Abralin, 2022.
SCHLEICHER, A. *Zur Morphologie der Sprache*. Eggers, 1859.
SOLEDADE, J; GONÇALVES, C. A.; SIMÕES NETO, N. *Morfologia Construcional*: avanços em língua portuguesa. Salvador: EDUFBA, 2022.

Léxico

Paula Armelin
Ana Paula Scher

INTRODUÇÃO

Se tomado como elemento que abriga os primitivos empregados na sintaxe, o léxico talvez seja o componente mais evidente da arquitetura da gramática, sendo, portanto, fundamental para compreendermos a natureza do conhecimento linguístico. Para além disso, a relevância dos estudos do léxico se dá pelos diálogos e interfaces que as propriedades comumente atribuídas a esse componente suscitam para a discussão de diversos níveis de análise linguística, como a relação entre o léxico e a morfologia, a sintaxe e a semântica.

O próprio termo *léxico*, no entanto, está sujeito a diferentes definições em perspectivas teóricas distintas. Dessa forma, as abordagens no âmbito dos estudos linguísticos se distanciam amplamente a partir de como elas respondem às seguintes questões:

a. Quais são os elementos que compõem o léxico?
b. Qual é o papel do léxico no sistema linguístico?

Para buscar responder a essas duas questões, neste capítulo, revisitamos a noção de léxico a partir de diferentes perspectivas linguísticas. Para tanto, primeiramente nos distanciamos da noção do senso comum que associa o léxico ao conceito de dicionário, para chegarmos a uma definição mais técnica desse componente, a ideia de um *léxico mental*, ancorada, por sua vez, em diferentes abordagens teóricas.

Mais especificamente, nesse debate teórico, contrapomos as abordagens conhecidas na literatura como *lexicalistas* àquelas chamadas de *não lexicalistas*, tomando como domínio empírico formações não composicionais estruturalmente complexas e distintas. A interpretação não composicional é aquela que não pode ser depreendida a partir do significado das partes, podendo ser licenciada em palavras simples, como em *gato* (significando uma ligação elétrica irregular), em palavras complexas, como em *beijinho* (significando um tipo de doce) ou em combinações de palavras, como na expressão *chutar o balde* (significando desistir).

As abordagens lexicalistas assumem a possibilidade de que formações não composicionais possam ser armazenadas no componente lexical de modo integral, sendo inseridas na sintaxe como um bloco. Por sua vez, abordagens teóricas conhecidas como não lexicalistas, como a Morfologia Distribuída (Halle e Marantz, 1993; Marantz, 1997), propõem que as estruturas linguísticas, no nível da palavra e da sentença, sejam geradas por um único componente, a sintaxe. Dessa forma, não há estrutura complexa armazenada no léxico e não cabe a esse componente lidar com a interpretação associada a essa estrutura, seja ela composicional ou não.

Para desenvolver esse debate teórico a respeito do papel do léxico nas abordagens linguísticas, fazemos neste capítulo uma discussão empírica, explorando a relação entre interpretação não composicional e léxico a partir de estruturas com complexidade variada. No domínio da palavra, abordamos as formações de diminutivos e aumentativos não composicionais, enquanto, no domínio do sintagma, discutimos o comportamento das expressões idiomáticas.

O CONCEITO DE LÉXICO E A NOÇÃO DE DICIONÁRIO

A palavra *léxico* apresenta uma ampla gama de significados que se colocam de modo distinto a partir das diversas perspectivas em que o conceito é empregado. O termo tem origem na palavra grega λεξικόν (*lexikòn*), que basicamente significa "dicionário" e está relacionada ao substantivo λέξις (*léxis*), cujo significado é "palavra", sendo comumente empregado na tradição gramatical com uma semântica de coletivo, aproximando-se do sentido de "vocabulário" (Singleton, 2000: 1).

Se tomarmos, por exemplo, como ponto de partida a entrada da palavra *léxico* no *Dicionário Brasileiro da Língua Portuguesa Michaelis*, disponível em formato digital, é possível percebermos claramente os sentidos advindos da origem grega do termo:

Léxico
a. Dicionário de línguas clássicas antigas.
b. POR EXTENSÃO VER dicionário, acepção 1.
c. GRAMÁTICA Conjunto total das palavras com características sintáticas de que dispõe determinado idioma; composição lexical.
d. Lista de palavras, com suas respectivas definições, usadas de maneira peculiar ou com sentido diferente do comum, por um autor ou por um grupo de pessoas, ou usada num período, num movimento etc.[1]

Nas acepções (a) e (b), podemos ver destacada a ideia de léxico como dicionário, enquanto nas acepções (c) e (d), por sua vez, evidenciam-se as noções de coletivo ou conjunto de palavras.

Nos estudos linguísticos, por sua vez, em especial nas vertentes interessadas no funcionamento da língua como parte da cognição humana, a ideia de um *léxico mental* se distancia da noção mais comum de dicionário em diversos aspectos relevantes, como sistematizado por Ježek (2016: 1):

> O léxico é o conjunto de palavras de uma língua, enquanto o dicionário é o trabalho de referência que descreve esse conjunto de palavras. Léxico e dicionário não se correspondem. Um dicionário é um objeto concreto, normalmente um livro, impresso ou em formato eletrônico, enquanto o léxico é um objeto abstrato, ou seja, um conjunto de palavras com informações associadas, armazenadas em nossa mente e descritas no dicionário. A relação entre essas duas entidades é aproximadamente a mesma que existe entre a gramática de uma língua, entendida como o conjunto de suas regras sintáticas e morfológicas, e o livro que lista essas regras e ilustra como elas se aplicam (uma gramática do inglês, do italiano, do hindi, e assim por diante).

Em relação aos elementos que são listados nos dicionários, eles não necessariamente refletem o conhecimento lexical de um falante. Na verdade, o conhecimento lexical é um aspecto que pode variar de um indivíduo para outro a partir de uma série de fatores, como a relação daquele falante com o ambiente sociocultural em que ele está inserido. Assim, o conhecimento que um indivíduo tem sobre o léxico da sua língua é passível de ampliação durante toda a vida, já que nós aprendemos palavras novas o tempo todo ao longo de nossas experiências.

Da mesma forma, os dicionários contêm informações que não necessariamente integram o conhecimento linguístico do falante. Por exemplo, os dicionários, em suas entradas lexicais, podem explicitar a origem das palavras, conhecimento que, do ponto de vista sincrônico, não faz parte do conhecimento natural que compõe a aquisição de palavras por um falante. A não ser que sejamos explicitamente ensinados a respeito da diacronia das palavras, essa não é uma informação a que temos acesso no processo de aquisição lexical.

Em termos de organização, enquanto nos dicionários as palavras estão dispostas em ordem alfabética, não é plausível assumir que o mesmo ocorra no conhecimento linguístico dos falantes. Isso porque a noção de organização alfabética pressupõe necessariamente um conhecimento da ortografia da língua. No entanto, nós adquirimos palavras na nossa língua muito antes de aprendermos a sua escrita. Da mesma forma, falantes não alfabetizados também dispõem de um léxico mental, e línguas ágrafas também apresentam um conjunto de palavras.

Outro aspecto importante para discussão é que a forma das palavras listadas no dicionário, ou seja, sua forma de citação, é determinada por convenção, o que varia de língua para língua. Por exemplo, a forma de citação de um verbo no português é o infinitivo, enquanto no grego moderno o verbo é listado no dicionário na forma da primeira pessoa do singular do presente do indicativo. Isso não significa, por exemplo, que essa é a forma armazenada no léxico mental dos falantes dessas línguas. Em uma análise da forma do infinitivo verbal do português, como o verbo "amar", por exemplo, é possível reconhecermos três diferentes morfemas: a raiz (*am-*), a vogal temática (*-a*) e a marca do infinitivo (*-r*). Isso implica que, no dicionário, a estrutura interna da palavra não é necessariamente levada em consideração, uma vez que se trata de uma abordagem centrada na palavra. De um ponto de vista linguístico, no entanto, uma alternativa interessante, como veremos na próxima seção, é a de assumir que os primitivos do léxico não sejam as palavras propriamente ditas, mas as peças envolvidas na formação das palavras, ou seja, os morfemas, que podem ser rearranjados de maneira produtiva na formação de outras palavras.

No entanto, nos dicionários, apenas alguns aspectos da natureza morfológica da formação de palavras são levados em consideração para a seleção dos elementos que serão efetivamente listados. Por exemplo, se a palavra é formada via flexão ou derivação. Em linhas gerais, formas flexionadas, como as variações de gênero e número nos nomes (*menino, menina, meninos, meninas*) e adjetivos (*querido, querida, queridos, queridas*), além das formas conjugadas dos verbos (estudei, estudarei, estudamos etc.) não são dicionarizadas e suas entradas lexicais precisam ser deduzidas a partir das respectivas formas de citação (masculino singular para os substantivos e adjetivos e a forma infinitiva para os verbos). Por sua vez, as palavras formadas via derivação são geralmente listadas (palavras formadas por derivação prefixal, *ilegal*, ou sufixal, *legalidade*, por exemplo). Essa organização reflete em sua base uma noção de léxico como repositório de arbitrariedades. Como a flexão é tradicionalmente vista como mais sistemática, em termos de aplicação e interpretação, enquanto a derivação pode apresentar mais lacunas e estar sujeita a uma interpretação mais idiossincrática, apenas o último tipo de formação é dicionarizada. No entanto, os critérios que sustentam a distinção entre flexão e derivação nem sempre são claros, e suas fronteiras não são nítidas em termos linguísticos. Se tomarmos, por exemplo, as formações em diminutivo e aumentativo, veremos que a tendência é que tais formas não sejam dicionarizadas. No entanto, os elementos formadores de diminutivo e aumentativo, como *-inho* e *-ão*, apresentam um comportamento bastante ambíguo quando se colocam em questão as fronteiras entre flexão e derivação, que estão no centro do debate sobre o papel do léxico nas teorias linguísticas.

Para além do estatuto flexional ou derivacional da formação, a interpretação da palavra parece ser relevante para a listagem de um elemento no dicionário. Em linhas gerais, a ideia é que as palavras que estão sujeitas a uma interpretação não composicional devem ser listadas. Dessa forma, diminutivos e aumentativos não composicionais, como *camisinha* e *caixão*, são dicionarizados e apresentados tanto na sua acepção composicional ("camisa pequena" e "caixa grande", respectivamente), como em seu significado não composicional ("preservativo" e "urna funerária"). Da mesma forma, na entrada lexical de algumas palavras aparece a forma dicionarizada acompanhada de interpretações não composicionais associadas a expressões idiomáticas. Por exemplo, na entrada lexical da palavra "sete" no *Dicionário Brasileiro da Língua Portuguesa Michaelis,* podemos encontrar a expressão idiomática "pintar o sete" com as seguintes acepções:

Pintar o sete:
a. exceder-se em diversões e diabruras; pintar o caneco, pintar a saracura, pintar o diabo;
b. divertir-se à beça;
c. realizar coisas excepcionais;
d. tratar mal; atormentar, maltratar.

Do ponto de vista do léxico mental, no entanto, se a interpretação não composicional deve ser armazenada nesse ou em outro componente da arquitetura da gramática é uma questão importante de debate, que não só diz respeito à natureza do conteúdo conceitual, mas à própria definição do léxico. Para que possamos chegar a esse debate mais técnico a respeito da natureza do léxico, oferecemos ao leitor, na próxima seção, um breve panorama teórico.

UM PANORAMA TEÓRICO: O LÉXICO NOS ESTUDOS LINGUÍSTICOS

Nos estudos linguísticos, o léxico é tradicionalmente compreendido como o lugar de armazenamento das idiossincrasias, ou seja, dos elementos que não apresentam sistematicidade suficiente para que sejam tratados no nível da gramática da língua. Nessa oposição entre léxico e gramática, as arbitrariedades da língua estariam a cargo do léxico, enquanto as regras e as sistematicidades estariam no nível da sintaxe. Para Bloomfield (1933: 274), por exemplo, "o léxico é realmente um apêndice da gramática, uma lista de irregularidades básicas".

Essa visão, no entanto, não se limita apenas ao estruturalismo. Na proposta de Chomsky (1965: 87), assume-se que "no geral, todas as propriedades de um formativo que são essencialmente idiossincráticas serão especificadas no léxico". Para Di Sciullo e Williams (1987), que rediscutem a noção de palavra a partir de uma perspectiva gerativista, o léxico também é visto como um componente que abriga as irregularidades da língua, ou seja, os elementos que não obedecem a regras ou padrões. Essa imprevisibilidade comumente associada ao léxico pode ser vista em diferentes níveis nos dados da língua. Por exemplo, em um nível morfológico, a associação entre raízes e vogais temáticas verbais -*a*, -*e*, -*i* (como em *amar*, *beber* e *partir*) não pode ser deduzida por uma regra. O mesmo acontece, no paradigma nominal, com as vogais finais -*a*, -*o* e -*e* (como em *mapa*, *tribo* e *pente*). Por sua vez, em um nível semântico, nem sempre é possível prever exatamente a interpretação que resulta da aplicação de uma mesma regra morfológica. Se tomarmos as formações agentivas em -*eiro* no português, como em "pedreiro" e "borracheiro", percebemos que suas interpretações: (i) são muito distintas umas das outras em relação à própria noção do que esse agente efetivamente faz e (ii) não necessariamente envolvem em suas semânticas a interpretação de suas bases, "pedra" e "borracha", respectivamente. Além disso, algumas formações com -*eiro* nem mesmo apresentam uma base existente na língua, como é o caso de "marceneiro", por exemplo. Enquanto isso, outras formações em -*eiro* podem ainda apresentar uma interpretação não composicional, como é o caso de "barbeiro", por exemplo, em sua acepção de "pessoa que dirige mal".

Nessa perspectiva de repositório de idiossincrasias, o léxico seria um componente desinteressante em termos de teoria linguística, uma vez que tal componente não seria passível de formalização:

> [...] o léxico é incrivelmente enfadonho por sua própria natureza. Ele contém objetos que não pertencem a um único tipo específico [...] e os objetos que ele contém estão lá porque eles falham em obedecer a leis interessantes. O léxico é como uma prisão – ele contém apenas os sem lei, e a única coisa que seus presos têm em comum é a falta de lei. Outra visão que rejeitamos é a ideia de que o léxico tenha uma estrutura. Como mencionado, o léxico é simplesmente uma coleção de elementos que não seguem uma lei e, portanto, não pode nem deveria haver uma teoria diretamente sobre isso, pois o léxico só pode ser compreendido em termos das leis que deixa de obedecer (Di Sciullo e Williams, 1987: 3-4).

Outro ponto interessante na definição do componente lexical nos estudos linguísticos diz respeito à unidade básica armazenada no léxico. Na visão de

Bloomfield (1933: 269), por exemplo, os morfemas, e não as palavras, são as peças elementares das formações linguísticas e, portanto, eles devem estar listados no léxico:

> Em particular, é claro, a forma de cada morfema é determinada arbitrariamente. Uma descrição completa da língua listará todas as formas cuja função não está determinada seja por estrutura ou por um marcador; ela incluirá, consequentemente, um léxico, ou uma lista de morfemas, que indica a classe de cada morfema, bem como listas de todas as formas complexas cuja função é de alguma forma irregular (Bloomfield, 1933: 269).

É interessante notar, no entanto, que o léxico assumido no âmbito do estruturalismo por Bloomfield prevê também necessariamente a listagem de palavras monomorfêmicas (como *flor*, *mar* etc.) por se constituírem, nessa perspectiva, como unidades não analisáveis. Além disso, formas mais complexas também precisam ser listadas no léxico, se tais formas apresentarem algum tipo de arbitrariedade ou irregularidade.

Na perspectiva gerativista, uma das primeiras propostas explícitas a respeito do léxico é encontrada em Chomsky (1965). Mais especificamente, o modelo proposto naquele momento apresentava um componente de base, integrado à sintaxe, que abrigava o léxico e as regras de formação sintagmática. As entradas lexicais são compreendidas, nessa perspectiva, como elementos carregados de informações de variada natureza, relevantes para os diversos módulos da arquitetura da gramática. De maneira geral, as entradas lexicais contêm informações de natureza fonológica, semântica e morfossintática. Ao portar informações que alimentam diversos níveis linguísticos, o léxico se coloca como fundamental para o funcionamento dos demais componentes da gramática.

Em relação à formação de palavras, a perspectiva transformacional de Chomsky (1965) adota a ideia de que ela acontece no componente sintático, estando sujeita tanto a operações na estrutura profunda, que determinam o significado da palavra complexa, como a transformações sintáticas que rearranjam os morfemas que compõem aquela formação, originando as formas de superfície. Em 1970, no entanto, em *Remarks on Nominalization*,[2] Chomsky rediscute o lugar da formação de palavras – e, consequentemente, o papel do léxico – na arquitetura da gramática, a partir de dados de nominalizações gerundivas e derivadas do inglês. Tal como ilustrado a seguir (Chomsky, 1970: 187), os exemplos em (1) trazem nominalizações gerundivas, enquanto em (2) estão as nominalizações derivadas:

(1) a. John's being eager to please
        'João estar ansioso para agradar'
     b. John's refusing the offer
        'João recusar a oferta'
     c. John's criticizing the book
        'João criticar o livro'
(2) a. John's eagerness to please
        'a ansiedade de João para agradar'
     b. John's refusal of the offer
        'a recusa de João da oferta'
     c. John's criticism of the book
        'a crítica de João ao livro'

A generalização empírica é a de que as nominalizações derivadas, como em (2), apresentam algumas irregularidades: sua produção apresenta lacunas assistemáticas; a forma fonológica dos sufixos responsáveis por essas formações é imprevisível e variada (*-ness*, *-al* e *-ism*, por exemplo) e a interpretação das nominalizações derivadas também está sujeita a arbitrariedades. Ao contrário disso, as nominalizações gerundivas, como em (1), podem ser formadas a partir de qualquer verbo, sem lacunas em sua produção, além de serem sempre realizadas pelo mesmo afixo (*-ing*) e terem uma interpretação previsível a partir do verbo de base.

No português, por exemplo, poderíamos ilustrar a sistematicidade das nominalizações gerundivas do inglês traçando um paralelo com as nominalizações infinitivas. Isso porque, em linhas gerais, qualquer verbo no infinitivo no português pode se tornar uma nominalização, se antecedido por artigo (*cantar – o cantar/ pensar – o pensar*). Além disso, esse tipo de formação tem sempre uma mesma realização morfofonológica e sua interpretação é previsível a partir do verbo de base. Na formação de nominalizações derivadas, por outro lado, há uma variedade de sufixos na língua que potencialmente formam nomes, como *-ção* (*nomeação*), *-mento* (*esclarecimento*), *-(v)nça* (*lembrança*), *-(v)nte* (*pedinte*), *-al* (*recital*), entre outros. Embora certamente existam tendências na distribuição desses afixos, nem sempre a definição do tipo de nominalizador que deve se anexar a cada base é sistemática, além de suas regras de aplicação apresentarem lacunas relevantes. Por exemplo, enquanto o verbo *pedir* licencia a formação do nome agentivo *pedinte*, o mesmo não se coloca para o verbo *vender*, uma vez que o nome correspondente *vendente não é formado na língua. Além disso, a interpretação dos nominais derivados também pode ser imprevisível, como acontece, por exemplo, em *recital*, cuja semântica de "concerto de música" não guarda uma relação clara com o verbo *recitar*.

A partir desses fatores, a proposta de Chomsky (1970) é a de que as nominalizações derivadas não podem ser sistematicamente geradas a partir das regras transformacionais do componente sintático, de modo que tais formações, ainda que complexas, precisam estar a cargo do componente de Base. Sendo o léxico parte do componente de Base, como no modelo apresentado em Chomsky (1965), essa proposta ficou conhecida na literatura como *hipótese lexicalista*, o que ressalta novamente o contraste entre léxico e sintaxe, em que o componente lexical é visto como lugar das arbitrariedades da língua.

A hipótese lexicalista de Chomsky (1970) é um marco importante nos estudos a respeito do léxico, uma vez que coloca a formação de palavras no centro do debate gerativista. A partir daí, surgem diferentes propostas a respeito da natureza e do papel do léxico no modelo. Nesse cenário, desenvolveu-se a chamada *hipótese lexicalista forte* (Lieber, 1981; Selkirk, 1982), inclusive com propostas refinadas a respeito da organização interna do léxico (Kiparsky, 1982), assumindo que todo processo de formação de palavras ocorre nesse componente. Por outro lado, desenvolveu-se também a ideia de que, na verdade, a formação de palavras é dividida entre diferentes componentes, ficando, por exemplo, a derivação a cargo do léxico, mas a flexão a cargo da sintaxe, o que ficou conhecido como *hipótese lexicalista fraca* (Aronoff, 1976; Anderson, 1982).

Com o desenvolvimento da proposta de Princípios e Parâmetros (Chomsky, 1981), embora Chomsky não se volte especificamente para uma discussão da estrutura interna do léxico, esse componente continua tendo um papel central no modelo gerativista por diversas razões. Uma delas é que o item lexical continua sendo bastante especificado, trazendo ainda informações sobre sua natureza fonológica, semântica e sintática. Em relação à sintaxe, as informações especificadas no léxico são ainda mais relevantes quando se considera o Princípio de Projeção, proeminente naquele momento da teoria, que assume que as representações a cada nível sintático são projetadas a partir das informações do item lexical, incluindo as propriedades de subcategorização desses elementos. Por exemplo, o verbo "assassinar" requer um objeto direto, portanto, a agramaticalidade da sentença *João assassinou* poderia ser explicada pela violação ao Princípio de Projeção, sendo as informações a respeito do número de argumentos de um verbo especificadas no léxico. Abordagens baseadas nessa noção de léxico acabam por assumir a ideia de que a estrutura sintática é, na verdade, o resultado de instruções lexicalmente codificadas. A sintaxe, nesse sentido, nada mais seria do que uma projeção das propriedades intrínsecas aos itens lexicais.

Na década de 1990, o papel do léxico na arquitetura da gramática é recolocado em discussão no desenvolvimento de abordagens gerativistas, como o modelo da morfologia distribuída (Halle e Marantz, 1993; Marantz, 1997), que desfaz as fronteiras entre formação de palavras e de sentenças, ao assumir que a sintaxe é o único componente da arquitetura da gramática capaz de gerar estruturas complexas. Ao léxico, conhecido como Lista 1 nesse modelo, cabe apenas a função de armazenamento das unidades linguísticas básicas que alimentam o componente sintático. Nesse modelo, não há objetos complexos armazenados no léxico, ou seja, não há palavras prontas nesse componente, nem mesmo aquelas que são aparentemente monomorfêmicas. Dessa forma, as palavras são compreendidas como o resultado da concatenação entre núcleos na sintaxe, tais como raízes, categorizadores e traços formais, como ilustrado na estrutura sintática do substantivo "meninas":

(3)

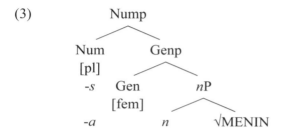

Para a morfologia distribuída, os elementos da estrutura acima armazenados no léxico são aqueles que representam as pontas dos galhos da árvore sintática: a raiz (√MENIN), o categorizador (*n*) que forma substantivos e os traços formais de gênero (feminino) e de número (plural). O léxico, que deixa de ser um componente gerativo, não é capaz, portanto, de formar palavras ou de armazenar palavras prontas. Sendo assim, a interpretação das palavras também não pode mais estar disponível no léxico e o conteúdo conceitual de uma palavra é necessariamente definido depois de sua formação na sintaxe.

Na próxima seção ampliamos esse debate entre perspectivas lexicalistas e não lexicalistas a partir de uma discussão empírica envolvendo a interpretação não composicional, tanto de palavras, com os diminutivos e aumentativos, quanto de sintagmas, com as expressões idiomáticas.

UMA DISCUSSÃO EMPÍRICA: LÉXICO E INTERPRETAÇÃO NÃO COMPOSICIONAL

Como vimos até aqui, em uma perspectiva lexicalista, o léxico pode incluir estruturas complexas, se elas apresentarem alguma irregularidade. Por sua vez, abordagens não lexicalistas, como a morfologia distribuída, não admitem esse tipo de armazenamento, uma vez que toda estrutura linguística deve ser gerada pelo componente sintático. Essa discussão é especialmente relevante no domínio da interpretação não composicional.

Em linhas gerais, o significado de uma expressão linguística é composto a partir do significado das suas partes e da forma como tais partes estão combinadas, de acordo com o previsto no Princípio da Composicionalidade, creditado ao filósofo Frege. No entanto, nem sempre esse princípio é respeitado, uma vez que as línguas naturais apresentam expressões linguísticas cujo significado não pode ser deduzido a partir das partes que se combinam. É o caso, por exemplo, das expressões idiomáticas, como as representadas em (4), com destaque para suas interpretações não composicionais:

(4) a. Arrumar sarna para se coçar – procurar problemas desnecessários;
b. Cutucar a onça com vara curta – provocar alguém indevidamente;
c. Fazer das tripas coração – se esforçar para conseguir alguma coisa;
d. Matar cachorro a grito – estar em situação difícil;
e. Trocar seis por meia dúzia – fazer uma alteração sem efeito.

Também no nível da palavra, interpretações não composicionais podem ser encontradas, como ilustrado nas formas diminutivas e aumentativas do português em (5) e (6), com destaque novamente para a interpretação não composicional:

(5) Diminutivo   Leitura não composicional
a. Beijinho   tipo de doce
b. Calcinha   peça do vestuário feminino
c. Caipirinha   tipo de bebida alcoólica

(6) Aumentativo Leitura não composicional
a. Macacão   tipo de roupa
b. Salão   espaço para festas ou para cuidados com unhas e cabelos
c. Sacolão   mercado de frutas, verduras e legumes

Na discussão sobre a natureza do léxico, a interpretação das expressões idiomáticas foi tomada como argumento de que tais elementos, embora internamente formados pela combinação de várias palavras, devem ser listados no léxico. Isso porque a sintaxe, em oposição ao léxico, atua na construção de objetos regulares e sistemáticos que, portanto, não se sujeitam a uma interpretação não composicional. Da mesma forma, a leitura não composicional das formas diminutivas ou aumentativas traz para o debate o mesmo tipo de questão que se coloca a respeito das expressões idiomáticas. O léxico, de acordo com essa visão, portanto, armazena irregularidades, reservando à sintaxe a tarefa dos processos gerais.

Esse raciocínio pode se aplicar tanto à formação de palavras quanto à formação de estruturas maiores, como as expressões idiomáticas. Vejamos os exemplos em (7) e (8), considerando tanto a leitura composicional como a interpretação não composicional.

(7) Estou com o coração na mão.
   a. Interpretação composicional – o médico segura um coração que será transplantado;
   b. Interpretação não composicional – o falante está aflito.
(8) Lanterninha:
   a. Interpretação composicional – lanterna pequena;
   b. Interpretação não composicional – profissional que trabalha em salas de cinema.

Nos exemplos acima, as formas correspondentes às interpretações composicionais em (7a) e (8a) são geradas via processos regulares de formação de palavras, sintagmas e sentenças do português. Por sua vez, tendo em vista sua semântica irregular, uma vez geradas, as formas correspondentes às interpretações em (7b) e (8b) precisam ser armazenadas no léxico mental do falante e poderão ser recuperadas como tal sempre que o falante precisar usá-las. Isso significa que, de uma perspectiva lexicalista, a irregularidade semântica da interpretação não composicional requer um armazenamento no léxico, independentemente da complexidade desses objetos, que são inseridos no componente sintático como um bloco, com sua interpretação definida.

Em relação às expressões idiomáticas, a hipótese lexicalista prevê que, como um bloco integral inacessível à sintaxe, tais expressões devam se comportar de maneira uniforme. Tal previsão, no entanto, não se sustenta empiricamente, uma vez que as expressões idiomáticas podem apresentar comportamento distintos. Através de testes sintáticos, Nunberg, Sag e Wasow (1994) propõem uma distinção entre expressões idiomáticas que apresentam algum grau de composicionalidade (10) e aquelas que efetivamente são impermeáveis sintaticamente (9). A diferença de comportamento desses dois tipos de expressões idiomáticas pode ser visto a partir dos testes tradicionais conhecidos na literatura para a identificação de constituintes sintáticos. Vejamos, como ilustração, a comparação de comportamento da expressão idiomática *bater as botas* em (9) e *armar um barraco* em (10):

(9) Bater as botas
   a. Passivização: *As botas foram batidas pelo João ontem.
   b. Focalização: *Foram as botas que o João bateu ontem.
   c. Topicalização: * As botas, o João bateu ontem.

(10) armar um barraco
   a. Passivização: Um barraco foi armado pelo João na festa.
   b. Focalização: Foi um barraco que o João armou na festa.
   c. Topicalização: Um barraco, o João armou na festa.

O fato de que, em (10), o verbo (*armar*) e o objeto (*um barraco*) podem ser separados um do outro através dos testes de passivização, focalização e topicalização aponta que os elementos dessa expressão idiomática não funcionam como um bloco integral. A relação estabelecida entre eles é a mesma que sistematicamente se apresenta em qualquer combinação de [verbo + objeto]. Dessa forma, a ideia de que expressões idiomáticas são armazenadas integralmente no léxico não se sustenta empiricamente.

Uma vez que a interpretação não composicional pode acontecer também no domínio da palavra, questões similares se colocam a respeito da necessidade de que tais formas sejam armazenadas no léxico. Em relação às formas diminutivas e aumentativas que utilizamos neste capítulo para ilustrar essa discussão, um ponto importante a se verificar é a produtividade sistemática dessas formas, ou seja, é difícil encontrar um substantivo na língua, por exemplo, que não possa ser colocado no grau diminutivo ou aumentativo. É, então, um ponto questionável o fato de regras sistemáticas de formações de palavras serem relegadas ao léxico, se a característica desse componente é lidar com processos que apresentam lacunas. Outro ponto a ser considerado nesse debate é que as formas diminutivas e aumentativas são comumente associadas a interpretações não composicionais. A ideia de armazenamento das formas não composicionais no léxico resulta, dessa forma, em um componente inchado e redundante, que precisa listar todas as formas diminutivas e aumentativas não composicionais, ignorando inclusive a sistematicidade da aplicação da regra que combina as formas que a compõem.

Além disso, a leitura não composicional está disponível para formas morfologicamente mais complexas, como os diminutivos e aumentativos resultantes de formas derivadas, como ilustrado a seguir:

(11) a. chave**ir**inho   pessoa pequena / mulher bonita
      b. peg**ad**inha   brincadeira
(12) a. brasil**eir**ão   campeonato brasileiro de futebol
      a. bat**id**ão   estilo de música

O armazenamento dessas formas consideravelmente complexas no léxico também aponta para um componente redundante: além de incluir as regras de formação de palavras responsáveis por gerar as formas com os sufixos destacados

(-*eiro*, -*(v)d*, por exemplo) e de apresentar as regras de formação de diminutivos e aumentativos, tal componente ainda precisa armazenar também formações prontas unicamente pelo fato de elas apresentarem conteúdo não composicional.

A existência de interpretação não composicional tanto em sintagmas, como em palavras parece apontar que, na verdade, a fronteira entre palavras e sentenças não é tão clara assim. A partir da ideia de que a sintaxe é o único componente capaz de gerar objetos linguísticos complexos, os modelos não lexicalistas, como a morfologia distribuída, rejeitam o armazenamento lexical como ferramenta teórica adequada para lidar com a interpretação não composicional. Ao assumir que todo objeto complexo deve ser derivado pela sintaxe toda vez que for empregado, modelos dessa natureza assumem um léxico enxuto, que não apresenta regras de formação de palavras, nem o armazenamento de formas complexas, seja de palavras ou sintagmas, composicionais ou não.

Assumir uma abordagem sintática de formação de palavras não dispensa, no entanto, a necessidade de que significados não composicionais sejam listados em algum componente da arquitetura da gramática. Na morfologia distribuída, todos os significados conceituais, sejam eles literais ou não composicionais, são armazenados no mesmo componente: a enciclopédia. Em particular, a enciclopédia é um componente acessado tardiamente, ou seja, depois que a estrutura, seja da palavra ou do sintagma, já foi formada na sintaxe. Na enciclopédia estão listados os significados atribuídos à estrutura sintática que foi formada a partir da concatenação entre raízes, categorizadores e traços morfossintáticos.

Dessa forma, uma mesma raiz pode apresentar diferentes significados em diferentes formações, como ilustrado em (13) nas entradas da enciclopédia em um sistema adaptado da proposta de Harley (2014):

(13) a. √BEIJ ↔ sinal de carinho feito com os lábios/ [*n* [_]√]
       ↔ beijo leve/ [*inho* [*n* [_]√]]
       ↔ tipo de doce / [*inho* [*n* [_]√]]
    b. √BOT ↔ tipo de calçado/ [*n* [_]√]
       ↔ morrer/ [VP[V bater] [DP[Det as]]

As representações em colchetes indicam o material sintático relevante para a interpretação da raiz, que pode estar atrelada a diferentes semânticas, a depender da estrutura sintática em que é inserida. Em (13a), por exemplo, a raiz (√BEIJ) adquire a interpretação de "sinal de carinho feito com os lábios" no contexto de um categorizador nominal (*beijo*), enquanto em (13b), a mesma raiz integra a interpretação de "beijo leve", em um contexto de diminutivo composicional (*beijinho*). Para essa mesma formação diminutiva, no entanto, há também armazenado na Enciclopédia um conteúdo não composicional, que fornece a interpretação de "tipo de doce". O mesmo raciocínio pode ser estendido para as interpretações idiomáticas. Assim, enquanto em (14a) a raiz (√*BOT*) pode ser interpretada em seu sentido literal de "tipo de calçado" em contexto nominal (*bota*), a mesma raiz pode licenciar a interpretação idiomática de "morrer" no contexto de complemento verbal do verbo "bater".

Dessa forma, o que é crucial para se compreender a construção de interpretações não composicionais dentro de um modelo como a morfologia distribuída, que não prevê o armazenamento de formas irregulares ou idiossincráticas em um componente lexical, é definir como se dará a associação entre as raízes que fazem parte das formações relevantes e as opções de significados disponíveis para elas.

ROTEIRO DE LEITURAS

Para um panorama a respeito dos diferentes tratamentos que a formação de palavras e o léxico recebem em diferentes teorias linguísticas, indicamos ao leitor o capítulo intitulado "Morfologia", de Sandalo (2001).

Para os leitores que desejam se aprofundar no conceito de léxico a partir de uma vertente lexicalista, recomendamos a leitura de Kenedy (2013), mais especificamente da unidade "Léxico e computações sintáticas", que compõe o livro *Curso básico de linguística gerativa*. Já para uma leitura a respeito do conceito de léxico em uma vertente não lexicalista, recomendamos Minussi (2022), com o capítulo "Lista 1: traços, raízes e categorização", que faz parte do *Manual da morfologia distribuída*.

Por sua vez, para uma discussão mais aprofundada a respeito do tratamento das questões de idiomaticidade no modelo da Morfologia Distribuída, indicamos a leitura do capítulo "Lista 3: enciclopédia", de Armelin e Nóbrega (2022), que também compõe o *Manual da morfologia distribuída*.

Finalmente, as leituras de Ribeiro (2008) e Armelin (2015) contribuirão para que o leitor se aprofunde nos fatos empíricos correspondentes à interpretação das expressões idiomáticas e à leitura não composicional das formas de grau no português.

Notas

[1] Disponível em https://michaelis.uol.com.br/. Acesso em: 12 mar. 2024.
[2] Remetemos o leitor à tradução de Chomsky (1970) para o português, *Notas sobre nominalização*, realizada por Maurício Resende e Gabriel Othero. A tradução dos dados em (1) e (2) é fornecida pelos autores.

Referência

ANDERSON, S. R. Where's morphology? *Linguistic Inquiry*, v. 13, 1982, pp. 571-612.

ARMELIN, P. R. G. *A relação entre gênero e morfologia avaliativa nos nominais do português brasileiro*: uma abordagem sintática da formação de palavras. São Paulo, 2015. Tese (Doutorado em Linguística) – Universidade de São Paulo.

ARMELIN, P. R. G; NÓBREGA, V. A. Lista 3: Enciclopédia. In: SCHER, A. P., Bassani, I. S.; ARMELIN, P. R. G. (orgs.). *Manual de morfologia distribuída*. 1. ed. Campinas: Ed. da Abralin, 2022, pp. 129-160.

ARONOFF, M. *Word Formation in Generative Grammar*. Cambridge: MIT Press, 1976.

BLOOMFIELD, L. *Language*. New York: Holt, 1933.

CHOMSKY, N. *Aspects of the Theory of Syntax*. Cambridge: MIT Press, 1965.

_____. Remarks on Nominalization. In: JACOBS, R; ROSENBAUM, P. (ed.). *Readings in English Transformational Grammar*. Waltham: Ginn and Company, 1970, pp. 184-221.

_____. *Lectures on Government and Binding*. Dordrecht: Foris, 1981.

_____. Notas sobre nominalização. Trad. Maurício Resende e Gabriel de Ávila Othero. *Cadernos do IL*, [S. l.], n. 65, 2023, pp. 437-96.

DI SCIULLO, A-M.; WILLIAMS, E. *On the Definition of Word*. Cambridge: MIT Press, 1987.

HALLE, M.; MARANTZ, A. Distributed Morphology and the pieces of inflection. In: HALE, K.; KEYSER, S. J. (ed.). *The view from Building 20*: essays in Linguistics in honor of Sylvain Bromberger. Cambridge: The MIT Press, 1993, pp. 111-76.

HARLEY, H. On the identity of roots. *Theoretical Linguistics*: an open peer review journal, v. 40, n. 3-4, 2014, pp. 225-76.

JEŽEK, E. *The lexicon*: An introduction. Oxford: Oxford University Press, 2016.

KENEDY, E. Léxico e Computações Lexicais. In: *Curso básico de linguística gerativa*. São Paulo: Contexto, 2013, pp. 135-77.

KIPARSKY, P. Lexical Morphology and Phonology. In: YANG, I.S. (ed.). *Linguistics in the Morning Calm*. Seoul: Hanshin, 1982, pp. 3-91.

LIEBER, R. *On the Organization of the Lexicon*. Bloomington: Indiana University Linguistics Club, 1981.

MARANTZ, A. No escape from syntax: don't try morphological analysis in the privacy of your own lexicon. In: DIMITRADIS, A. et al. (ed.). *Proceedings*. 21st Penn Linguistics Colloquium. Working Papers in Linguistics, Philadelphia, 1997, pp. 201-225.

MINUSSI, R. Lista 1: traços, raízes e categorização. In: SCHER, A. P.; BASSANI, I. S; ARMELIN, P. R. G. (orgs.). *Manual de morfologia distribuída*. 1. ed. Campinas: Ed. da Abralin, 2022, pp. 60-94.

NUNBERG, G.; SAG, I.; WASOW, T. Idioms. *Language*: Companions to Ancient Thought, vol. 3, 1994, pp. 491-538.

RIBEIRO, P. N. Composicionalidade semântica em expressões idiomáticas não-composicionais. In: *Círculo de Estudos Linguísticos do Sul*, VIII, 2008. Porto Alegre: Ed. da UFRGS, 2011, pp. 1-11.

SANDALO, M. F. S. Morfologia. In: MUSSALIM, F.; BENTES, A. C. (orgs.). *Introdução à linguística*: domínios e fronteiras. São Paulo: Cortez, 2001. pp. 181- 206.

SELKIRK, E. *The Syntax of Words*. Cambridge: MIT Press, 1982.

SINGLETON, D. *Language and the lexicon*: An introduction. London: Edward Arnold, 2000.

Sintaxe

Gabriel de Ávila Othero

INTRODUÇÃO

O termo *sintaxe* vem do grego antigo *syn* ("junto") e *táxis* ("combinação"). Tradicionalmente, entende-se a sintaxe como o estudo da organização (ou da combinação) das palavras em unidades maiores (como sintagmas ou orações) e dessas unidades em frases.[1] Podemos traçar um paralelo com outras áreas de investigação já apresentadas neste livro: por exemplo, vimos, nos capítulos "Fonética" e "Fonologia", que combinamos os fonemas constantes no inventário fonológico da língua para formar unidades hierárquicas maiores, as *sílabas*. De maneira semelhante, no capítulo "Morfologia", vimos que, com base em um inventário de morfemas, podemos formar (e analisar) as *palavras* da nossa língua. Em sintaxe, em geral, trabalhamos com um nível superior ao nível da palavra: como dissemos, a sintaxe investiga a organização dos itens lexicais de uma língua na constituição de unidades maiores, que, eventualmente, formam as *frases* dessa língua.

No Ocidente, herdamos a tradição dos estudos sintáticos das gramáticas grega e latina. Como nos relata Azeredo (2015: 202):

> *Sintaxe* é palavra de origem grega que significa, etimologicamente, "ordenamento, composição". Prisciano, gramático romano, traduziu-a para o latim como *constructio* (construção). Esse é o termo empregado por Fernão de Oliveira, primeiro gramático português, em 1536. O autor da primeira gramática do espanhol (1492), António de Nebrija, valeu-se, no entanto, da forma castelhana decalcada no étimo grego, conforme se lê a seguir: "No último livro falamos apartadamente sobre cada uma das dez partes do discurso; agora, neste quarto livro, falaremos sobre como essas dez partes devem se juntar e se organizar entre si. A essa consideração [...] os gregos

chamaram de sintaxe; nós podemos dizer ordem ou junção entre as partes". A sintaxe refere-se, portanto, aos recursos formais sistemáticos que usamos para combinar palavras e criar enunciados.

No Brasil, de maneira específica, os estudos sintáticos de nossa tradição gramatical, desde meados do século passado, foram – e ainda são, é justo dizer – pautados em grande medida pela Nomenclatura Gramatical Brasileira (NGB), uma portaria ministerial publicada no final da década de 1950 (Portaria nº 36, de 28 de janeiro de 1959) que teve como objetivo propor uma unificação terminológica para o uso da nomenclatura gramatical nas obras de gramáticos brasileiros destinadas ao ensino. Esse documento foi assinado por uma série de gramáticos de renome da época (como Rocha Lima, Antenor Nascentes, Celso Cunha etc.) e apresentou a terminologia que deveria ser adotada no estudo da gramática da língua portuguesa pela tradição gramatical, incluindo aí os estudos em sintaxe. Termos como *sujeito simples*, *sujeito composto*, *predicado verbal*, *predicativo do sujeito*, *complemento nominal* etc. constam na NGB. Por essa razão, são elementos sempre presentes nas gramáticas e nos livros didáticos de língua portuguesa – uma concepção, de certa forma equivocada, de que a NGB deveria servir como espécie de "sumário" para gramáticas e livros didáticos, pautando, por muitos anos, o ensino de Língua Portuguesa no país.[2]

Neste capítulo introdutório de sintaxe, gostaria de trabalhar com duas limitações centrais no estudo sintático que aprendemos com a gramática tradicional: a primeira é que ela delega uma importância menor, em diversos momentos, a um nível intermediário de organização estrutural, entre a palavra e a frase, que é essencial na constituência das frases, o nível do sintagma; a segunda é que ela costuma se ocupar apenas da ordem linear da frase, sem qualquer investigação sistemática de sua estrutura hierárquica.[3] Qualquer investigação contemporânea sobre a estrutura sintática das línguas naturais reconhece, em alguma medida, esses dois pontos que são, infelizmente, negligenciados pela tradição gramatical. Evidentemente, os estudos sintáticos da tradição gramatical também têm seus méritos – são estudos que carregam consigo séculos de reflexão sobre a estrutura de diversas línguas, em especial no caso da língua portuguesa (cf. Neves, 2005; Azeredo, 2015; Cavaliere, 2023). Apesar disso, os estudos sintáticos tradicionais apresentam uma série de limitações outras, das quais não nos ocuparemos aqui, tais como a dificuldade em reconhecer regras sintáticas que fazem parte do conhecimento linguístico corrente dos falantes da língua, o uso inadequado de termos técnicos, a pouca atualização na nomenclatura usada na descrição de fenômenos sintáticos etc.[4]

ESTRUTURAS SINTÁTICAS

Como vimos na seção anterior, os estudos sintáticos das línguas naturais (pelo menos no Ocidente) remontam à tradição grega e latina e delas herdamos uma série de noções importantes. Na primeira metade do século passado, no entanto, o advento do estruturalismo em linguística mudou a concepção da investigação sintática das línguas naturais, em especial graças aos estudos do linguista norte-americano Zellig Harris (1909-1982). Harris, como muitos estruturalistas à época, interessava-se pela descrição sistemática e formalizada de diferentes *corpora* linguísticos disponíveis. Seu interesse pela sintaxe das línguas naturais influenciou um de seus alunos que, mais tarde, veio a se tornar um dos teóricos mais influentes da linguística contemporânea, Noam Chomsky (1928-). Chomsky inaugura o paradigma gerativista na linguística expandindo as análises de Harris para o estudo da estrutura frasal ainda na década de 1950. Foi nesse período que as duas limitações aos estudos sintáticos da gramática tradicional ficaram muito claras e puderam ser superadas. Vejamos.

A primeira das limitações da gramática tradicional que mencionamos é não explicitar o termo *sintagma* ou *constituinte* no estudo das funções sintáticas reconhecidas por ela (sujeito, predicado, complementos, adjuntos etc.). Afinal, tais funções sintáticas não são desempenhadas por palavras, mas por agrupamentos ou conjuntos de palavras – justamente, os *sintagmas*. São eles que desempenham as funções sintáticas na frase em (1), por exemplo:

(1)   O João me deu um livro no meu aniversário.

O sujeito é desempenhado pelo sintagma nominal, SN, [O João], e o predicado é o sintagma verbal, SV, [me deu um livro no meu aniversário]. Dentro do predicado, temos outros sintagmas desempenhando funções sintáticas: [me] é objeto indireto, [um livro] é objeto direto e [no meu aniversário] está funcionando como adjunto adverbial. Um sintagma é um agrupamento (ou conjunto) de palavras formado a partir de um núcleo. Sendo um conjunto, ele pode ser vazio (como o SN sujeito no exemplo (2)), ter apenas um único elemento ou pode ainda conter um número indefinido de palavras que se situam ao redor do núcleo (como o sintagma verbal, SV, que desempenha a função de predicado, em (2)).

(2) $_{SN}$[Ø] $_{SV}$[Emprestei para a Maria um livro que eu havia adquirido na última edição da feira do livro de Porto Alegre].

Os sintagmas podem desempenhar diferentes funções sintáticas na frase. Um sintagma nominal, independentemente de sua configuração interna, pode exercer, por exemplo, a função de sujeito da oração (3), objeto direto (4), objeto indireto (5) ou complemento nominal (6).

(3) $_{SN}$[Pedro]
       $_{SN}$[O amigo do Pedro]   é meu amigo
       $_{SN}$[O amigo do Pedro que é vizinho da Maria]

(4)   Eu conheço $_{SN}$[Pedro]
                               $_{SN}$[o amigo do Pedro]
                               $_{SN}$[o amigo do Pedro que é vizinho da Maria]

(5)   Eu gosto de $_{SN}$[Pedro]
                               $_{SN}$[o amigo do Pedro]⁵
                               $_{SN}$[o amigo do Pedro que é vizinho da Maria]

(6)   Somos favoráveis a $_{SN}$[Pedro]
                               $_{SN}$[o amigo do Pedro]
                               $_{SN}$[o amigo do Pedro que é vizinho da Maria]

Os sintagmas podem ser movidos de lugar na frase, o que mostra que são unidades coesas. Repare como o movimento do sintagma preposicional, SP, em (7b) resulta numa frase bem formada em português, ao passo que o movimento de apenas parte desse sintagma resulta nas sequências malformadas em (7c) e (7d) – o asterisco indica a agramaticalidade da sequência:

(7)   a. Vou ler *Grande Sertão Veredas* $_{SP}$[nas próximas férias de verão].
      b. $_{SP}$[Nas próximas férias de verão], vou ler *Grande Sertão Veredas*.
      c. *[Nas próximas férias], vou ler *Grande Sertão Veredas* [de verão].
      d. *[Nas próximas], vou ler *Grande Sertão Veredas* [férias de verão].

Um exemplo de limitação na análise gramatical tradicional pode ser visto com a formulação simplificada do uso anafórico dos pronomes, que dá a entender, incorretamente, que um pronome substitui um substantivo. Na *Novíssima gramática da língua portuguesa* (Cegalla, 1996: 170), por exemplo, encontramos a seguinte definição: "Pronomes pessoais são palavras que substituem os nomes e representam as pessoas do discurso". Ora, se um pronome pessoal realmente *substituísse um nome*, não deveríamos gerar sequências malformadas em português nos exemplos seguintes. Contudo, veja o que acontece quando substituímos os substantivos destacados por um pronome pessoal nestes exemplos:

(8) a. Conheci a nova *professora* da *Maria* ontem.
  b. *Conheci a nova *ela* da Maria ontem.
  c. *Conheci a nova professora da *ela* ontem.
  d. *Conheci a nova *ela* da *ela* ontem.

Se substituímos um substantivo por um pronome, o resultado são sequências malformadas em português, como facilmente se pode atestar em (8). Isso acontece porque os pronomes não substituem substantivos; antes, eles "substituem" (ou melhor, eles ocupam o lugar de) *sintagmas nominais*, como mostramos em (9):

(9) a. Conheci $_{SN}$[a nova professora d $_{SN}$[a Maria]] ontem.
  b. Conheci $_{SN}$[ela] ontem.
  c. Conheci $_{SN}$[a nova professora d $_{SN}$[ela]] ontem.

Uma maneira gráfica de demonstrar essa intuição é a representação da estrutura da frase em uma árvore sintática:

(10)
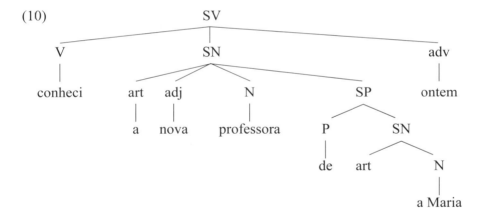

Onde temos os símbolos
SV = sintagma verbal
SN = sintagma nominal
SP = sintagma preposicional
V = verbo
N = substantivo
P = preposição
adv = advérbio
art = artigo
adj = adjetivo

Repare que fica fácil visualizarmos como os pronomes podem ocupar a posição dos dois SNs representados na árvore sintática em (10), [a nova professora da Maria] e [a Maria]. Essa mesma representação pode ser feita pela notação dos colchetes rotulados: $_{SV}[_V[\text{conheci}] \ _{SN}[_{art}[\text{a}] \ _{adj}[\text{nova}] \ _N[\text{professora}] \ _{SP}[_P[\text{de}] \ _{SN}[_{art}[\text{a}] \ _N[\text{Maria}]]]] \ _{adv}[\text{ontem}]]$.

O que os estudos sintáticos contemporâneos mostraram é que os sintagmas (ou "constituintes sintáticos") são mais do que mera notação gramatical; eles são uma realidade linguística que não pode ser ignorada. Como afirmam Kenedy e Othero (2018: 27-8),

> Mais do que apenas ser uma "noção gramatical", os constituintes sintáticos são fenômenos gramaticais que têm sua realidade psicológica atestada. Isso quer dizer que os falantes reconhecem, intuitiva e inconscientemente, um constituinte e sabem manipulá-lo. [...]
> Outra evidência empírica sobre a existência dos constituintes sintáticos foi apresentada nos trabalhos clássicos de Fodor e Bever (1965) e Garret, Bever e Fodor (1966). Os autores apresentaram frases com sequências de palavras idênticas, como *eu lia um livro do José de Alencar*, a diversos informantes. Em algumas frases, essa sequência de palavras formava um constituinte – como em (a) –, em outras não – como em (b).
> a. Enquanto [eu lia um livro do José de Alencar] minha irmã telefonou.
> b. Enquanto [eu lia] [um livro do José de Alencar caiu da estante].
> Os informantes ouviam frases como essas usando um fone de ouvido. Num dado momento, os pesquisadores "disparavam" um ruído de "clique", no meio da frase. Quando o clique era ouvido no interior de um constituinte, muitos informantes ficavam com a impressão de terem ouvido o ruído na fronteira do constituinte (e não dentro dele). O experimento mostrou que ruídos externos à comunicação costumam ser interpretados nas fronteiras dos constituintes sintáticos, atestando a existência de um constituinte em sua unidade e atestando a percepção, ainda que inconsciente, que os ouvintes têm de constituintes sintáticos formando uma frase.

Acima, em (10), vimos uma representação da estrutura sintática de (9a) que mostra que a organização sintática da frase não depende apenas da sequência linear das partes que a compõem. Obviamente, as frases estão organizadas de maneira linear, seja na cadeia sonora, em que os sons são produzidos um após o outro (seguindo o princípio saussuriano da linearidade do significante), seja na escrita alfabética, em que produzimos um grafema após o outro, uma palavra após a outra. No entanto, apesar dessa organização linear aparentemente trivial, um fato linguístico bastante estudado na investigação sintática das línguas naturais é que as línguas organizam as frases em estruturas hierárquicas, tais como tentamos representar com a árvore sintática (10) acima. Para tomar mais um trecho emprestado de Kenedy e Othero (2018: 99-100):

> O caráter linear do signo linguístico [...] é uma contingência natural, dadas as limitações do nosso aparelho fonador e auditivo: temos de emitir sons numa sequência linear, item por item, formando uma cadeia [...].
> O processamento sintático, contudo, não trabalha (apenas) com a noção de linearidade, mas, antes, com a noção de estrutura. É como diz uma máxima muito conhecida entre sintaticistas experimentais [...]: falamos linearmente, mas interpretamos incrementalmente. Repare como uma frase com duas orações encaixadas por encaixamento central, como (1), é muito mais difícil de ser interpretada do que uma frase muito mais longa que tem apenas um encaixamento desse tipo, como (2):
> (1) O rato que o gato que o cachorro espantou perseguia fugiu.
> (2) O rato que meu amigo tinha comprado numa feira de animais domésticos peculiares no centro de Porto Alegre fugiu.
> Em (1), o núcleo do SN sujeito [rato] está linearmente muito mais próximo de seu verbo [fugiu] do que em (2) – em (1) há 8 palavras entre [rato] e [fugiu], ao passo que, em (2), há 15 palavras. Contudo, a frase (2) é muito mais facilmente interpretada. Isso acontece porque (2) é estruturalmente mais simples do que (1), como podemos ver com os colchetes rotulados [...].
> (1')[$_{MATRIZ}$ [$_{SN}$ O rato [$_{ENCAIXADA}$ que [$_{SN}$ o gato [$_{ENCAIXADA}$ que [$_{SN}$ o cachorro espantou] perseguia]]] fugiu]].
> (2')[$_{MATRIZ}$ [$_{SN}$ O rato [$_{ENCAIXADA}$ que meu amigo tinha comprado numa feira de animais domésticos peculiares no centro de Porto Alegre]] fugiu]

A ideia da organização hierárquica fica clara também quando estudamos o fenômeno da ambiguidade sintática. Como afirma Negrão (2017: 75), a "[a]mbiguidade [...] é um fenômeno utilizado como evidência da estruturação em constituintes da sentença. Se a uma mesma ordenação de constituintes atribuímos duas interpretações, isso é sinal de que a ordenação esconde duas estruturações em constituintes diferentes".

Há casos em que palavras são ambíguas, isto é, têm mais de um sentido – trata-se de ambiguidade lexical, como *canto*, por exemplo, que pode ser uma forma flexionada do verbo *cantar* (*Eu não canto muito bem*), pode ser um substantivo derivado desse mesmo verbo (*O canto dos pássaros*) ou pode ser um substantivo que designa um lugar (*Vou sentar no canto do sofá*). Entretanto, há casos em que uma frase pode ter mais de um sentido não por causa do significado ambíguo das palavras que a compõem, mas por causa de sua estrutura sintática, como vemos nos exemplos (11) e (12):

(11) Maria divulgou um evento que ela organizou nas redes sociais.
(12) Eu comprei um livro do Eduardo Kenedy.

Os exemplos (11) e (12) são exemplos de *ambiguidade sintática* (ou *ambiguidade estrutural*). Nesse caso, a ambiguidade de sentido não depende da ambiguidade das palavras que compõem a frase; antes, ela está relacionada às estruturas sintáticas de cada frase. Em (11), por exemplo, há duas interpretações possíveis, a depender de como entendemos que a frase está estruturada: (i) Maria divulgou nas redes sociais um evento organizado por ela; e (ii) Maria organizou um evento nas redes sociais e divulgou-o. O que gera a ambiguidade aqui é a maneira como interpretamos o sintagma preposicional [nas redes sociais] na estrutura frasal. Na interpretação (i), ele modifica a forma verbal *divulgou*; na interpretação (ii), a forma verbal *organizou*.

Essas duas interpretações dependem, portanto, de como fazemos a análise sintática da frase, algo que pode ser representado pelas seguintes estruturas:

(13) a. interpretação (i)[6]

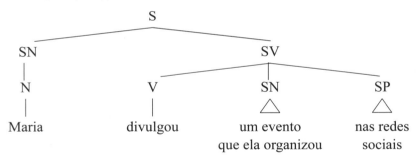

b. interpretação (ii)

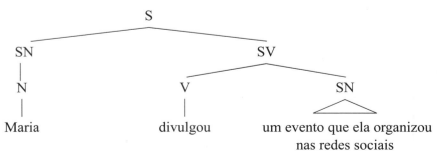

Em (13a), na interpretação (i), o objeto do verbo *divulgar* é [um evento que ela organizou]; o SP [nas redes sociais] desempenha a função de adjunto adverbial do SV. Em (13b), na interpretação (ii), o objeto do verbo *divulgar* é o SN [um evento que ela organizou nas redes sociais], e o SP [nas redes sociais] modifica o sentido do verbo *organizar*, estando contido no mesmo SN que esse verbo.

De maneira semelhante, temos duas interpretações possíveis para a frase (12): (i) posso ter comprado um livro cujo autor seja o linguista Eduardo Kenedy ou (ii) posso ter comprado um livro que me foi vendido pelo Eduardo Kenedy. Ambas as interpretações dependem, novamente, do parseamento sintático da frase:

(14) a. interpretação (i)

b. interpretação (ii)

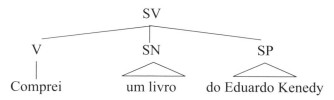

Em (14a), na interpretação (i), o objeto do verbo é o SN [um livro do Eduardo Kenedy], que denota um referente do mundo. Em (14b), na interpretação (ii), o objeto do verbo é apenas [um livro]; o SP [do Eduardo Kenedy] aparece fora desse SN e funciona como outro complemento do verbo.

Essas análises mostram como estruturas distintas levam a significados distintos. Repare que as sequências lineares das frases (11) e (12) são as mesmas tanto na interpretação (i), como na interpretação (ii) de cada frase. Entretanto, a maneira como os constituintes estão organizados hierarquicamente reflete-se na interpretação semântica que fazemos de cada frase. Em outras palavras, o significado de uma frase depende do significado das palavras que compõem aquela frase, além de seu ordenamento sintático – o chamado "princípio da composicionalidade" fregeano. E o ordenamento sintático, apesar de parecer superficialmente um tipo de arranjo linear de palavras, é, na verdade, o resultado de um arranjo estrutural, hierárquico, entre os constituintes que compõem as frases – e, como lembra Sergio Menuzzi (em comunicação pessoal), "'estrutural' e 'hierárquico' aqui são equivalentes a 'funcional', no sentido da análise funcional tradicional". Essa organização hierárquica é, de certa forma "invisível aos ouvidos", mas é certamente percebida por nossa mente/cérebro. Como afirma Chomsky, em Chomsky e Moro (2023: 28), "[e]m vez de usar a propriedade computacionalmente trivial da adjacência linear, a linguagem interna se baseia na estrutura mental abstrata indicada pelos colchetes e na operação não trivial de localizar o núcleo da construção, que determina seu papel sintático/semântico".

Uma maneira que temos para verificar se as estruturas das frases propostas em (13) e (14) estão corretas é testar se os constituintes sintáticos presentes naquelas representações estruturais são realmente aqueles. Um teste muito comum utilizado por sintaticistas é chamado de *teste da clivagem*. Uma clivada é uma estrutura do tipo *Foi X que Y*, em que X deve necessariamente ser um constituinte sintático. Como exemplo, vejamos os constituintes que aparecem em (13).

Em (13a), tentamos mostrar que o SP [nas redes sociais] está fora do SN [um evento que ela organizou], porque o SP modifica o verbo principal, núcleo do SV. Já em (13b), vimos uma análise em que esse SP está dentro do SN, formando, portanto, [um evento que ela organizou nas redes sociais]. Podemos tentar clivar esses elementos para verificar se a análise proposta está adequada:

(15) a. Foi $_{SN}$[um evento que ela organizou] que Maria divulgou nas redes sociais.
b. Foi $_{SN}$[um evento que ela organizou nas redes sociais] que Maria divulgou.

A boa formação das frases clivadas em (15) mostra que a análise proposta para os constituintes sintáticos está adequada. Podemos aplicar o mesmo teste às análises presentes em (14), em que temos duas propostas para a análise da sequência linear "um livro do Eduardo Kenedy". Vimos que cada estrutura proposta em (14) está relacionada a uma interpretação semântica distinta da frase. Assim como nas clivadas de (15), essa distinção deve se manter em (16), se de fato a análise de (14) estiver correta:

(16) a. Foi $_{SN}$[um livro do Eduardo Kenedy] que eu comprei.
b. Foi $_{SN}$[um livro] que eu comprei do Eduardo Kenedy.[7]

Essa relação entre estrutura sintagmática da frase e significado expresso por ela fica evidente uma vez que entendemos que a organização frasal depende muito mais da estrutura sintática hierárquica do que do ordenamento linear dos elementos que compõem a frase. Uma vez compreendido isso, podemos até extrapolar os limites da frase e estudar motivações não estruturais que influenciam o ordenamento dos constituintes na formação de sentenças das línguas naturais. É o que faremos na próxima seção.

PARA ALÉM DA FRASE:
ESTRUTURA SINTÁTICA, ESTRUTURA INFORMACIONAL E PROSÓDIA

Vimos anteriormente que o nível mínimo da investigação sintática são as palavras que formam os sintagmas – em geral, a análise da estrutura interna das palavras é objeto da morfologia (veja o capítulo "Morfologia", neste volume). E demos a entender que o domínio máximo do estudo da sintaxe é a frase. No entanto, a frase não é uma unidade autônoma, com existência independente. Quando produzimos, ouvimos ou lemos frases, em geral elas fazem parte de algo maior, como um texto ou discurso (seja falado ou escrito – veja os capítulos "Texto", "Enunciação" e "Discurso", neste volume). É papel do componente sintático de uma língua estruturar as frases de tal maneira que elas respeitem princípios sintáticos dessa língua (como a relação de concordância entre determinados elementos, a organização hierárquica dos constituintes da frase etc.); e também é papel do componente sintático organizar a mensagem a ser transmitida de uma maneira tal que as informações relevantes recebam certo destaque no ordenamento da frase e que o fluxo informacional seja refletido na estrutura da frase. Isso significa que a maneira como as frases são organizadas em situações comunicativas concretas deve ser sensível ao tipo de informação que está sendo veiculado. Para além do estudo da estrutura interna da frase, há também o estudo sintático de base *funcionalista*. Segundo Furtado da Cunha (2022: 204), "[o]s funcionalistas consideram a língua como um fenômeno social, um instrumento de comunicação, cuja gramática se adapta a pressões cognitivas, comunicativas e estruturais presentes na interação verbal". Por isso, na investigação sintática funcionalista, "[a]s propriedades formais ou 'estruturais' da sintaxe [são] demonstradas, em grande medida, como emanando das propriedades do discurso humano" (Givón, 2012: 72). Entre os estudos sintáticos funcionalistas, está a investigação da relação entre a forma (sintática) e o conteúdo informacional veiculado pelas frases. Vejamos um exemplo.

As frases (17) e (18) expressam o mesmo significado, apesar de serem linear e estruturalmente diferentes.

(17)   Vou ler esses livros nas férias de verão.
(18)   Nas férias de verão, vou ler esses livros.

Ainda que expressem o mesmo significado, é possível perceber facilmente que (17) pode ser usada no contexto da pergunta (19), em que (18) soa menos natural; e (18), por seu lado, pode ser usada como resposta à pergunta (20), contexto em que (17) soa menos natural.[8]

(19) Quando você vai ler esses livros?
✓ Vou ler (esses livros) nas férias de verão.
Nas férias de verão, vou ler (esses livros).
(20) O que você vai fazer nas férias de verão?
✓ Nas férias de verão, vou ler esses livros.
Vou ler esses livros nas férias de verão.

Um dos papéis que o componente sintático deve desempenhar na organização dos elementos que formam uma frase é acomodar informações velhas e novas na estrutura frasal. Nossos julgamentos percebem as diferenças que assinalamos em (19) e (20) justamente porque há diferença na estrutura informacional das frases (17) e (18). Repare como ambas são exemplos de frases perfeitamente bem formadas na língua e ambas veiculam o mesmo conteúdo proposicional. A diferença nos julgamentos presentes em (17) e (18) é resultado da organização informacional da frase.

Em (19), o interlocutor já tem uma informação ('você vai ler esses livros'), mas interroga por outra informação, que ele ainda desconhece ('quando'). Em (20), o interlocutor também tem uma informação ('você vai fazer algo nas férias'), mas não sabe o quê. As respostas a ambas as perguntas vão veicular, portanto, informações novas e velhas do ponto de vista do interlocutor. E uma maneira recorrente de organizarmos essas informações nas frases que proferimos é iniciar a frase com informação velha – ou seja, aquela que é entendida como sendo compartilhada entre os interlocutores – e terminar com informação nova, não compartilhada. Por isso, (17) soa melhor como resposta de (19), e (18) soa melhor como resposta de (20). Repare que aqui se trata de julgamentos que não se baseiam na boa formação da estrutura sintática *stricto sensu*, mas na organização da frase em termos de como ela veicula informação nova e compartilhada. Não obstante, seguimos dentro do domínio da sintaxe, uma vez que estamos investigando a maneira como as frases se estruturam.

Na seção anterior, utilizamos a construção clivada como um recurso para testarmos a análise que estávamos propondo. Nada falamos, no entanto, do *uso* da clivada na comunicação espontânea. Repare que, em princípio, o exemplo (21) e aqueles em (22) veiculam o mesmo conteúdo proposicional:

(21) O João leu *Estruturas sintáticas* nas férias.
(22) a. Foi o João que leu *Estruturas sintáticas* nas férias.
    b. Foi *Estruturas sintáticas* que o João leu nas férias.
    c. Foi nas férias que o João leu *Estruturas sintáticas*.

Apesar disso, *comunicativamente* os exemplos (22a), (22b) e (22c) são usados em contextos específicos, diferenciando-se entre si e diferenciando-se de (21). A frase em (21) pode ser utilizada nos seguintes contextos (destacamos a informação velha e nova para conveniência do leitor):

(23)   O que o João fez nas férias?
       (Nas férias) O João   leu *Estruturas sintáticas.*
       inf. velha   informação nova
(24)   Quando o João leu *Estruturas sintáticas*?
       O João leu (*Estruturas sintáticas*)   nas férias.
       informação velha   inf. nova

Em (23), a informação compartilhada é que o João fez algo nas férias. Por isso, (21) é uma resposta natural, especialmente se o adjunto adverbial (que tradicionalmente ocupa a margem direita do SV) for suprimido. De igual sorte, ele poderia ser movido para frente, como parte da informação velha: *Nas férias, o João leu "Estruturas sintáticas"*. Já em (24), o adjunto adverbial, ao contrário, carrega informação nova. Por isso, ele não pode ser suprimido nem movido para a frente da frase. Sua posição à direita do SV é, do ponto de vista comunicativo-informacional, ótima.

As frases com estrutura clivada em (22) são claramente diferentes, do ponto de vista comunicativo e estrutural, das frases ditas "em ordem direta", em que temos o ordenamento sintático SUJEITO + VERBO + COMPLEMENTOS (+ ADJUNTOS). Repare como soa estranho se tentarmos responder (24) com (22a) ou (22b):

(24)   Quando o João leu *Estruturas sintáticas*?
       a. # Foi o João que leu *Estruturas sintáticas* nas férias.
       b. # Foi *Estruturas sintáticas* que o João leu nas férias.

Como falantes nativos do português, não conseguimos conceber um diálogo que apresente alguma dessas respostas à pergunta em (24). A frase clivada em (22c), no entanto, soa como uma resposta possível à (24).

(24)   Quando o João leu *Estruturas sintáticas*?
       c. Foi nas férias que o João leu *Estruturas sintáticas*.

Repare que, aqui, o elemento clivado está veiculando informação nova, o que nos indica que a estrutura clivada pode ser justamente uma maneira de destacar um constituinte que veicule informação nova no fluxo discursivo. Ao invés de o adjunto adverbial figurar à direita no SV, no final da frase, ele está em posição "de destaque", no início da frase. Se essa intuição estiver correta, poderemos criar um contexto de uso para as clivadas em (22a) e (22b), em que os constituintes clivados veiculem informações novas:

(25) Quero saber quem foi que leu *Estruturas sintáticas* nas férias.
a. Foi o João que leu *Estruturas sintáticas* nas férias.
(26) O que o João leu nas férias?
b. Foi *Estruturas sintáticas* que o João leu nas férias.

O uso da estrutura clivada não se restringe à informação nova,[9] mas ilustra bem o ponto central abordado nesta seção: a estrutura sintática da frase atende a demandas de diferentes naturezas, entre elas, de natureza de organização gramatical *stricto sensu* e de natureza comunicativa (ao organizar, no fluxo comunicativo, informação velha e nova na frase, como vimos). A externalização da organização sintática da frase é, portanto, sensível a demandas de organização informacional.

Além disso, nas línguas orais, a organização sintática da frase também está sujeita a outra demanda, resultante de uma característica imanente da externalização das frases de uma língua: seu aspecto prosódico. A organização sintática das frases da língua está intimamente relacionada com sua organização prosódica. Vejamos um pequeno exemplo.

Os chamados verbos bitransitivos são aqueles que têm em sua grade argumental (veja o capítulo "Léxico", neste volume) dois argumentos ligados ao verbo, ou dois complementos verbais, para usarmos a terminologia sintática tradicional: o objeto direto (OD) e o objeto indireto (OI), que é antecedido por preposição. Exemplos de verbos bitransitivos são *entregar* e *dar*, e a ordem "canônica" de seus complementos é, em geral, objeto direto seguido por objeto indireto, tal como vemos nos exemplos (27) e (28):

(27) Entreguei $_{OD}$[um livro] $_{OI}$[ao Pedro].
(28) Dei $_{OD}$[uma flor] $_{OI}$[à menina].

No entanto, se um dos complementos (objeto direto ou indireto) for "pesado", em termos prosódicos, esse complemento tende a figurar no final da frase. É o que vemos nos exemplos (29-31), em que as frases soam melhor quando o complemento "pesado" aparece à direita e o complemento mais "leve" aparece à esquerda, independentemente de se tratar de objeto direto ou indireto.

(29) a. ? Entreguei $_{OD}$[um livro que a Maria me deu de presente de Natal] $_{OI}$[ao Pedro].
b. ✓ Entreguei $_{OI}$[ao Pedro] $_{OD}$[um livro que Maria me deu de presente Natal].

(30) a. ✓ Entreguei ₒD[um livro] ₒI[ao vizinho do Pedro que mora naquela casa verde].
b. ? Entreguei ₒI[ao vizinho do Pedro que mora naquela casa verde] ₒD[um livro].
(31) a. ? Dei ₒD[uma flor que colhi ontem no jardim da Ana] ₒI[à menina].
b. ✓ Dei ₒI[à menina] ₒD[uma flor que colhi ontem no jardim da Ana].
(32) a. ✓ Dei ₒD[uma flor] ₒI[à menina que conheci na semana passada na festa da Maria].
b. ? Dei ₒI[à menina que conheci na semana passada na festa da Maria] ₒD[uma flor].

Se você concorda com os julgamentos de aceitabilidade em (29-31), isso significa que não é a função sintática (ser objeto direto ou indireto) nem a estrutura (ser um SN ou um SP) dos constituintes da frase que estão determinando a melhor organização sintática desses constituintes. Antes, é o peso prosódico de cada constituinte que influencia diretamente a organização frasal: elementos mais pesados parecem se acomodar melhor na fronteira direita da frase, tal como vimos nos exemplos estudados.

Em suma, a ideia central aqui foi mostrar que a investigação sintática das línguas naturais pode manter diferentes interfaces. O objeto central dos estudos sintáticos é a organização dos constituintes que formam as frases nas línguas naturais. Para estudar essa organização, o pesquisador precisa estar atento a diversos fatores, entre os quais aqueles que vimos aqui: a organização das palavras em agrupamentos sintáticos (os sintagmas), a organização hierárquica e linear desses sintagmas na formação das frases de uma língua, as demandas informacionais e prosódicas que estão em jogo no ordenamento dos itens sintáticos etc. Convidamos o leitor a seguir as referências citadas ao longo do texto e o roteiro de leituras da próxima seção para que possa dar continuidade a seus estudos sintáticos.

ROTEIRO DE LEITURAS

Este capítulo introdutório de sintaxe teve, como um de seus objetivos, mostrar ao leitor o objeto de estudo da sintaxe. Partimos dos estudos tradicionais e mostramos alguns pressupostos básicos de investigações sintáticas contemporâneas.

Se o leitor desejar se aprofundar nos estudos sintáticos de base tradicional, recomendo Azeredo (2015) e Luft (1986). O texto de Azeredo é um capítulo no livro intitulado *Sintaxe, sintaxes: uma introdução* (Othero e Kenedy, 2015); nesse livro o leitor encontrará diferentes capítulos versando sobre os estudos sintáticos de acordo com diferentes teorias e abordagens.

Se o leitor quiser aprofundar seus conhecimentos em abordagens contemporâneas de sintaxe, recomendo os manuais de Raposo (1992) e Mioto et al. (2013), que desenvolvem a sintaxe de base gerativa chomskiana, em particular o modelo da Teoria da Regência e Ligação. Outros manuais contemporâneos de sintaxe são Kenedy e Othero (2018) e Menuzzi, Othero e Ribeiro (a sair). Esses últimos abordam o estudo sintático do português partindo da reflexão gramatical tradicional e apresentam análises e argumentação formalizada com base em alguns pressupostos da análise gerativista. Finalmente, para o leitor ter uma ideia mais ampla dos estudos sintáticos no Brasil, recomendo a leitura de *Sintaxe, sintaxes: uma introdução* (Othero e Kenedy, 2015), em que cada capítulo, como mencionado acima, apresenta uma abordagem distinta nos estudos sintáticos (sintaxe funcional, gerativa, tipológica, computacional, descritiva etc.).

Notas

[1] Agradeço pela leitura e pelos comentários dos colegas Eduardo Kenedy, Elisa Battisti, Luiz Arthur Pagani, Sérgio Menuzzi e Valdir do Nascimento Flores, muito valiosos para a redação final. Todas as falhas remanescentes do texto são de minha inteira responsabilidade.

[2] Remeto o leitor a Henriques (2009), Kenedy (2010) e Kenedy e Othero (2018) para alguma discussão. Sergio Menuzzi (em comunicação pessoal) lembra que a gramática tradicional "não dispõe de um *termo* específico que lembre a ideia de *constituinte* ou *sintagma*, mas ela *reconhece* que esses agrupamentos intermediários são unidades da sintaxe. Afinal, é isso o que significa *termo da oração* (e, por isso, *termos essenciais*, *termos integrantes* e *termos acessórios*) – o mesmo é verdade das funções de *sujeito*, *objeto direto* etc. É verdade que as gramáticas, na sua simplificação didática, dizem coisas como 'o sujeito é o substantivo que precede o verbo' etc., mas os abundantes exemplos, inclusive de análise sintática, mostram claramente que o sujeito é um agrupamento cujo núcleo é um substantivo; idem para o predicado etc.".

[3] Entre as gramáticas tradicionais, uma exceção é a *Moderna gramática brasileira*, de Celso Pedro Luft (1986).

[4] Para discussões sobre esses pontos, remeto o leitor a Perini (1985), Kenedy e Othero (2018), Menuzzi e Othero (2022).

[5] Na fala e na escrita corrente, fazemos um amálgama entre a preposição *de* e o artigo *o*, formando *do*.

[6] Aqui, o símbolo inicial S significa "sentença" e usei o recurso notacional do triângulo para indicar um sintagma sem discriminar todos os elementos que compõem sua estrutura interna. Note que essa ambiguidade também pode ser explicada usando a terminologia da gramática tradicional, como vemos no próximo parágrafo.

[7] Para o teste ficar mais claro, podemos contrastar essas estruturas clivadas bem formadas com tentativas não válidas de análise. Por exemplo, na frase *Li esses livros nas férias de verão*, a estrutura sintática adequada do SV parece ser $_{SV}$[Li $_{SN}$[esses livros] $_{SP}$[nas férias de verão]] – veja uma clivada possível a partir dessa análise: *Foi nas férias de verão que li esses livros*. Entretanto, poderíamos supor que a análise estrutural adequada do SV fosse $_{SV}$[Li $_{SN}$[esses livros] $_{SP}$[nas férias] $_{SP}$[de verão]]. Em sendo assim, estaríamos autorizados a formar as seguintes clivadas, ambas malformadas: ??*Foi nas férias que li esses livros de verão* e ??*Foi de verão que li esses livros nas férias*.

[8] Tente fazer uma leitura "normal" da frase, i.e., sem algum destaque prosódico diferenciado. A resposta que marcamos com # em (20) poderia se tornar mais adequada se usássemos uma prosódia marcada para justificar seu ordenamento – veja o capítulo "Prosódia", neste volume. O símbolo # marca uma frase mal-empregada no contexto.

[9] Sobre as estruturas clivadas em português, remeto o leitor a Quarezemin (2011), Figueiredo Silva e Menuzzi (2015), Menuzzi (2018) e as referências citadas nesses trabalhos.

Referências

AZEREDO, J. C. Sintaxe normativa tradicional. In: OTHERO, G. A.; KENEDY, E. *Sintaxe, sintaxes*: uma introdução. São Paulo: Contexto, 2015.

CAVALIERE, R. *História da gramática no Brasil*: Séculos XVI a XIX. Petrópolis: Vozes, 2023.

CEGALLA, D. P. *Novíssima gramática da língua portuguesa*. 39ª edição, melhorada e ampliada. São Paulo: Editora Nacional, 1996.

CHOMSKY, N.; MORO, A. *Os segredos das palavras*. São Paulo: Ed. da Unesp, 2023.

FIGUEIREDO SILVA, M. C.; MENUZZI, S. M. Mais sobre o uso de sentenças clivadas como resposta para perguntas WH. IX Congresso Internacional da Abralin. *Anais*. Belém do Pará: UFPA, 2015.

FODOR, J. A.; BEVER, T. G. The psychological reality of linguistic segments. *Journal of verbal learning and verbal behavior*, v. 4, n. 5, 1965.

FURTADO DA CUNHA, M. A. Sintaxe Funcional: uma entrevista com Maria Angélica Furtado da Cunha. *ReVEL*, v. 20, n. 39, 2022.

GARRETT, M.; BEVER, T.; FODOR, J. The active use of grammar in speech perception. *Attention, Perception, & Psychophysics*, v. 1, n. 1, 1966.

GIVÓN, T. *A compreensão da gramática*. São Paulo: Cortez; Natal: EDUFRN, 2012.

HENRIQUES, C. C. *Nomenclatura gramatical brasileira*. 50 anos depois. São Paulo: Parábola, 2009.

KENEDY, E. Rudimentos para uma nova sintaxe na NGB. *Revista e-scrita*, v. 1, n. 1, 2010.

KENEDY, E.; OTHERO, G. A. *Para conhecer sintaxe*. São Paulo: Contexto, 2018.

LUFT, C. P. *Moderna gramática brasileira*. 7ª ed. Porto Alegre; Rio de Janeiro: Globo, 1986.

MENUZZI, S. M. Sobre a pressuposição das clivadas. *Revista da Anpoll*, v. 46, 2018.

MENUZZI, S. M.; OTHERO, G. A. "O que é gramática?". In: OTHERO, G. A.; FLORES, V. N. (orgs.) *O que sabemos sobre a linguagem*. São Paulo: Parábola, 2022.

MENUZZI, S. M.; OTHERO, G. A.; RIBEIRO, P. N. *Manual de sintaxe da língua portuguesa*. Petrópolis: Vozes, a sair.

MIOTO, C.; FIGUEIREDO SILVA, M. C.; LOPES, R. E. V. L. *Novo manual de sintaxe*. São Paulo: Contexto, 2013.

NEGRÃO, E. V. A cartografia sintática. In: FIORIN, J. L. *Novos caminhos da linguística*. São Paulo: Contexto, 2017.

NEVES, M. H. M. *A vertente grega da gramática tradicional*: uma visão do pensamento grego sobre a linguagem. São Paulo: Ed. da Unesp, 2005.

OTHERO, G. A.; KENEDY, E. *Sintaxe, sintaxes: uma introdução*. São Paulo: Contexto, 2015.

PERINI, M. A. *Para uma nova gramática do português*. São Paulo: Ática, 1985.

QUAREZEMIN, S. Clivadas e focalização no português brasileiro. In: PIRES DE OLIVEIRA, R.; MIOTO, C. (orgs.) *Percursos em Teoria da Gramática*. Florianópolis: Ed. da UFSC, 2011.

RAPOSO, E. *Teoria da gramática: A faculdade da linguagem*. Lisboa: Caminho, 1992.

Prosódia

Carolina Serra
João Antônio de Moraes

INTRODUÇÃO

A prosódia não goza do estatuto de disciplina curricular dos cursos de graduação no Brasil, sendo normalmente uma componente dos estudos de fonética e de fonologia, mas estando, não raro, também relacionada à psicolinguística, à pragmática e à sintaxe.[1] A própria consideração da prosódia no âmbito de outras disciplinas revela seu caráter de *interface*, por um lado, e, por outro, seu *status* propriamente linguístico, visto que atua de modo colaborativo para veicular noções gramaticais das mais variadas naturezas. A prosódia participa igualmente da expressão de conteúdos paralinguísticos e extralinguísticos. Assim, ela indica o acento tônico de uma palavra; a alternância de proeminências em um enunciado; a interpretação desejada de frases estruturalmente ambíguas; a organização dos itens lexicais numa frase; se uma pessoa está irritada, triste ou sendo irônica; se alguém está fazendo uma pergunta ou se está dando uma ordem; se está enfatizando uma dada informação na frase; se está expressando dúvida, certeza ou incredulidade na enunciação. A prosódia até mesmo auxilia a identificar de que região do país o falante provém, sua idade e seu gênero. Prosódia é música para os nossos ouvidos!

Com isso, queremos dizer que a prosódia é parte constitutiva das gramáticas das línguas naturais orais. Apesar de, na tradição norte-americana, a prosódia ser mais conhecida pela expressão "fenômenos suprassegmentais" (Hockett, 1942), como se esses estivessem, por assim dizer, pairando sobre os *segmentos fônicos*, os sons das línguas (vogais e consoantes) comportam de forma indissociável as características prosódicas de *duração*, se curtos ou longos, de *volume*, se fortes ou fracos, e de *altura melódica*, se graves ou agudos; características essas decorrentes da produção aerodinâmica dos segmentos. Talvez a ideia de que a prosódia esteja "flutuando" sobre a cadeia fônica advenha de uma das suas manifestações, chamada entoação. Como no português a entoação é uma entidade contrastiva que se concretiza no nível da frase (e não no nível vocabular, lexical, como o acento) e tipifica frases (asserções, interrogações, pedidos, ordens, chamamentos...) com os mais diversos conteúdos segmentais e tamanhos, nos esquecemos de que os segmentos vocálicos e consonantais possuem intrinsecamente propriedades prosódicas de duração, de intensidade e frequência fundamental (ou F0), quando produzidos com vibração das pregas vocais (ver capítulo "Fonética"). Mas não se deve confundir prosódia com entoação.

Essas propriedades prosódicas, também denominadas parâmetros prosódicos, são independentes entre si. Assim, dois sons podem se diferenciar por apresentarem distintas durações, ou distintas intensidades, ou, ainda, distintas frequências fundamentais, como podemos observar nas Figuras 1, 2 e 3, a seguir.

Figura 1 – Dois sons [a] se distinguindo por sua duração
(à esquerda, o mais longo; à direita, o mais curto).

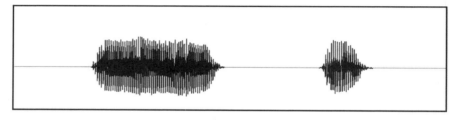

Figura 2 – Dois sons [a] se distinguindo por sua intensidade
(à esquerda, o mais fraco; à direita, o mais forte).

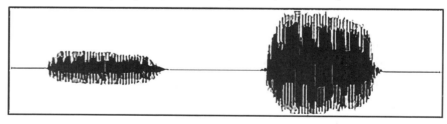

Figura 3 – Dois sons [a] se distinguindo por sua frequência fundamental, isto é,
pelo número de ciclos completos por segundo (à esquerda, o mais grave; à direita, o mais agudo).

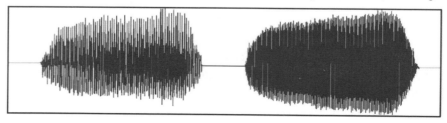

Prosódia pode ser concebida, portanto, como um conjunto de propriedades sonoras manifestadas foneticamente pelos correlatos acústicos da duração, da intensidade e da frequência fundamental, subsumidos fonologicamente em grandes categorias linguísticas, como o acento lexical, o ritmo, o tom lexical e a entoação. Sabemos que as unidades de análise da prosódia não são tão conhecidas como as de outras áreas de investigação linguística como a sintaxe, a morfologia ou o léxico e, por isso mesmo, além de apresentar um breve histórico do surgimento da prosódia, vamos focalizar algumas categorias prosódicas com o detalhamento e a exemplificação necessários, buscando conciliar a sua materialidade fonética e a sua função fonológica.

BREVE HISTÓRICO DO SURGIMENTO DA PROSÓDIA

O interesse pelo estudo das questões relativas à linguagem no mundo dito ocidental surgiu no seio da cultura grega antiga e, depois que os romanos dominaram a Grécia no século II a.C., passaram a incorporar os estudos gramaticais e filológicos daquela cultura.[2] Esses estudos impactaram sobremaneira a descrição e a normatização das línguas neolatinas (Faraco, 2008). Não à toa, muitos dos capítulos do presente livro remontam aos estudos sobre a linguagem das culturas grega e latina, para localizar o surgimento dos níveis de análise linguística. No que se refere à prosódia, não é diferente. A introdução de Vicente Bécares Botas à tradução para o espanhol da primeira gramática do ocidente de que se tem conhecimento, de autoria do erudito grego Dionísio Trácio (século II a.C.), registra que

> A *Gramática* de Dionísio Trácio, a obra *Sintaxe* de Apolonio Díscolo, sobre a construção coerente da frase, e a *Prosódia* e a *Ortografia* de Herodiano constituem as quatro obras gramaticais mais importantes que os gregos nos deixaram e a base da gramática tradicional (2002: 14).

Em grego, προσῳδία significava primariamente "canto para acompanhar a lira", vindo, entretanto, a adquirir a acepção metalinguística de meios fônicos usados para a acentuação na linguagem, aqui tomada em seu sentido mais amplo: acento melódico, acento intensivo, alongamento vocálico etc. Posteriormente, passou a ter uma nova acepção, a saber, a de sinais gráficos que representavam, na escrita, tais características fônicas. Por sua vez, em latim, *prosodia* se reportaria ao acento tônico e à quantidade. A par dessa significação ampla, o termo também guardou um valor mais restrito, referindo-se especificamente às características da linguagem versificada, à métrica do verso.

Tomado de empréstimo ao latim, o termo *prosodia* entra no português por via culta e vai adquirir ainda, na tradição gramatical, uma acepção particular, derivada da anterior, a saber, a parte da *ortoepia* (que trata da "pronúncia correta") que aborda a acentuação das palavras ("ru<u>bri</u>ca" e não "<u>ru</u>brica", "gra<u>tui</u>to" e não "gratu<u>i</u>to" etc.). É interessante perceber que *acento* (*ad canto*, com canto) é a tradução latina do vocábulo *prosódia*, servindo tanto à expressão de um conteúdo linguístico, quanto à música. Notemos que as relações entre essas três diferentes acepções – a) o canto primitivo que acompanhava a lira; b) a métrica do verso; c) os elementos musicais na linguagem (prosa ou verso) – são bastante íntimas e evidentes. Com efeito, a poesia destinava-se inicialmente ao canto, tendo um acompanhamento musical (em latim, *carmen* significa tanto poesia, quanto canto), sendo assim indissociável da música. Havia, na verdade, uma identidade entre os dois primeiros conceitos, o que explica, aliás, sua extensão metafórica para o terceiro deles.

O termo *prosódia* é pela primeira vez registrado em dicionários da língua portuguesa na obra de Raphael Bluteau, sendo aí definido como "palavra grega, que val o mesmo que Accento, ou tom mais alto, ou mais bayxo da voz. [...] parte da Grammatica, que ensina, & denota as syllabas breves, & longas", e onde se diz ainda que "a genuína significação de Prosodia, he ser sciencia dos acentos, isto he do tom, & modificação da voz, na pronunciação das palavras" (1712-1721: 791).

Em 1789, na considerada primeira edição do dicionário de Moraes Silva, o termo *prosódia* é assim apresentado: "PROSODIA s.f. o accento, ou tom com que se se pronuncião as palavras, e a quantidade de tempo, que se emprega na prolação das vogaes" (1789: 257). Na linguística atual, o termo *prosódia*, em seu uso básico, mantém-se fiel a suas origens musicais, referindo-se à parte da fonética/fonologia que se ocupa de elementos comuns à música e à linguagem, elementos esses que irão cooperar na emissão da *linha da fala* (Scripture, 1902).

Enquanto na Europa o termo *prosódia* vem sendo utilizado para as acepções aqui mencionadas, deu-se preferência, na América do Norte, à expressão, mais ou menos equivalente, fenômenos suprassegmentais. O termo *suprassegmental* foi cunhado por Hockett (1942). Na origem desse novo conceito está, como aponta Rossi (1980), a noção de continuidade,[3] aí presente sob dois aspectos:

a. na dimensão horizontal, isto é, no eixo sintagmático: o domínio de um fenômeno suprassegmental ultrapassaria o de um único segmento, não sendo ele, portanto, coextensivo com o segmento.
b. na dimensão vertical, no eixo paradigmático: a suprassegmentalidade se caracterizaria pela dificuldade de se definirem unidades discretas, ao contrário do que ocorre com os fonemas.

Rossi (1980), ao discutir as diferentes implicações e os matizes que o termo adquire nas definições de diversos autores, considera cinco empregos distintos para suprassegmentos:

a. todo elemento cuja extensão ultrapasse a do segmento;
b. toda unidade que não se possa decompor em unidades discretas irredutíveis, mas que, ao contrário, se caracterize por um *continuum*;
c. toda unidade que não participe da dupla articulação da linguagem;
d. traços que se superponham à sucessão das vogais e das consoantes;
e. traços que não sejam identificados por oposição paradigmática, mas sim por comparação com um outro traço, precedente ou subsequente, isto é, por contraste sintagmático.

Lehiste, em sua obra *Suprasegmentals* (1970), destaca dois aspectos para que um fenômeno seja considerado suprassegmental. Seu funcionamento deve, de um lado, a) supor um incremento dos parâmetros de base (frequência fundamental, intensidade e duração), pois há um funcionamento primário da frequência fundamental ("*default*"), que diz respeito ao nível segmental, manifestando-se na oposição desvozeado/vozeado, bem como há uma intensidade e uma duração que são inerentes aos segmentos; e, de outro, b) ser estabelecido por comparação sintagmática, isto é, são fenômenos que são caracterizados contrastivamente na dimensão temporal, não se restringindo ao domínio de um simples segmento. Assim, os traços suprassegmentais se evidenciam por comparação com segmentos adjacentes, enquanto os traços segmentais são definidos sem referência a outros segmentos presentes, mas por oposição a elementos do inventário fonológico da língua, configurando uma oposição paradigmática. Dessa forma, a tonicidade de uma vogal será um traço suprassegmental por supor e depender, para sua percepção, da comparação com as vogais vizinhas, o que não ocorrerá em relação a seu caráter arredondado, por exemplo, que pode ser estabelecido e percebido independentemente de comparação com outros segmentos.

De fato, definir o domínio da prosódia do ponto de vista linguístico sem fazer referência a sua materialidade fonética é bastante desafiador; na verdade, essa não é uma dificuldade exclusiva da prosódia, mas uma contingência do componente sonoro de forma geral. Dessa forma, embora os parâmetros acústico-prosódicos de duração, intensidade e frequência fundamental sejam parte constitutiva de vogais e consoantes, no estudo da prosódia interessaria verificar o comportamento sintagmático desses parâmetros, abrangendo mais de um segmento na formação da sílaba, da palavra e de unidades maiores. Vejamos então como os suprassegmentos vão atuar, para além do fone, na construção de categorias linguísticas como o acento lexical e a entoação.

DE QUE TRATA A PROSÓDIA?

Como diziam os gregos, a prosódia é uma arte. E trata de muita coisa, então vamos por partes...

No que concerne ao acento, iremos discutir aqui sua atuação no nível da palavra (acento lexical primário), qual seja, a de dar destaque a uma sílaba em relação às demais. Não são todas as línguas que possuem o acento como uma propriedade gramatical, mas as que possuem, como o português, tratam-no como parte integrante da representação lexical, ou seja, como uma parte essencial da forma da palavra. Assim, na palavra "ba<u>na</u>na", por exemplo, a sílaba sublinhada se destaca acústica e auditivamente em relação às demais; é a sílaba tônica da palavra (e as demais são átonas). Em função disso, percebemos que algumas sílabas são mais proeminentes em relação a outras, o que configura o caráter relacional do *acento*. O acento é, pois, ancorado em sílabas, tem estatuto lexical capaz de transformar uma sequência sonora em uma palavra (os monossílabos átonos se adjungem a palavras acentuadas do entorno) e possui natureza relacional.

A proeminência acentual tem a ver, basicamente, em uma língua como o português, com a duração da sílaba (medida em milissegundos ou segundos) e sua intensidade (medida em decibéis) e, de maneira menos relevante, com a F0 (medida em Hz) (Moraes, 1987, 1995). Ou seja, sílabas tônicas são relativamente mais longas e possuem mais volume sonoro que as átonas adjacentes. Uma prática comum entre as/os alfabetizadoras/es de gerações passadas (ainda será assim?) para ensinar as crianças a identificar o acento tônico das palavras era a de "chamar" o coleguinha: "Mar<u>ceeee</u>lo" ("<u>Maaaar</u>celo" nem "Marce<u>loooo</u>"[4] seriam possíveis). Essa técnica poderia ser aplicada a qualquer palavra polissilábica: "ja<u>neeee</u>la", "<u>quaaaa</u>dro", "me<u>niiii</u>na" (para alguns monossílabos, como "mãe", é comum a produção bissilábica "manhe", comprovando o caráter relacional do acento). Intuitivamente, os aprendizes atribuem mais força e maior duração à sílaba tônica, assim identificando-a. De fato, a tendência era as crianças naturalmente gritarem a sílaba tônica, colocando mais energia na sua produção.

Podemos explorar outras duas funções do acento: seu potencial de distinguir vocábulos contendo a mesma sequência segmental (*função distintiva*) e de demarcar o limite dos vocábulos (*função demarcativa*).

A função distintiva do acento é verificada pela oposição de palavras em pares mínimos acentuais (que não são tão abundantes em português), que terão seu contraste determinado somente pela localização do acento (<u>sá</u>bia {nome}: sabi<u>á</u> {nome}; <u>cá</u>qui {nome}: ca<u>qui</u> {nome}). Em muitos casos, o acento distintivo contribui para a expressão de uma informação morfológica (<u>nú</u>mero {nome}: nu<u>me</u>ro {v. 1ª p. sg. presente do indicativo}; <u>crí</u>tica {nome}: cri<u>ti</u>ca {v. 3ª p. sg. presente do indicativo}), sendo previsível a sua localização quando o acento tem a função de indicar, por exemplo, diferentes tempos verbais (can<u>ta</u>ra {v. 3ª p. sg. pretérito mais-que-perfeito}: canta<u>rá</u> {v. 3ª p. sg. futuro do presente}).

Façamos aqui um preâmbulo para comentar a função delimitadora do acento. No português, o acento não é fixo, pois não incide sobre uma sílaba que ocupa sempre uma mesma posição na palavra, mas sua localização não é totalmente livre, visto que pode ocorrer somente em uma das três últimas sílabas do item ("<u>mé</u>dico"; "pa<u>re</u>de"; "ca<u>fé</u>"), dando origem às chamadas palavras proparoxítonas, paroxítonas e oxítonas. No que concerne à previsibilidade de ocorrência do acento, as pesquisas realizadas no âmbito da Teoria Métrica avançaram bastante na definição do padrão de acento do português do Brasil com base na sistematicidade dos fatos acentuais da língua. Como sabemos, as palavras paroxítonas são as mais comuns no português (Cintra, 1997), não à toa. A atribuição do acento dialoga com a estrutura da sílaba (Bisol, 1992, 1994, 2000). A análise de Bisol, em poucas palavras, é capaz de capturar os dois padrões de acento primário em interação com a estrutura interna das sílabas nos seguintes termos: o acento é paroxítono quando a última sílaba é leve (aberta) ("ca<u>be</u>lo"; "<u>lis</u>ta") e o acento é oxítono quando a última sílaba é pesada (fechada),[5] de rima ramificada ("mu<u>ral</u>"; "ca<u>lor</u>" "pa<u>pai</u>") (v. capítulo "Fonologia"). Essa regra de acentuação é, portanto, resultado da interação entre peso silábico e posição da sílaba pesada no vocábulo.

A ocorrência, em português, de proparoxítonas, por um lado, e de paroxítonas terminadas por sílaba pesada, por outro, são explicadas por um expediente teórico chamado extrametricidade: nas primeiras, a última sílaba é extramétrica ("<u>chí</u>ca<ra>"; "<u>ár</u>vo<re>") e, nas últimas, o elemento extramétrico é a consoante em posição final de sílaba (coda silábica) ou a semivogal ("dóla<r>"; "audíve<l>"; "<u>ór</u>gã<o>"). A extrametricidade é um conceito que se baseia no princípio de que certos constituintes sonoros não são levados em consideração para a atribuição do acento. As palavras oxítonas terminadas em vogal (muitas delas de origem não latina) são explicadas, por sua vez, por um outro expediente teórico, a postulação de uma consoante final abstrata que confere peso à sílaba ("cro<u>chê</u>C"; "jaca<u>ré</u>C"; "ca<u>já</u>C") (Bisol, 1992, 1994).

Por fim, gostaríamos de comentar que o acento lexical desempenha um papel essencial no que concerne à percepção da fronteira vocabular, auxiliando o ouvinte a determinar o limite das palavras por meio da variação dos parâmetros acústicos (e também de fenômenos segmentais que não iremos abordar aqui). Esse é certamente um fator prosódico importante no processo de aquisição da linguagem. A sílaba postônica final, sendo a sílaba mais fraca (produzida com menos energia) e mais breve (produzida com menor duração) entre todas as átonas, dá pistas sobre o final da palavra; daí a função delimitadora da fronteira vocabular que o acento possui. Se uma palavra termina em sílaba átona e se a palavra seguinte é iniciada por uma sílaba átona (pretônica) ou por uma sílaba tônica, se estabelece então a relação de forças entre as sílabas, necessária para a percepção dos limites vocabulares (esquerdo e direito). É interessante observar que, por razões rítmicas de alternância entre sílabas fortes e fracas, quando duas palavras em adjacência apresentam choque entre os seus acentos, a tendência é que ocorra, em português do Brasil, o que se chama de *retração do acento*, uma estratégia para manter uma distância mínima entre as sílabas mais fortes. É o que vemos, por exemplo, na sequência *café quente*, que, para evitar o choque de acento, é pronunciada como *café quente,* deslocando-se para a esquerda a sílaba tônica de *café*.

Voltando agora nossa atenção para a categoria prosódica *entoação*, gostaríamos de começar dizendo que, diferentemente do acento lexical, a entoação no português é uma propriedade linguística atribuída pós-lexicalmente, ou seja, depois que as palavras da língua já estão formadas e entram em relação sintagmática no nível da frase. Falar de entoação é falar de melodia, aquela construída pela frequência de vibração das nossas pregas vocais.

Entre as muitas funções da entoação (Moraes e Rilliard, 2022; Moraes, 2024), focalizaremos aqui o papel da entoação (i) na distinção de três atos de fala/modos de frase (frases que realizam ações específicas ao serem enunciadas), a asserção, a interrogação e a ordem, (ii) na manifestação das emoções, como alegria, raiva, medo e tristeza, e (iii) na identificação de falares regionais brasileiros. Iremos nos referir aqui aos movimentos melódicos ao longo das frases como ascendentes ou descendentes, a depender da direção tomada pela linha de F0 na frase, bem como à amplitude do movimento melódico. Faremos referência também ao instrumental de notação da entoação da Teoria Autossegmental e Métrica – Teoria AM (Pierrehumbert, 1980; Ladd, 2008), que considera dois alvos de altura (dois tons/acentos tonais ou melódicos), um baixo (L) e um alto (H), para o mapeamento fonológico da curva de frequência fundamental.[6] Esses alvos melódicos, como dissemos, se ancoram em pontos-chave da frase: nas sílabas tônicas – se espraiando também pelas sílabas no entorno da tônica – e nos limites das frases. A notação entoacional é complementada pelo símbolo (*), que indica a localização da sílaba tônica, e (%), que indica a fronteira final da frase.[7]

Para a descrição entoacional dos tipos frásicos do português do Brasil e suas variedades, normalmente são consideradas duas regiões da frase, em função da sua importância para a distinção fonológica. São elas o início da frase, chamado de região pré-nuclear,[8] e o final da frase, chamado de região nuclear. Assim, a melodia principal da frase (acento principal, acento de frase ou acento tonal nuclear) irá se ancorar sobre a última palavra fonológica (palavra acentuada) da frase, mais precisamente, sobre a sua última sílaba tônica e as adjacentes. Então, em uma frase como a produzida na Figura 4, a seguir, "A menina pula na lama", verificamos a incidência de um movimento melódico descendente sobre a palavra final "lama" capaz de identificar essa frase, do ponto de vista pragmático, como uma asserção de foco amplo (asserção neutra), já que toda a informação que está sendo dada é nova (essa poderia ser uma resposta à pergunta "O que você está vendo lá fora?").

Essa descida melódica bastante marcada na última sílaba tônica se estende até o final da frase, terminando em um nível baixo de F0 (H+L*L%). No que se refere à região inicial da frase, ou seja, à porção "A menina", o contorno melódico é ascendente (L*+H) e se encontra em um nível médio, se comparado aos outros atos de fala que focalizaremos aqui, quais sejam, a interrogação total e a ordem.

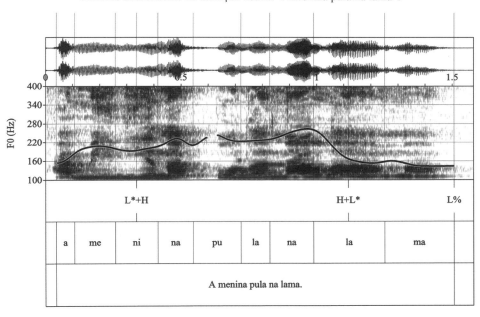

Figura 4 – Contorno melódico com pré-núcleo ascendente e núcleo descendente na asserção neutra "A menina pula na lama".

Se considerarmos a mesma frase dita como uma interrogação total ("A menina pula na lama?"), ou seja, aquela pergunta para a qual se pressupõe uma resposta do tipo "sim ou não", vemos uma configuração melódica bastante diferente. Observando a região nuclear da frase, vemos que a melodia é, nesse caso, ascendente-descendente, ou seja, a curva melódica na sílaba tônica de "lama" apresenta uma inclinação bastante importante, partindo de um nível baixo para outro bastante alto, nível alto este que perdura até o início da sílaba postônica e depois volta a baixar até a fronteira da frase (L+H*L%). Na região pré-nuclear, sobre "a menina", há um contorno melódico ascendente na sílaba acentuada, entretanto essa subida melódica é maior que a encontrada nas asserções, como exemplifica a Figura 5. Esse traço melódico antecipa a interpretação da frase como interrogação, antes mesmo da realização da melodia principal da frase, na região nuclear (Sosa, 1999; Moraes, 2006).

Figura 5 – Contorno melódico com pré-núcleo ascendente
e núcleo ascendente-descendente na interrogação total "A menina pula na lama?".

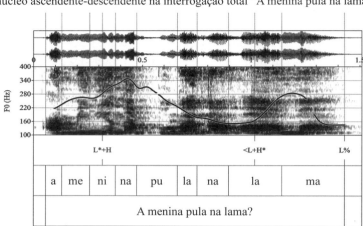

Apesar de ordem e asserção serem atos de fala bastante distintos do ponto de vista pragmático, esses tipos frásicos guardam similaridades entoacionais, como veremos na Figura 6, que ilustra uma ordem ("Libera a janela") enunciada pela mesma falante que produziu as frases assertiva e interrogativa que mostramos anteriormente. Tanto a ordem quanto a asserção possuem um contorno final descendente, com a sílaba pretônica final em nível melódico alto e descida na tônica e na postônica subsequentes (H+L*L%). O pré-núcleo também é ascendente na ordem (L+H*), mas a amplitude do movimento de subida melódica é maior, alcançando um nível inicial de F0 mais alto que o da asserção. Apesar dessa ambiguidade entoacional entre asserção e ordem, o alcance da frequência fundamental e a atuação da intensidade colaboram na distinção desses modos de frase.

Figura 6 – Contorno melódico com pré-núcleo ascendente
e núcleo descendente na ordem "Libera a janela".

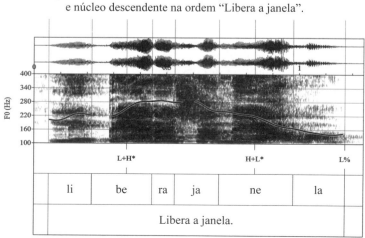

Como podemos ver, asserções, interrogações e ordens são atos de fala caracterizados por movimentos melódicos capazes de distinguir o sentido linguístico de cada frase.

No caso das emoções, a função da entoação não é propriamente linguística, mas, sim, expressiva, paralinguística. Os contornos superpostos do estudo de Moraes e Rilliard (2016) (Figura 7) mostram como as emoções podem acrescentar expressividade aos significados primários das frases. Sua atuação não se dá propriamente pela alteração do padrão do contorno, que se mantém, mas pela região em que o contorno se situa e pela diferença de amplitude dos movimentos melódicos em cada emoção. Os contornos melódicos da asserção "Roberta dançava", da interrogação total "Roberta dançava?" e da ordem "Destranca a gaveta" são produzidos, cada um deles, de forma neutra e com quatro emoções distintas, a saber, alegria, raiva, medo e tristeza. Nos limites mais alto e mais baixo de F0, estão, respectivamente, a alegria (linha tracejada preta com triângulo), com a maior amplitude dos movimentos melódicos e com o maior alcance da F0, e a tristeza (linha tracejada cinza claro com triângulo), a emoção que mais faz baixar a linha de F0, em relação ao nível médio das frases ditas de forma neutra (linha contínua preta com círculo). Raiva (linha tracejada grafite com quadrado) e medo (linha tracejada grafite claro com losango) são as emoções de amplitude intermediária entre a alegria e a neutralidade.

Figura 7 – Contornos melódicos da asserção ("Roberta dançava"), interrogação total ("Roberta dançava?") e ordem ("Destranca a gaveta"), produzidas de forma neutra e com as emoções de alegria, raiva, medo e tristeza.

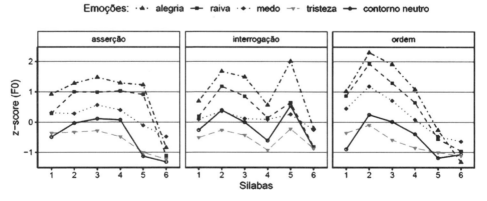

Fonte: Adaptado de Moraes e Rilliard (2016: 139).

Por último, comentaremos a função da entoação na identificação dialetal, uma função extralinguística, identitária. Serão apresentados aspectos relativos à entoação dos falares brasileiros, a partir de dois estudos precursores na área, Silvestre (2012) e Silva (2011).[9] As autoras descrevem o contorno melódico da asserção e da interrogação total em 25 capitais brasileiras, com base no *corpus* do Projeto Atlas Linguístico do Brasil (ALiB).

Silvestre (2012) propõe a delimitação dos falares brasileiros em pelo menos três macroáreas geográficas, a partir de três padrões entoacionais diferentes encontrados nos dados de asserções. A primeira delas compreende o Norte e o Nordeste brasileiros, áreas nas quais predomina um contorno pré-nuclear em nível alto e núcleo descendente (H*___H+L*L%)[10] (Figura 8). Nas regiões Sudeste e Centro-Oeste, o pré-núcleo é ascendente e o núcleo, descendente (L+H*___H+L*L%) (Figura 9). Na região Sul, o movimento melódico sobre a porção pré-nuclear da frase também é ascendente, mas, na região nuclear, a autora registra um nível alto de F0 tanto na sílaba pretônica quanto na tônica, antes da descida final da curva melódica (L+H*___H+H*L%) (Figura 10).

Figura 8 – Contorno melódico com pré-núcleo alto e núcleo descendente na asserção "Aqui a gente chama de lago", produzida por falante de Macapá.

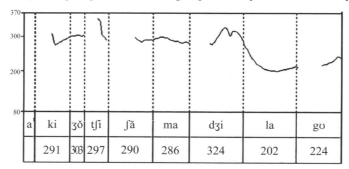

Fonte: Silvestre (2012: 67).

Figura 9 – Contorno melódico com pré-núcleo ascendente e núcleo descendente na asserção "Vou preparar a churrasqueira", produzida por falante de Cuiabá.

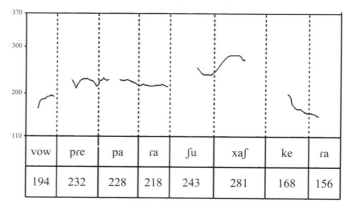

Fonte: Silvestre (2012: 80).

Figura 10 – Contorno melódico com pré-núcleo ascendente e núcleo alto na asserção "A gente frita com banha", produzida por falante de Florianópolis.

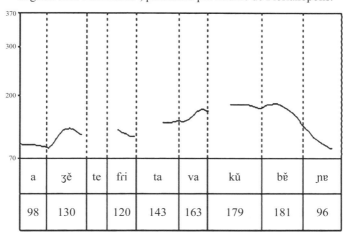

Fonte: Silvestre (2012: 86).

Silva (2011) também encontra três padrões melódicos principais de interrogações nos falares investigados. O padrão predominante nas capitais brasileiras, aparecendo em todas elas, é aquele que contém pré-núcleo ascendente – o mesmo encontrado para as asserções, mas em nível melódico mais alto, e núcleo circunflexo (ascendente-descendente), ou seja, uma subida melódica na tônica, iniciada a partir de um vale na pretônica e posterior descida na postônica final, dando origem a uma fronteira baixa (L+H*___L+H*L%) (Figura 11). Os outros dois contornos se assemelham ao primeiro na região pré-nuclear, mas se diferenciam dele pelo movimento ascendente final e fronteira alta. Esses padrões aparecem nos falares do Nordeste e nas capitais Manaus e Porto Velho, da região Norte. Na região Nordeste, nos falares de Recife, Aracaju e Maceió, a subida melódica está concentrada na postônica final (L+H*___L+L*H%) (Figura 12). Em São Luís, Natal, João Pessoa, Recife, Maceió, Aracaju e Salvador, um dos dois padrões anteriores coexiste com o contorno final caracterizado pela subida ao longo da tônica e postônica finais, contorno também encontrado em Manaus, Porto Velho e, ainda, de forma pontual, nas produções de um falante de Florianópolis, no Sul (L+H*___L+H*H%) (Figura 13). Portanto, em duas capitais nordestinas, Aracaju e Maceió, os três padrões melódicos das interrogações totais foram encontrados.

Figura 11 – Contorno melódico com pré-núcleo ascendente e núcleo ascendente-descendente na interrogação "Cê vai sair hoje?", produzida por falante de Belo Horizonte.

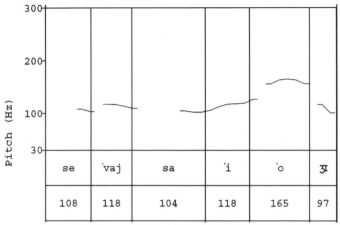

Fonte: Silva (2011: 99).

Figura 12 – Contorno melódico com pré-núcleo ascendente e núcleo baixo com fronteira alta na interrogação "Eu vou ter alta hoje?", produzida por falante de Maceió.

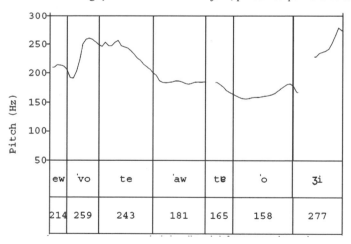

Fonte: Silva (2011: 90).

Figura 13 – Contorno melódico com pré-núcleo ascendente e núcleo ascendente na interrogação "A massa grossa?", produzida por falante de São Luís.

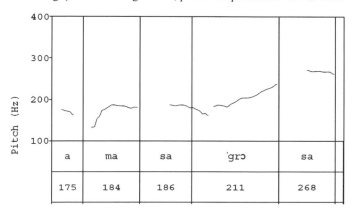

Fonte: Silva (2011: 82).

Pudemos notar que a entoação participa de forma ativa na expressão de conteúdos da língua e de conteúdos externos a ela, dando origem ao inventário de contornos melódicos que o falante usa para produzir efeitos como a distinção entre atos de fala, que serão afetados pelas emoções e ainda pelas diferenças dialetais.

ROTEIRO DE LEITURAS

Gostaríamos de indicar algumas leituras que podem ser proveitosas aos interessados em saber mais sobre prosódia. São obras completas e também coletâneas e textos avulsos, que contemplam produções um pouco mais antigas e outras muito recentes, escritas em português e focalizando o estudo da prosódia do português.

O livro *Estudos de prosódia* (Scarpa, 1999) traz um conjunto de capítulos sobre as categorias prosódicas do ritmo, da entoação e do acento, com abordagens tanto fonéticas quanto fonológicas, incluindo estudos sobre aquisição e linguística histórica. No artigo "Prosódia: ontem e hoje" (Cagliari, 2007), o autor traça o percurso dos estudos prosódicos desde a Antiguidade Clássica, passando por sua aplicação no ensino de línguas estrangeiras no âmbito da linguística moderna, pelo início das investigações instrumentais da fala e das notações de fatos prosódicos das línguas naturais. O autor discute, ainda, a importância das abordagens acústicas não se distanciarem das questões propriamente linguísticas.

Em *Prosódia da fala: pesquisa e ensino* (Freitag e Lucente, 2017), o leitor encontra uma coletânea de pesquisas em prosódia e suas aplicações, voltada mais particularmente para o ensino de línguas. Constam do volume estudos com forte componente experimental de análise da prosódia da fala, outros que focalizam o papel da prosódia no ensino do inglês e do espanhol como língua estrangeira, além de abordagens que relacionam escrita, prosódia e leitura de textos em português, aspectos de produção e percepção de estilos de elocução profissionais, a prosódia nos distúrbios da fala, incluindo comentários preliminares sobre o autismo e análises de pistas de fronteiras prosódicas de constituintes à luz da variação.

Um volume específico sobre o tema é *Prosódia* (Barbosa, 2019), que traz um panorama de teorias, abordagens e experimentos os mais modernos para o estudo prosódico, tanto no que concerne ao ritmo quanto à entoação, mostrando ainda como se dão as interfaces com a sintaxe, o discurso, o processamento, a expressividade e a dimensão identitária, e a relação entre prosódia e fala atípica. Do mesmo autor, no verbete "Prosódia" (Barbosa, 2009), são comentadas as primeiras concepções do termo e seu âmbito de estudo científico atual. O verbete focaliza também as funções da prosódia, sua relação com os segmentos acústicos menores do que a sílaba e com os níveis linguísticos superiores.

Em dois verbetes, "Fonologia da prosódia 1: acento e ritmo" e "Fonologia da prosódia 2: tom e entoação", Serra (2020) apresenta as grandes categorias prosódicas do acento lexical, do ritmo, do tom lexical e da entoação como fenômenos capazes de particularizar as línguas, aliando a perspectiva da fonologia à da fonética no estudo da prosódia da fala, com exemplos que facilitam a transmissão dos conteúdos.

Os capítulos que constituem a obra *Prosódia, Prosódias: uma introdução* (Oliveira, 2022) exploram diferentes aspectos como a expressividade, a estrutura informacional, o discurso, as interações entre prosódia e a música, os distúrbios da fala e o papel da prosódia no processamento da linguagem, capturado pelo rastreamento ocular. Finalmente, gostaríamos de mencionar o capítulo dedicado à prosódia na obra *Fonética* (Moraes, 2024), onde são apresentadas as funções linguísticas do ritmo e da velocidade de fala, do acento (primário e secundário), do tom e da quantidade, e da entoação; e, no âmbito desta última, as funções paralinguísticas expressiva, identificadora e estética.

Notas

[1] Agradecemos a Gabriel de Ávila Othero (UFRGS), Valdir do Nascimento Flores (UFRGS), Gean Damulakis (UFRJ) e Leandro Lisboa (UFRJ) pelos comentários preciosos sobre o conteúdo e a forma deste capítulo. Eventuais problemas e falhas no produto final são de nossa inteira responsabilidade.

[2] Para um melhor entendimento sobre como se iniciaram os estudos prosódicos no Brasil, recomendamos a leitura de Barbosa (2010).

[3] Os fenômenos prosódicos seriam contínuos, isto é, não segmentáveis ou, mais precisamente, segmentáveis segundo princípios próprios, daí a denominação *fonologia autossegmental*, originalmente proposta para dar conta de fenômenos prosódicos.

⁴ É importante dizer que, em um chamamento "não neutro", a que damos o nome de *chamamento insistente*, pode ser produzido o padrão com a tonicidade na última sílaba (Moraes e Silva, 2011; Frota et al, 2015a; Soares, 2020).
⁵ Sílabas leves (ou abertas) são sílabas que terminam com vogal; sílabas pesadas (ou fechadas) terminam com um som consonantal ou semivocálico.
⁶ Para uma leitura sobre o inventário tonal do português segundo o aporte teórico da AM, remetemos o leitor a Frota et al (2015b), disponível em http://labfon.letras.ulisboa.pt/InAPoP/P-ToBI/. Acesso em 15 setembro de 2024.
⁷ Nas Figuras 4, 5 e 6, faremos a representação gráfica dos contornos melódicos através de janelas do programa de análise acústica Praat (www.praat.org), por meio do qual podemos realizar medidas de variação de F0, de intensidade e de duração ao longo das frases.
⁸ Na verdade, todas as partes da frase que antecedem o núcleo são chamadas de região pré-nuclear, sendo o contorno que incide sobre a primeira palavra fonológica da frase o primeiro pré-núcleo.
⁹ Os gráficos coloridos com a distribuição dos padrões entoacionais de asserções e interrogações podem ser consultados nos trabalhos das autoras (Silvestre 2012: 109; Silva 2011: 127), bem como nas cartas prosódicas (Cartas F07 P1 e P2) do ALiB (Cardoso et al, 2014: 130-1).
¹⁰ O *underline* (___) na notação fonológica representa todo o material segmental e melódico entre o primeiro pré-núcleo e o núcleo da frase.

Referências

BARBOSA, P. Prosódia. *Enciclopédia Virtual de Psicolinguística*, 2009.
_____. Prosódia: uma entrevista com Plínio A. Barbosa. *ReVEL*, v. 8, n. 15, 2010.
_____. *Prosódia*. São Paulo: Parábola, 2019.
BISOL, L. O Acento: duas alternativas de análise. Ms., 1992.
_____. O acento e o pé binário. *Letras de Hoje*, v. 29, 1994, pp. 25-36.
_____. O troqueu silábico no sistema fonológico. *D.E.L.T.A.*, v. 16, n. 2, 2000, pp. 403-13.
BLUTEAU, R. *Vocabulário Potuguez e Latino*. Coimbra e Lisboa: Collegio das Artes da Companhia de Jesus, 1712-1721.
CAGLIARI, L. C. Prosódia: ontem e hoje de autoria. In: FONSECA-SILVA, M. C.; PACHECO, V.; LESSA DE OLIVEIRA, A. S. C. (eds.) *Em torno da língua(gem)*: questões e análises. Vitória da Conquista: Ed. UESB, 2007, pp. 15-40.
CARDOSO, S. A. et al. (eds.) *Atlas Linguístico do Brasil*: Volume 1 – Introdução e Volume 2 – Cartas Linguísticas. Londrina: EDUEL, 2014.
CINTRA, Geraldo. Distribuição de padrões acentuais no vocábulo em português. *Confluência*, v. 5, n. 3, 1997, pp. 82-93.
FARACO, C. A. *Norma culta brasileira*: desatando alguns nós. São Paulo: Parábola, 2008.
FREITAG, R. M. K.; LUCENTE, L. (orgs.) *Prosódia da fala*: pesquisa e ensino. São Paulo: Blucher, 2017.
FROTA, S. et al. Intonational variation in Portuguese European and Brazilian varieties. In: FROTA, S.; PRIETO, P. (eds.). *Intonation in Romance*. Oxford: Oxford University Press, 2015a, pp. 235-83.
_____. *P-ToBI:* Tools for the transcription of Portuguese prosody. Laboratory of Phonetics and Phonology. University of Lisbon, 2015b. Disponível em: http://labfon.letras.ulisboa.pt/InAPoP/P--ToBI/. Acesso em: 27 set. 2024.
HOCKETT, C. A system of descriptive phonology. *Language*, v. 18, pp. 3-21, 1942.
LADD, R. *Intonational Phonology*. 2nd ed. Cambridge: Cambridge University Press, 2008.
LEHISTE, I. *Suprasegmentals*. Cambridge: MIT, 1970.

MORAES, J. A. Correláts acoustiques de l'accent de mot en portugais brésilien. 11th International Congress of Phonetics Sciences. *Proceedings*. Tallinn, 1987, pp. 313-6.

_____. Acentuação lexical e acentuação frasal em português. Um estudo acústico-perceptivo. *Estudos Linguísticos e Literários*, v. 17, jul. 1995, pp. 39-57.

_____. Melodic contours of yes/no question in Brazilian Portuguese. ISCA tutorial and research workshop on experimental linguistics. *Proceedings*. Athens, 2006, pp. 28-30.

_____. *Fonética*. São Paulo: Parábola, 2024.

MORAES, J. A.; SILVA, H. T. A entoação de vocativos e apostos no português do Brasil. In: COUTO, L.; LOPES, C. (eds.). *As formas de tratamento em português e em espanhol*: variação, mudança e funções conversacionais. Niterói: Ed. da UFF, 2011, pp.103-24.

MORAES, J. A.; RILLIARD, A. Prosody and emotion in Brazilian Portuguese. In: ARMSTRONG, M.; HENRIKSEN, N.; VANRELL, M. M. (orgs.). *Intonational Grammar in Ibero-Romance*: Approaches across linguistic subfields. Amsterdam: John Benjamins, 2016, pp. 135-52.

_____. Entoação. In: OLIVEIRA Jr., Miguel (org.) *Prosódia, prosódias*: uma introdução. São Paulo: Contexto, 2022.

MORAES SILVA, A. *Diccionario da língua portugueza composto pelo padre D. Rafael Bluteau, reformado, e accrescentado por Antonio de Moraes Silva natural do Rio de Janeiro*. Lisboa: Officina de Simão Thaddeo Ferreira, v. 2, 1789.

OLIVEIRA JR., M. (org.) *Prosódia, prosódias*: uma introdução. São Paulo: Contexto, 2022.

PIERREHUMBERT, J. *The phonology and phonetics of English intonation*. Cambridge, 1980. Doctoral dissertation – Massachusetts Institute of Technology.

ROSSI, M. Introduction. In: ROSSI, M. et al. (eds.). *L'Intonation*: de l'acoustique à la sémantique. Paris: Klincksiek, 1980, pp. 1-15.

SCARPA, E. (org.) *Estudos de prosódia*. Campinas: Ed. da Unicamp, 1999.

SCRIPTURE, E. *The elements of experimental phonetics*. New York: Sscribner's sons, 1902. [Reprints from the collection of the University of Michigan Library].

SERRA, C. Fonologia da prosódia 1: acento e ritmo. In: *Speech Sciences Entries*. Speech Prosody Studies Group, 2020

_____. Fonologia da prosódia 2: tom e entoação. In: *Speech Sciences Entries*. Speech Prosody Studies Group, 2020.

SILVA, J. C. *Caracterização prosódica dos falares brasileiros*: as orações interrogativas totais. Rio de Janeiro, 2011. Dissertação (Mestrado em Língua Portuguesa) – Faculdade de Letras. Universidade Federal do Rio de Janeiro.

SILVESTRE, A. P. S. *A entoação regional dos enunciados assertivos nos falares das capitais brasileiras*. Rio de Janeiro, 2012. Dissertação (Mestrado em Língua Portuguesa) – Faculdade de Letras. Universidade Federal do Rio de Janeiro.

SOARES, G. F. M. R. *A prosódia dos vocativos no português do Brasil*. Rio de Janeiro, 2020. Tese (Doutorado em Língua Portuguesa) – Faculdade de Letras. Universidade Federal do Rio de Janeiro.

SOSA, J. M. *La entonación del español*. Madrid: Cátedra, 1999.

TRÁCIO, D. *Tékhne Grammatiké*. Introdução, tradução e notas de Vicente Bécares Botas. Madri: Editoria Gredos, 2002 [II a.c.].

Semântica

Renato Basso

INTRODUÇÃO

A semântica das línguas naturais investiga como veiculamos significado através de estruturas linguísticas. Ou seja, o objetivo da semântica é elaborar uma teoria que descreva e, no limite, explique como e por que os morfemas, as palavras, as construções, as sentenças e os encadeamentos de sentenças nas línguas naturais possuem significado.

É importante, antes de mais nada, fazer uma distinção entre o estudo do significado em sentido amplo (semiótica) e em sentido estrito, ou exclusivamente linguístico (semântica). Ou seja, quando falamos de significado podemos nos referir a elementos não linguísticos – quando perguntamos qual é o sentido da vida, ou quando falamos que fumaça é sinal de fogo, ou mesmo quando percebemos algum significado no uso de uma certa cor – estamos lidando com o que podemos chamar de "dimensão ampla" dos estudos do significado, de que trata a semiótica. Por sua vez, quando investigamos como elementos linguísticos veiculam significado, estamos lidando com uma "dimensão linguística" do significado, e é aqui que atua a semântica.

Preocupações com o significado linguístico, ou com a dimensão linguística do significado, estão presentes nas reflexões sobre o funcionamento e o uso da língua desde muito antigamente, e especulações sobre esse tema são encontrados nos mais antigos registros escritos que nos restaram ao longo da história. Quanto mais letradas se tornam as sociedades, mais o pensamento sobre o significado se faz presente, entre outros motivos, devido à preocupação com a precisão de um texto, e em como garantir, sem os elementos presentes numa interação falada, que os significados linguísticos a serem veiculados sejam de fato alcançados.

Um grande salto nesses estudos é encontrado na Antiguidade Clássica, principalmente com os trabalhos de Aristóteles sobre silogismo, e tal reflexão continuou e ganhou importantes novos desenvolvimentos ao longo dos séculos. Contudo, uma análise sistemática do significado, com as características de uma disciplina científica atualmente reconhecidas, é bem mais recente e pode ser localizada somente em meados dos anos de 1960, nos Estados Unidos, quando pensadores uniram diversas considerações filosóficas sobre línguas naturais, sobre lógica e sobre métodos de análise linguística. Foi a partir desse momento que a análise do significado linguístico deixou de lado seu caráter mais etimológico, e às vezes anedótico, e passou a ser feita por meio de uma metalinguagem rígida, de maneira sistemática e por meio de hipóteses passíveis de serem testadas, refutadas ou corroboradas.

De modo extremamente simplificado e resumido, podemos dizer que, da filosofia, as contribuições à semântica feitas por Gottlob Frege (1848-1925) foram essenciais para estabelecer o que conhecemos atualmente como o Princípio da Composicionalidade, que veremos adiante. De pensadores como Bertrand Russell (1872-1970), herdamos algumas das principais ideias sobre "forma lógica" das sentenças; de Alfred Tarski (1902-1983), a ideia de um modelo teórico a partir do qual podemos avaliar se as sentenças em estudo são verdadeiras (ou falsas). Do campo da linguística, em boa parte devido à influência dos trabalhos de Noam Chomsky (1928-), a análise sistemática sobre estrutura linguística e a postulação de uma competência linguística capaz de gerar e interpretar sentenças das quais não temos conhecimento prévio, foram muito importantes para o desenvolvimento da semântica. Essas ideias levaram pensadores como Richard Montague (1930-1971) a aliar as contribuições lógico-filosóficas às linguísticas para chegar a uma metodologia e a uma teoria de análise semântica que pudessem explicar nossa "competência semântica"; e essas ideias foram elaboradas por Barbara Partee (1940-) na forma como conhecemos hoje.

Como podemos ver, a semântica das línguas naturais, apesar de ter raízes muito antigas, é uma disciplina recente e eminentemente multidisciplinar, que nasce da interface entre filosofia, lógica e análise linguística. Para se iniciar nos estudos semânticos, é importante, além de ter conhecimento de seus objetivos e conceitos fundamentais, saber usar suas ferramentas de análise. Na próxima seção, veremos alguns desses conceitos e ferramentas por meio da análise de exemplos.

ANÁLISE SEMÂNTICA: PRINCIPAIS CONCEITOS E FERRAMENTAS

Talvez a primeira tarefa de uma análise semântica seja representar o significado, justamente porque ele é eminentemente abstrato. Afinal, não vemos o significado, e tampouco é algo que possa ser pesado ou medido. Sentenças ambíguas, como (1), deixam clara a necessidade de tal representação:

(1)   João vestiu a camiseta de óculos.

A sentença em (1) pode remeter ao fato de João estar usando óculos quando vestiu a camiseta ou então ao fato de ele vestir uma camiseta que estampa um ou mais óculos (e não uma caveira, por exemplo). O ponto importante é que apenas com (1) não sabemos diante de qual significado estamos, e a representação dos significados de (1) nos ajuda a deixar claro do que estamos falando, discernindo entre eles. Mas como fazer tal representação? Para o nosso exemplo, podemos usar esquemas (ver capítulo "Sintaxe") como os abaixo para isolar cada uma das interpretações:

(1a)   João [vestiu [a camiseta] de óculos]
(1b)   João vestiu [a camiseta de óculos]

Em (1a), 'de óculos'[1] se combina com 'vestiu' e resulta no significado de João estar de óculos quando vestiu a camiseta; por sua vez, em (1b), 'a camiseta de óculos' representa qual camiseta João vestiu, no caso, a que tem uma estampa com óculos.

Ao longo do seu desenvolvimento, a análise semântica elaborou representações cada vez mais transparentes e sofisticadas do significado linguístico e de seus componentes. Antes, contudo, de vermos mais sobre representação, é interessante explorar como sabemos que (1) é ambígua. De modo bastante simplificado, sabemos que (1) pode ter mais de uma interpretação porque essa sentença pode descrever adequadamente duas situações – ou estados de mundo, ou ainda mundos possíveis – diferentes: (1a) é sobre como João estava quando vestiu a camiseta, e nada fala sobre a estampa da camiseta, e (1b) é sobre como é a estampa da camiseta, e nada fala sobre como João estava quando a vestiu.

A semântica usa a ideia de "condição de verdade" para capturar esse fato (ou esse nosso conhecimento) sobre (1), e dizemos que tal sentença pode ser verdadeira sob duas condições de verdade diferentes. Em outras palavras, (1) é verdadeira em duas situações porque pode descrever adequadamente (verdadeiramente) duas situações distintas, representadas por (1a) e (1b). Um ponto muito importante aqui – e que comumente causa confusão – é que não interessa ao semanticista saber *se de fato* uma dada sentença é ou não verdadeira; o semanticista está interessado apenas em saber *sob quais condições* uma dada sentença é verdadeira. Note que podemos interpretar (1) sem saber quem é João e sem saber se (1) é ou não verdadeira, mas sabemos, ainda assim, algo muito importante que é justamente sob quais condições (1) é verdadeira, e, além disso, sabemos que ela pode ser verdadeira em pelo menos duas situações, o que, como vimos, configura sua ambiguidade.

Há longos, densos e importantes debates sobre o que é a noção de verdade, como defini-la e qual é sua relevância. Aqui, apenas faremos um uso que podemos chamar de "instrumental" dessa noção, a partir de uma ideia de correspondência e descrição: sentenças descrevem situações ou estados de um mundo possível, e suas condições de verdade estabelecem como essas situações ou mundos devem ser para a sentença ser verdadeira. Assim, sabemos que (1a) será falsa se João não estiver usando óculos quando vestir a camiseta.

Essa ideia nos leva para muito longe nas análises semânticas, principalmente se notarmos que as interpretações das sentenças têm consequências, que chamamos, de modo geral, de *inferências*. Uma das inferências mais importantes nos estudos semânticos é o *acarretamento*,[2] que pode ser pensado como uma relação entre duas ou mais sentenças da seguinte forma:

→ uma sentença S1 acarreta uma sentença S2 se e somente se (sse) S1 for verdadeira, então S2 também é, ou seja, para S2 ser verdadeira, basta que S1 seja verdadeira

A noção de (condição de) verdade é fundamental na definição de acarretamento, e podemos ver seu funcionamento com os exemplos abaixo:

(2)   João é mais alto que o Pedro.
(3)   Pedro é mais baixo que o João.
(4)   Está nevando.
(5)   Está frio.

A sentença (2) acarreta a sentença (3) – não é possível que (2) seja verdadeira e (3), falsa. O mesmo vale para (4) e (5), afinal, só pode nevar se estiver frio. Este último exemplo mostra que o acarretamento é "direcional", ou seja, não é sempre que podemos inverter a ordem das sentenças que estão numa relação de acarretamento; assim, (4) acarreta (5), mas (5) não acarreta (4) – pode estar muito frio e não nevar. Por sua vez, quando o acarretamento se dá em ambas as direções, como entre (2) e (3), ele é chamado de "duplo acarretamento".

Vamos agora aplicar a noção de acarretamento a (1) e a suas interpretações para vermos os resultados:

S1 = (1) João vestiu a camiseta de óculos.
S2 = (6) João vestiu a camiseta com algo no rosto.

Note que não podemos concluir que, se (1) é verdadeira, (6) também é verdadeira. A razão para tanto é que (1) é ambígua, e somente uma das interpretações possíveis de (1) acarreta (6), que é justamente (1a):

S1 = (1a) João [vestiu [a camiseta] de óculos].
S2 = (6) João vestiu a camiseta com algo no rosto.

Se é verdade que João vestiu a camiseta usando óculos, então é verdade que João vestiu a camiseta com algo no rosto. Representar o significado analisado corretamente é um passo fundamental para estabelecer nexos semânticos como o acarretamento. Aliás, saber que não é toda a interpretação possível de (1) que acarreta (2) já é um importante dado para considerarmos (1) ambígua, e assim buscar representar suas possibilidades de interpretação.

As condições de verdade nos levam imediatamente a uma outra noção fundamental nos estudos semânticos, que é a ideia de que a língua é referencial, ou seja, as expressões linguísticas são sobre alguma coisa, elas se referem ou (i) a objetos no/do mundo, por mais abstratos que sejam, ou a (ii) a noções gramaticais, que detalharemos abaixo. A referência das expressões linguísticas é encontrada em algum mundo possível ou modelo de mundo possível[3] – e é por isso que tal análise semântica é conhecida também como "semântica referencial" ou "semântica de modelos". Esse mundo, ou modelo de mundo, é justamente o que os semanticistas usam para determinar as condições de verdade das sentenças analisadas. Se tomarmos, por exemplo, sentenças que provavelmente nunca foram faladas, e que podem até soar absurdas, saberemos determinar suas condições de verdade sem maiores dificuldades:

(7) Hipopótamos gostam de escovar os dentes antes de comer brigadeiro.

Por mais incomum que (7) possa ser, sabemos qual é o estado de mundo que essa sentença descreve para que ela seja nele verdadeira. Podemos também concluir que, segundo essa perspectiva teórica, interpretar uma sentença é justamente atribuir a ela suas condições de verdade. Mesmo que seja fato que, quando interpretamos uma sentença, fazemos muito mais coisa – identificamos um propósito em usá-la, sabemos se é irônica, se o falante foi amigável etc. –, atribuir as condições de verdade é o mínimo necessário para poder dizer que houve interpretação de uma dada sentença.

Por ora, nossa teoria semântica envolve referência, condições de verdade e, como vimos, uma representação do significado. Tal representação é feita por meio de uma metalinguagem, que tem como alvo justamente a linguagem objeto. Nos esquemas que vimos em (1a)-(1b), os colchetes eram nossa metalinguagem e a sentença em análise era a linguagem objeto. Contudo, para que tenhamos uma teoria ampla e generalizável, é preciso uma maneira sistemática de representar o significado de quaisquer sentenças possíveis da língua. Para tanto, os semanticistas lançam mão do chamado "esquema-T" ("T" vem de *truth*, verdade em inglês), como abaixo:

(8)   [[S]] = 1 sse p

Nesse esquema, "S" representa uma expressão da língua natural e é nossa linguagem objeto, e todo o restante é metalinguagem: "[[ ]]" representa a função de interpretação e indica qual expressão (morfema, palavra, sentença etc.) está sendo analisada; "=" é o sinal de igual; "1" representa verdade ou verdadeiro; "sse" é uma abreviação de "se e somente se"; e, finalmente, "p" representa as condições de verdade. Assim, (8) pode ser lido como "a expressão S é verdadeira se e somente se p".[4] Vejamos isso tudo com um exemplo concreto:

(9)   Maria é comediante.
(9a)   [[Maria é comediante]] = 1 sse p

O esquema em (8) pode ser então pensado como uma estratégia geral para lidar com o significado em língua natural, e a pergunta que fica para o semanticista é justamente "o que entra no lugar de p?", ou, em outras palavras, quais são as condições de verdade do que está sob análise?

Para (9), precisamos determinar sob quais condições ela é verdadeira, ou seja, qual o estado de mundo ou mundo possível que torna (9) verdadeira. Uma saída é pensarmos que tal sentença é verdadeira se Maria apresentar a propriedade ou a característica de ser comediante. Lembrando que a língua é referencial, podemos considerar que a expressão 'Maria' se refere a uma pessoa, que é, no caso, Maria (uma pessoa de carne e osso). E o que dizer de 'é comediante'? Qual é a referência dessa expressão? Uma saída é considerar que expressões desse tipo se referem a conjuntos de indivíduos, ou seja, 'comediante' (ou, para simplificar as coisas, 'é comediante') se refere, no modelo de mundo usado para a análise semântica, a todos os indivíduos que sejam, nesse mundo, adequadamente descritos como comediantes, e isso é o mesmo que dizer que fazemos referência a um conjunto de indivíduos com essa expressão – o conjunto dos comediantes.

Com esses dois elementos, podemos determinar as condições de verdade "p" de (9a), como abaixo:

(9b)   [[Maria é comediante]] = 1 sse m ∈ {x | x é comediante}

Em (9b), "m" representa o indivíduo Maria (ou seja, a interpretação da expressão 'Maria' é um indivíduo, que pode ser representado por "m", ou ainda, [[Maria]] = m), o conjunto dos comediantes é representado por "{x | x é comediante}" (lê-se: o conjunto dos indivíduos x tal que x é comediante), e o símbolo "∈" representa a relação de pertencimento, ou seja, um indivíduo que pertence a um dado conjunto. Assim, podemos ler (9b) como: a sentença 'Maria é comediante' é verdadeira se e somente se o indivíduo a que 'Maria' se refere pertence ao conjunto dos comediantes (no modelo ou mundo considerado).

Essa análise pode nos levar ainda ao "princípio da composicionalidade", que mencionamos acima. Segundo esse princípio, o significado de uma expressão complexa é previsível a partir do significado de suas partes e do modo pelo qual estão combinadas. É uma ideia bastante poderosa: a partir de elementos finitos da língua (léxico) e das regras que permitem sua combinação (sintaxe), podemos chegar a uma quantidade potencialmente infinita de estruturas e sentenças. Vamos exemplificar essa propriedade voltando a (9) – podemos substituir 'Maria' por qualquer outra expressão que se refira a um indivíduo e teremos a mesma estrutura de condições de verdade:

(10) [[João é comediante]] = 1 sse j ∈ {x | x é comediante}
(11) [[O vizinho da minha tia é comediante]] = 1 sse v ∈ {x | x é comediante}
(12) [[Esse cara que eu falei ontem é comediante]] = 1 sse c ∈ {x | x é comediante}

Mesmo sem ainda saber como determinar a referência de 'o vizinho da minha tia' e 'esse cara que eu falei ontem', podemos assumir que se referem a um único indivíduo, representados, respectivamente, por "v" e "c". A quantidade de sentenças que podemos gerar composicionalmente é potencialmente infinita.

De modo semelhante, podemos considerar que o esquema em (9b) se aplica a todos os casos em que o predicado se refira a um conjunto de indivíduos, como nos seguintes exemplos:

(13) [[Maria é jornalista]] = 1 sse m ∈ {x | x é jornalista}
(14) [[Maria é comentarista de vôlei de praia]] = 1 sse m ∈ {x | x é comentarista de vôlei de praia}
(15) [[Maria é estudante de medicina]] = 1 sse m ∈ {x | x é estudante de medicina}

Podemos generalizar o que vimos até agora com o seguinte esquema abstrato:

(16) [[SN SV]] = 1 sse [[SN]] = x ∈ [[SV]] = {x | x é V}

Ou seja, toda a sentença com a estrutura "SN SV", cuja referência de "SN" é um indivíduo e a referência de "SV" é um conjunto de indivíduos, é verdadeira se e somente se o indivíduo referido pertence ao conjunto referido. Somente essa conclusão já permite analisar um número potencialmente infinito de sentenças das línguas naturais – não só do português.

Com esse modelo podemos também analisar, ainda que bem simplificadamente, sentenças com verbos intransitivos como abaixo, considerando que 'correu' se refere ao conjunto dos que correm:

(17) João correu.
(17a) [[João correu]] = 1 sse j ∈ {x | x corre}

Mesmo ampliando para verbos intransitivos, sabemos que as sentenças de uma língua natural não se esgotam no esquema em (17). Como lidar, por exemplo, com a sentença em (18)?

(18) João viu Maria.

Mais uma vez, o princípio da composicionalidade é útil aqui. Vamos começar identificando os componentes e analisando o que sabemos:

(18a) [[João viu Maria]] = 1 sse p
    [[João]] = j
    [[Maria]] = m
    [[viu]] = ?

Com base no que estudamos acima, podemos postular que 'viu' também se refere a um conjunto; porém, não a um conjunto de indivíduos únicos, mas a um conjunto de pares de indivíduos, para podermos relacionar 'João' e 'Maria'. Mas que pares são esses? Qual relação arquiteta esses pares? Para (18), essa relação pode ser justamente a de ver e de ser visto, de modo que os indivíduos no conjunto de pares de indivíduos a que 'viu' se referem estão numa relação em que um dos indivíduos do par vê o segundo; algo que podemos representar como:

    [[viu]] = {<x, y> | x vê y}

Nessa representação, a notação "< , >" indica que a ordem é relevante, ou seja, "<x, y>" é diferente de "<y, x>" – e é justamente o que queremos; afinal, "João vê Maria" é diferente (tem condições de verdade diferentes) de "Maria vê João".

Com esses recursos, conseguimos analisar (18), conforme vemos em (18b):

(18b) [[João viu Maria]] = 1 sse <j, m> ∈ {<x, y> | x vê y}

Em prosa: os indivíduos João e Maria, nessa ordem, pertencem ao conjunto de pares de indivíduos x e y, nessa ordem, de modo que x vê y. Essa formulação pode até parecer um pouco longa, mas ela certamente captura as condições de verdade de (18), que era nosso objetivo.

Um raciocínio semelhante pode ser empregado para lidar com sentenças como (19), considerando, de modo simplificado, que 'um presente' ("p") se refere a um único indivíduo:

(19) João deu um presente para Maria.
(19a) [[João deu um presente para Maria]] = 1 sse <j, p, m> ∈ {<x, y, z> | x dá y para z}

Juntando os esquemas que vimos até aqui, podemos fazer mais uma generalização e dizer que sentenças formadas por expressões que se referem a um ou mais indivíduos, quando combinados com expressões que se referem a conjuntos de indivíduos, são verdadeiras se os indivíduos referidos (na ordem relevante) pertencem ao conjunto referido. Justamente porque sabemos (i) a referência das partes e (ii) as regras de combinação, podemos compor a partir de elementos finitos um número potencialmente infinito de resultados.

Esse princípio também possibilita estabelecer uma relação sistemática e transparente com a análise sintática a ser empregada, de modo que diferentes combinações sintáticas podem resultar em diferentes interpretações semânticas de maneira previsível – é a isso que se refere a parte sobre "as regras de combinação" do princípio de composicionalidade. As sentenças abaixo ilustram diferentes interpretações, a depender da posição sintática de 'muito':

(20) João ouviu uma música muito legal.
(21) João ouviu muito uma música legal.

Com (20), temos a interpretação de que a música em questão é considerada "muito legal" pelo falante, e (21) tem a interpretação de que João ouviu uma música legal "muitas vezes". Note que as duas sentenças envolvem os mesmos elementos, e as interpretações diferentes são o resultado de sua combinação sintática.

O princípio da composicionalidade é útil também para evidenciar quando estamos diante de casos distintos dos que já vimos. Isso se dá quando aplicamos o que sabemos e o resultado não é condizente com nossa intuição. Vejamos um exemplo:

(22) João é alto.

Pode até parecer que (22) deve ser analisado nos mesmos moldes que (9), através da estratégia exposta em (16); porém, não é possível determinar um conjunto de coisas altas (ou mesmo de pessoas altas) ao qual João pertence. Uma das razões para tanto é que, a depender da situação, pode ser que João seja alto ou que não seja, mesmo possuindo uma única altura. Suponha que João tenha 1,80m – nesse caso, ele seria alto para a média dos brasileiros, mas não seria alto para a média dos jogadores de basquete. Ou seja, mesmo que João tenha uma altura objetiva (1,80m), isso não faz dele necessariamente alto, ou pertencente ao conjunto das "pessoas altas", já que parâmetros como a média dos jogadores de basquete têm efeito sobre a interpretação de 'alto'. Isso se dá porque, para entender o que 'alto' significa, não levamos em conta o mesmo raciocínio exposto para os outros casos. Ao analisarmos (22), podemos pensar que falamos que a altura de João só conta como "alto" se pensarmos em padrões contextuais a serem determinados (média de altura dos brasileiros; média de altura dos jogadores de basquete), algo que não ocorre com "comediante" ou "jornalista", por exemplo.

Esse esboço de análise para 'alto' mostra como, usando o que vimos até aqui, podemos expandir nosso conhecimento sobre a configuração do significado nas línguas naturais, e é isto o que faz boa parte das pesquisas em semântica: investigar os limites das propostas já feitas e elaborar novas estratégias de análise.

Para chegar a tal resultado, pensamos nas condições de verdade de (22), suas consequências e de que modo poderíamos capturá-las com as ferramentas que já temos. O resultado é que precisamos de instrumentos analíticos mais sofisticados, tanto para representar o significado, quanto para formular hipóteses sobre a interpretação das sentenças e suas consequências, como acarretamentos possíveis. Seja como for, as ideias de referencialidade, de uma metalinguagem para representar o significado e de que o significado é composicional não só formam as bases das análises semânticas, mas permitem importantes expansões, bem como a delimitação do fenômeno semântico e das suas interfaces. Veremos algumas dessas questões na próxima seção.

FENÔMENOS SEMÂNTICOS: DELIMITANDO E AMPLIANDO O DOMÍNIO

Uma área muito importante dos estudos semânticos é a chamada "semântica de eventos", cujo foco é descrever e explicar alguns fenômenos encontrados principalmente no domínio dos verbos. O fundamento dessa área é considerar que verbos de ação se referem a "eventos". Essa é uma ideia que tem um grande lastro na filosofia, mas sua implementação atual é encontrada no trabalho de Davidson (1967). Basicamente, a ideia é que uma sentença como (23) fala de duas: o João e uma corrida:

(23) João correu.

E como sabemos disso? Há uma série de argumentos a favor dessa ideia, mas, basicamente, podemos falar explicitamente do evento em retomadas anafóricas, como em (24), e podemos predicar sobre o evento, como em (25):

(24) João correu. E eu vi *isso* acontecer.
(25) João correu *desengonçadamente*.

Qual é a entidade a que 'isso' se refere em (24)? Não pode ser João, mas sim uma corrida, ou seja, um evento. De modo similar, a entidade sobre a qual recai 'desengonçadamente' é o evento de correr.

Uma vez que tenhamos eventos, podemos não apenas falar sobre eles e lhes atribuir propriedades, mas também explorar explicitamente a relação entre um evento e seus participantes, através de papéis temáticos. Tomemos a análise de um exemplo como (26):

(26) João montou a prateleira na sala de noite com a chave de fenda.
(26a) ∃e(montar(e) & agente(e, j) & tema(e, p) & loc(e, s) & tempo(e, n) & inst(e, c))

Podemos ler (26a) da seguinte maneira: existe um evento ("∃e"), esse evento é montar ("montar(e)"), o agente desse evento é João ("agente(e, j)"), seu tema é prateleira ("tema(e, p)"), o local onde ocorreu foi a sala ("loc(e, s)"), o tempo em que ocorreu foi de noite ("tempo(e, n)"), e o evento envolveu a chave de fenda como um instrumento ("inst(e, c)").

Note que a fórmula em (26a) traz vários usos de algo que podemos, muito simplificadamente, associar à conjunção 'e' ("&"). Essa conjunção tem a seguinte propriedade: se A & B é verdade, então A é verdade e B é verdade. Aplicando essa ideia a (26a), podemos ver mais uma vantagem dessa análise, pois se (26a) é verdadeira, então qualquer formulação sem algum dos conjuntos (i.e., termo unido por "&") também é. Logo, se (26a) é verdadeira, então todas as sentenças abaixo também são:[5]

(26b) João montou a prateleira na sala de noite.
(26c) João montou a prateleira com a chave de fenda.
(26d) João montou a prateleira de noite com a chave de fenda.
(26e) João montou a prateleira.

A semântica de eventos é uma importante ferramenta para lidar com questões sobre tempo e aspecto, ilustradas pelas sentenças abaixo:

(27) João correu no parque ontem.
(28) João vai correr no parque amanhã.
(29) João estava correndo no parque ontem.

Os exemplos (27) e (28) referem-se a eventos, respectivamente, no passado e no futuro, ao passo que (27) e (29) se referem ambos a eventos no passado, porém com (27) falamos de um evento já encerrado e com (29) falamos de um evento em andamento – esse é um exemplo de aspecto verbal. Há inúmeras questões interessantes abordadas pela semântica de eventos, bem como sua interface com a sintaxe, mas aqui apenas trata-se de exemplificar algumas ramificações e possibilidades.

Outra importante área da semântica é o estudo da modalidade, ou seja, de sentenças que levam em conta outros mundos possíveis, como sentenças contrafactuais, ou sentenças que falam sobre o futuro, sobre possibilidades ainda não realizadas e até mesmo sentenças que são ficcionais. Para todos esses casos, quando avaliamos as condições de verdade das sentenças em análise, temos de apelar para mundos possíveis, e a maneira como fazemos isso e como modelamos teoricamente essa estratégia fornece uma vasta quantidade de questões e temas de pesquisa em semântica, em geral, em interface com a lógica e a filosofia. Vejamos brevemente alguns exemplos:

(30) João acredita que a Lua é feita de queijo.
(31) O João pode estar em casa.
(32) Se o João chegar, o Pedro vai cortar a grama.

Note que as condições de verdade de (30) envolvem considerações sobre o mundo real, mas também sobre as crenças do João, que podemos modelar em termos de mundos possíveis: os mundos que o João acredita serem verdadeiros. Ou seja, para os mundos de crença do João, a sentença "a Lua é feita de queijo" é verdadeira, ainda que não seja verdadeira no mundo real. Assim, podemos resumir as condições de verdade de (30) da seguinte maneira: (30) é verdade sse "a Lua é feita de queijo" pertence ao mundo das crenças do João no mundo real (i.e., em que se consideram as condições de verdade de (30)). Esse resultado é interessante, entre outras coisas, porque dá conta do fato de (30) poder ser verdadeira, mesmo contendo algo que sabemos ser factualmente (ou seja, no mundo real) falso.

Por sua vez, (31) expressa uma possibilidade: é possível, segundo as evidências e as crenças do falante, que João esteja em casa. Mais uma vez, o conteúdo "João está em casa" não precisa ser verdadeiro para (31) ser verdadeiro, mas apenas envolver o fato de que os mundos alcançados pelas evidências e crenças do falante são mundos em que o João está em casa. Finalmente, (32) pode ser analisado como estabelecendo uma relação entre dois (conjuntos de) mundos possíveis: se considerarmos um mundo em que João chega, então, nesse mundo, Pedro corta a grama.

Como é possível ver, há também uma enormidade de questões a serem abordadas no estudo da modalidade, como os diferentes verbos que atuam como 'acreditar' (chamados de "verbos de atitude proposicional"),[6] os diferentes tipos de auxiliares modais ('poder', 'dever', 'ter que', 'precisar' etc.), bem como os diferentes tipos de estruturas condicionais (indicativas, contrafactuais etc.). É uma área muito interessante, com diversos desdobramentos, e aqui apenas esboçamos, de modo extremamente simplificado, alguns dos tópicos de interesse.

Mais uma área que merece ser citada aqui é o campo dos indexicais, expressões também conhecidas como "dêiticos", e que podem ser pronomes, advérbios, adjetivos e até mesmo morfemas verbais, com o fato em comum de, para poderem ser interpretadas, precisam de informações contextuais. Ou seja, indexicais não podem ser interpretados sem sabermos, por exemplo, quem é o falante ou ouvinte, ou também o lugar e o tempo de um proferimento, entre outras informações. Consideremos os exemplos abaixo:

(33) (dito por João) Eu tô cansado.
(34) (dito por Pedro) Eu tô cansado.
(35) (dito por João) O Pedro tá cansado.

A sentença (33), "Eu tô cansado", é exatamente a mesma sentença usada em (34), porém o conteúdo semântico dessa sentença (ou a proposição que ela expressa) é diferente em cada caso, e isso se dá por conta da presença do indexical 'eu', que só pode ser interpretado quando sabemos quem é o sujeito (ou o falante) que profere a sentença em análise. Ou seja, sentenças com indexicais podem veicular conteúdos diferentes a depender, como vimos, de informações dessa natureza, chamadas de informações contextuais. Note ainda que as sentenças (34) e (35) são diferentes, mas têm o mesmo conteúdo semântico. Isso é uma pista para notarmos que reproduzir, replicar ou reportar sentenças com indexicais levanta várias questões interessantes, como podemos ver no padrão abaixo:

(36) (dito por Maria) Eu tô com fome.
(37a) (dito por Ana) A Maria falou que eu tô com fome.
(37b) (dito por Ana) A Maria falou: "eu tô com fome".
(37c) (dito por Ana) A Maria falou que ela tá com fome.

Não podemos usar o pronome 'eu' para retomar a fala da Maria em discurso indireto, como em (36), ou seja, em (37a) quem está com fome é a Ana. Para reportar a fala da Maria, que contém o indexical 'eu', ou usamos discurso direto, como em (37b), ou usamos um pronome anafórico, como 'ela', em (37c). Dinâmicas semelhantes podem ser vistas com outros indexicais, como os temporais ('hoje', 'ontem', 'daqui a pouco'), espaciais ('aqui', 'lá', 'ali' etc.), entre outros.

Finalmente, (38), com os indexicais 'eu', 'aqui' e 'agora', mostra novamente que entender sentenças indexicais leva em conta informações contextuais específicas:

(38) Eu estou aqui agora.

A frase (38) nunca pode ser falsa, mesmo que o falante não saiba onde está, que horas são, ou até mesmo que tenha sofrido amnésia e não saiba quem é. Mesmo diante de uma situação trágica como essa – o falante não sabe quem é, onde está, ou que horas são –, essa sentença não é falsa, ou seja, as informações contextuais que ela demanda não envolvem, por exemplo, conhecimentos sobre mundos possíveis, mas apenas sobre o contexto de proferimento.[7]

Como um último exemplo, longe de esgotar o campo de pesquisa em semântica, cabe mencionar uma área que, nos últimos vinte anos, tem ganhado mais espaço: o estudo dos chamados expressivos ou uso-condicionais. Diferentemente do que vimos até aqui, existem expressões cuja interpretação envolve suas condições de uso, e não de verdade. Um campo particularmente rico aqui são os pejorativos, que expressam a opinião (subjetiva) dos falantes e, portanto, não participam de operações e inferências que envolvem significado veri-condicionais (que têm a ver com condições de verdade). Considere as sentenças abaixo, com o item 'babaca':

(39a) O babaca do João foi demitido ontem.
(39b) Não é verdade que o babaca do João foi demitido ontem.
(39c) O João foi demitido ontem.
(39d) O João é um babaca.

Com (39a), o falante expressa ao mesmo tempo duas informações: (i) que o João foi demitido (conteúdo veri-condicional, VC) e (ii) que considera o João um babaca (informação uso-condicional, UC).

A negação é uma operação veri-condicional e, como tal, atua sobre o conteúdo VC de (39a), mas não sobre o UC; sendo assim, (39b) nega que o João tenha sido demitido ontem, mas não nega que ele é um babaca (segundo a opinião do falante). Algo semelhante se passa com a inferência (acarretamento) que envolve (39a) e (39c), que se dá apenas com os conteúdos VC – se é verdade que "o babaca do João foi demitido ontem", então é verdade que "o João foi demitido ontem". Porém, não podemos inferir (39d) a partir de (39a) – essa conclusão só é possível se considerarmos a opinião do *mesmo* falante, porque não é verdade que, se o falante de (39a) considera João um babaca, todos também o considerarão. Veja que isso não acontece com as inferências de (39b) e (39c), que valem independentemente de quem seja o falante.

Assim como nos outros casos, há uma infinidade de questões a serem exploradas aqui, que têm a ver com os pejorativos e seu funcionamento, e também com uma série de estruturas nas quais eles aparecem ("um *puta* filme legal", "chato *pra caralho*", "uma prova *foda*" etc.), assim como interjeições, ofensas e injúrias (cf. Basso, 2018; Basso e Souza, 2020; 2022).

Todos os fenômenos que exemplificamos aqui – longe de esgotar as possibilidades em semântica – se baseiam nas noções de referencialidade, composicionalidade e explicitação do significado através da metalinguagem, que vimos acima. Essas noções são usadas também para delimitar o estudo do significado e estabelecer interfaces que auxiliam nas investigações em semântica. Uma dessas interfaces é com a sintaxe, e isso tem a ver diretamente com a composicionalidade, que é explícita em dizer que as regras de combinação entre os elementos analisados impactam no "cálculo" do significado. Há algumas décadas, as pesquisas em semântica têm usado abordagens sintáticas inspiradas no gerativismo, entre outras razões porque tal abordagem faz uso de uma metalinguagem bastante explícita e articulada, que se alinha bem com a abordagem semântica. Mas é importante dizer que não é necessário usar sintaxe gerativa para fazer semântica – os estudos semânticos precisam de uma abordagem sintática, mas ela pode ser de várias naturezas, como a gramática categorial ou mesmo abordagens funcionais para a sintaxe.

Durante muito de sua história, a semântica e a pragmática disputaram quais seriam os fenômenos pertencentes a cada uma das áreas. Apesar de haver casos razoavelmente claros – acarretamentos são da semântica, implicaturas são da pragmática –, há também diversos casos controversos. Por exemplo, o estudo dos indexicais, hoje considerado área da semântica, foi por muito tempo alvo de estudos da pragmática, e o mesmo pode ser dito sobre o estudo das pressuposições, hoje da semântica, mas historicamente da pragmática. A interface semântica/pragmática envolve importantes questões epistemológicas, analíticas e filosóficas, e parece longe de estar esgotada; é uma área atraente para quem tem interesse por discussões mais epistemológicas.[8]

ROTEIRO DE LEITURAS

Atualmente, no Brasil, já é possível encontrar uma boa variedade de textos introdutórios e até mesmo mais avançados sobre semântica das línguas naturais. É um cenário bastante diferente do que havia há vinte anos, por exemplo, e isso ilustra o avanço das pesquisas sobre a área no Brasil, bem como sobre a semântica do português e de línguas nativas do território nacional.

Uma introdução às bases conceituais da semântica, bastante amigável ao leitor inicial, é a obra *Semântica Formal: uma introdução*, de Pires de Oliveira (2001, segunda edição de 2010). Há ainda, para leitores iniciantes, as obras de Geraldi e Ilari (1985), Ilari (2001), Cançado (2012) e Ferrarezi Jr. (2019), que trazem vários temas e exercícios. Na sequência, podemos citar Gomes e Sanchez-Mendes (2018), que apresentam uma série de fenômenos analisados nos moldes da semântica formal, bem como o trabalho de Chierchia (2003). De modo semelhante, as obras de Ferreira (2019; 2022) são excelentes materiais para uma introdução mais aprofundada em semântica formal, versando sobre uma grande quantidade de tópicos de análise. Para o leitor que quiser expandir seus conhecimentos sobre outras abordagens da semântica, recomendamos Ferrarezi Jr. e Basso (2013), e para quem tiver interesse em uma leitura sobre análise de diversos fenômenos, a coletânea de Müller et al. (2003) é uma boa sugestão. Vale também citar Blackburn (2006) como uma boa referência em português sobre a noção de "verdade" em filosofia, lógica e linguística, e para quem tiver curiosidade, Ilari e Basso (2005) trazem uma breve história sobre a representação semântica e a metalinguagem usada na área.

Para o leitor que tem domínio do inglês, alguns dos materiais que podemos citar são Bach (1989); Cann (1993); Heim e Kratzer (1998); Swart (2003); Elbourne (2011); Winter (2016), entre inúmeros outros. Esses livros são relativamente introdutórios e variam com relação ao seu grau de profundidade e exigência de domínio de conhecimento em sintaxe ou em lógica.

Notas

[1] É comum, nos trabalhos em semântica, indicarmos a linguagem-objeto (ou seja, o que está sendo analisado) entre aspas simples; por isso, notamos, por exemplo, 'de óculos' e 'vestiu', justamente porque estamos investigando aspectos de seu significado. As aspas duplas têm função de destacar alguma expressão, também de atenuar ou alterar o significado usual de uma expressão ou palavra, como normalmente é o caso.

[2] O acarretamento não é a única inferência usada pelos semanticistas, mas é certamente uma das mais úteis, pois permite estabelecer uma verdadeira "trama" entre as sentenças de uma língua, de modo a mostrar como estão relacionadas a partir da noção de condições de verdade.

[3] São vários os argumentos para usar mundos possíveis, que podem ser pensados simplesmente como possibilidades de organização do universo, num número potencialmente infinito. Pode até parecer ficção, mas é uma ferramenta extremamente útil. Alguns dos argumentos a favor de usar mundos possíveis em semântica têm a ver com as chamadas sentenças "contrafactuais", ou seja, sentenças que, como o próprio nome sugere, versam sobre mundos ou estados de mundo que sabemos serem falsos, mas, mesmo assim, raciocinamos normalmente com eles. Por exemplo, "Se a água fervesse a 200 graus, então o gosto do café seria azedo".

[4] O tipo de conteúdo analisado muda qual é sua referência. Desse modo, sentenças se referem a um valor de verdade (marcado como "1" no esquema para indicar o verdadeiro), nomes próprios se referem a indivíduos, predicados verbais a conjuntos de indivíduos, e assim por diante. Mais uma vez, estamos simplificando as coisas aqui.

[5] As análises, e mesmo a terminologia, apresentadas aqui são forçosamente simplificadas, e têm o único papel de ilustrar procedimentos e consequências de análise. Para uma abordagem mais detalhada, ver Ferreira (2022), Basso (2007), Kearns (2011), entre outros.

[6] Uma noção semântica fundamental é a de "proposição", que pode ser entendida como o conteúdo semântico de uma sentença; não se trata das consequências da sentença, ou de inferências, mas do conteúdo estável e sistematicamente associado a uma dada sentença, o qual pode, simplificadamente, ser tomado como o significado semântico de uma sentença. Assim, os verbos de atitude proposicional são verbos que relacionam um indivíduo a uma proposição, como descrevemos sucintamente.

[7] Há inúmeras questões a serem exploradas aqui, e simplificamos ao máximo uma densa discussão semântico-filosófica. Sobre indexicais em português, ver Basso, Teixeira e Vogt (2012); Ferreira (2022). Textos clássicos sobre indexicais são Kaplan (1989) e Perry (1997), entre vários outros.

[8] Ao leitor interessado, remetemos ao texto Pires de Oliveira e Basso (2007), além do capítulo "Pragmática", neste volume.

Referências

BACH, E. *Informal Lectures on Formal Semantics*. New York: State University Press, 1989.
BASSO, R. M. *Telicidade e detelicização*: semântica e pragmática do domínio tempo-aspectual. Campinas, 2007. Dissertação (Mestrado) – Instituto de Estudos da Linguagem, UNICAMP.
_____. Palavrão é legal pra caral*o! *Roseta*, v. 1, n. 2, 2018.
BASSO, R. M.; SOUZA, L. M. Puta: a sintaxe e a semântica de um controverso intensificador. *Revista Diadorim*, v. 22, n. 2, 2020, pp. 528-56.
_____. Intensificadores expressivos no português brasileiro: uma análise de pra x. *Caderno de Squibs*, v. 8, 2022, pp. 58-78.
BASSO, R. M.; TEIXEIRA, L. R.; VOGT, D. R. Indexicais. In: CRUZ, R. T. (orgs.). *As Interfaces da Gramática*. Curitiba: CRV, 2012, pp. 53-72.
BLACKBURN, S. *Verdade*: um guia para os perplexos. Rio de Janeiro: Civilização Brasileira, 2006.
CANÇADO, M. *Manual de Semântica*: noções básicas e exercícios. São Paulo: Contexto, 2012.
CANN, R. *Formal semantics*: An Introduction. Cambridge: CUP, 1993.
CHIERCHIA, G. *Semântica*. Campinas: Ed. da Unicamp, 2003.
DAVIDSON, D. The Logical Form of Action Sentences. In: RESCHER, N. (ed.). *The Logic of Decision and Action*. Pittsburgh: University of Pittsburgh Press, 1967, pp. 81-95.
ELBOURNE, P. *Meaning*: A Slim Guide to Semantics. Oxford: Oxford University Press, 2011.
FERRAREZI JR, C. *Semântica*. São Paulo: Parábola, 2019.
FERRAREZI JR, C.; BASSO, R. M. *Semântica, semânticas*: uma introdução. São Paulo: Contexto, 2013.
FERREIRA, M. *Curso de semântica formal*. Berlin: Language Science Press, 2019.
_____. *Semântica*: uma introdução ao estudo do significado. São Paulo: Contexto, 2022.
GERALDI, J. W.; ILARI, R. *Semântica*. São Paulo: Ática, 1985.
GOMES, A. Q.; SANCHEZ-MENDES, L. *Para conhecer Semântica*. São Paulo: Contexto, 2018.
HEIM, I.; KRATZER, A. *Semantics in Generative Grammar*. Oxford: Blackwell, 1998.
ILARI, R. *Introdução à semântica*: brincando com a gramática. São Paulo: Contexto, 2001.
ILARI, R.; BASSO, R. M. Semântica e representações do sentido. *Ilha do Desterro*, Florianópolis, v. 47, 2005, pp. 169-216.
KAPLAN, D. Demonstratives. In: ALMONG, J.; PERRY, J.; WETTSTEIN, H. (eds.). *Themes from Kaplan*. Oxford: Oxford University Press, 1989, pp. 481-563.
KEARNS, K. *Semantics*. New York: Palgrave Macmillan, 2011.
MÜLLER, A. L. et al. *Semântica Formal*. São Paulo: Contexto, 2003.
PERRY, J. Indexicals and demonstratives. In: HALE, B; WRIGHT, C. (eds.). *A Companion to the Philosophy of Language*. Oxford: Blackwell, 1997, pp. 586-612.
PIRES DE OLIVEIRA, R. *Semântica Formal*: uma introdução. Campinas: Mercado de Letras, 2001 [2010].
PIRES DE OLIVEIRA, R.; BASSO, R. M. A Semântica, a pragmática e os seus mistérios. *Revista Virtual de Estudos da Linguagem*, v. 8, 2007, pp. 1-30.
SWART, H. *Introduction to Natural Language Semantics*. Stanford: CSLI, 2003.
WINTER, Y. *Elements of formal semantics*: An introduction to the mathematical theory of meaning in natural language. Edinburgh: Edinburgh University Press, 2016.

Pragmática

Marcos Goldnadel

INTRODUÇÃO

Atribui-se a paternidade do termo *pragmática* ao filósofo americano Charles Morris, que, em seu *Fundamentos da teoria dos signos*,[1] considera o estudo da linguagem dividido em três grandes campos: sintaxe, semântica e pragmática. À pragmática Morris reservou a tarefa de investigar a linguagem em sua dimensão comunicativa e funcional, campo fértil de debate sobre temas que a comunidade dos linguistas, a partir da década de 70 do século passado, incorporou de modo sistemático às suas preocupações. É nessa época que questões já presentes no debate filosófico (indexicais, pressuposições, atos de fala e implicaturas) passaram a receber atenção da linguística, que, com seus métodos próprios, aprofundou a discussão sobre os mecanismos de produção de sentido da linguagem verbal.

Este capítulo propõe uma compreensão da pragmática e de seus conceitos fundamentais a partir da consideração de dois (entre os tantos) fenômenos abordados na área: significados explícitos e significados implícitos. Para tanto, insere o leitor em um tipo de reflexão que se origina no pensamento do filósofo Herbert Paul Grice[2] e que, por sua relevância para o debate sobre os mecanismos de produção de sentido subjacentes ao uso da linguagem verbal, se consolida como um modo próprio de abordar a dimensão pragmática da comunicação. Nesse percurso, ideias mais recentes, que se somam ao que há de central no pensamento griceano, vão colaborar com a elaboração do quadro conceitual necessário à compreensão da pragmática.

PRAGMÁTICA: O ESTUDO DA COMUNICAÇÃO HUMANA

A definição de uma área do saber é um empreendimento difícil e arriscado. Aqui, a pragmática é definida como *o estudo do modo de funcionamento do conjunto de sistemas solidariamente responsáveis pela produção de sentido através comunicação humana*. Trata-se de uma definição breve, mas adequada, desde que amparada em uma compreensão bem fundamentada sobre o que seja comunicação humana. Para compreender a pragmática, portanto, é necessário definir a comunicação humana, o que permitirá estabelecer sua unidade de análise consensualmente aceita: o enunciado.

Nossa primeira questão é a seguinte: que tipo de situação pode ser caracterizada como comunicativa? Vamos, então, pensar em iniciativas dos mais diversos tipos e consultar nossas intuições com a seguinte pergunta: "Trata-se de uma forma de comunicação?". Nessa busca, algumas iniciativas serão consideradas casos de comunicação e outras não. Partindo dessas intuições, vamos *definir* o que é comunicação e, dessa forma, chegar a uma compreensão da pragmática e de seus conceitos fundamentais.

A comunicação em sentido amplo: enunciados não linguísticos

Comunicação pressupõe possibilidade de interação entre pessoas. Resta saber se a simples possibilidade de contato é suficiente para caracterizar as inciativas das pessoas como formas de comunicação. Imagine a situação corriqueira de ir ao cinema. Quando dois estranhos sentam lado a lado numa sala de cinema, podemos dizer que, por poderem interagir, eles estão, automaticamente, se comunicando? Não. O simples fato de estarem muito próximos, sem qualquer impedimento de interagir, não caracteriza como comunicativa qualquer iniciativa sua. Pelo contrário, no cinema, apesar de haver algum tipo interação, não há expectativa de interação comunicativa. Mesmo estando próximas, as pessoas não estão necessariamente se comunicando.

O fato é que, entre todas as iniciativas das pessoas, algumas podem ser consideradas comunicativas, outras não. No cinema, quase nenhuma de nossas atitudes tem a intenção de estabelecer um contato comunicativo com vizinhos desconhecidos de poltrona. Isso, evidentemente, não nos obriga a ficar estáticos, congelados, sem poder emitir ruídos ou realizar movimentos, com medo de que pensem que estamos tentando estabelecer um contato comunicativo. Movimentamo-nos com liberdade, desde que não sejamos inconvenientes. Emitimos sons, como o suspiro que damos ao assistir a uma cena romântica do filme. É claro que, ao ouvir nosso suspiro, nosso vizinho pode concluir que somos tolos e sentimentais. Mas nosso suspiro não foi uma forma de comunicação; foi uma reação espontânea, que teríamos tido mesmo se estivéssemos sozinhos no cinema.

As conclusões a que nossos vizinhos de poltrona no cinema chegam por causa de muitas de nossas atitudes (como a de que somos tolos e sentimentais em virtude de um suspiro), assim como as conclusões a que chegam em virtude de outros estímulos ambientais, como a de que pode estar havendo um início de incêndio em função de um cheiro de queimado no ar, *não* são produzidas por meio de comunicação. Os seres humanos estão permanentemente monitorando o ambiente que os rodeia a fim de extrair informações desse ambiente. Ninguém, por causa disso, diz que o ambiente está se comunicando com as pessoas. Alguém tossiu? Bem, a tosse é uma reação física a uma irritação na garganta. A pessoa que tossiu não quis dizer nada com isso.

Sabemos, contudo, que, entre as tantas iniciativas de uma pessoa na companhia de outras, algumas podem ser qualificadas como tentativas de comunicação. Como, então, sabemos se uma atitude constitui uma iniciativa de caráter comunicativo? Imagine que, no nosso cinema, uma pessoa esteja emitindo ruídos desagradáveis ao consumir sua pipoca e seu refrigerante. Incomodado, um espectador da frente vira-se para trás e a encara por um longo tempo. Esse olhar foi uma iniciativa comunicativa. Seria interessante se pudéssemos identificar o que diferencia esse caso dos demais. Talvez essa particularidade seja o elemento de que precisamos para elaborar uma definição de comunicação.

Na situação imaginada, há uma peculiaridade: uma incontestável mudança de foco de atenção. Alguém deixou de prestar atenção no filme e passou a prestar atenção na pessoa da fila de trás. Seria essa, então, a marca registrada das iniciativas comunicativas? Quem se comunica é quem permite que os outros percebam uma mudança no seu foco de atenção? Muitas vezes, percebemos uma mudança na direção da atenção de uma pessoa, mas isso não basta para considerarmos que ela esteja se comunicando. Imagine, no mesmo cinema, que um espectador perceba que seu vizinho de poltrona parou de prestar atenção na tela e passou a olhar fixamente para outro ponto. Curioso, faz o mesmo. Para sua surpresa, ali está um ratinho. Sua descoberta de um rato no cinema só aconteceu porque ele percebeu a mudança de atenção da pessoa ao lado e resolveu imitá-la.

Nessa situação, não resta dúvida de que uma pessoa ficou sabendo de algo importante por ter percebido que outra pessoa mudou seu foco de atenção. A percepção da mudança do foco de atenção da outra pessoa *serviu* para alertá-la para a existência de um rato no cinema. Mas o vizinho de poltrona *não* se comunicou, no sentido de que teve uma iniciativa que *pretendia* que a outra pessoa percebesse uma intenção de compartilhar um conteúdo (neste caso, a presença de um rato no cinema). Esse é um caso em que não há, propriamente, comunicação. Não há, aqui, uma *intenção comunicativa*.

A comunicação pressupõe um tipo de intencionalidade bem específico: a intenção de ter uma intenção reconhecida. O que estamos chamando de intenção comunicativa é esse tipo mais complexo de intenção. Primeiro, então, precisamos identificar qual é a intenção mais básica: a *intenção informativa*. Vamos compreender a *intenção informativa* (e, depois, a comunicativa) a partir da situação imaginada no cinema.

No cinema, pode ter havido o que já havíamos suposto. Um espectador percebeu a presença de um rato. Congelado de pavor, nem passa pela sua cabeça o desejo de compartilhar nada. Ele não tem nenhuma intenção de informar ninguém sobre a presença do rato. Seu vizinho de poltrona, mesmo assim, não pôde deixar de perceber sua estranha mudança de foco de atenção. Isso o motivou a mudar sua própria atenção, permitindo-lhe descobrir a existência do rato. Ele ficou informado sobre algo, mas a pessoa ao lado não tinha a intenção de informá-lo. Nesse caso, *não* houve *intenção informativa*.

O primeiro espectador a enxergar o rato, poderia, no entanto, desejar compartilhar sua descoberta. Esse desejo poderia converter-se em uma *intenção*: a *intenção* de que a pessoa ao seu lado acrescentasse ao seu universo de crenças a informação de que há um rato no cinema. A intenção que uma pessoa 1 tem de que uma pessoa 2 acesse determinado conteúdo (de compartilhá-lo) é uma *intenção informativa* (a intenção de informar).

Uma *intenção informativa* pressupõe o *desejo* de compartilhar um conteúdo e o *objetivo* de satisfazer esse desejo. Para alcançar esse objetivo, aquele que tem a intenção precisa elaborar um *plano*, composto por um conjunto de *iniciativas*. Resumidamente, a existência de uma *intenção informativa* envolve os elementos a seguir:

a. um *desejo de informar*;
b. o *objetivo* de satisfazer o desejo de informar; e
c. um *plano* previsto (composto por um conjunto de *iniciativas*) para alcançar o objetivo (de satisfazer o desejo de informar).

Se o objetivo de satisfazer o desejo de informar é alcançado, dizemos que a *intenção informativa* teve *sucesso* (o plano foi executado e atingiu o objetivo de satisfazer o desejo de informar).

Antes imaginamos uma situação em que nenhum desses elementos estava presente. Consideramos um espectador sem qualquer intenção de transmitir a informação da presença de um rato no cinema. Agora estamos começando a pensar em outra possibilidade. O espectador viu o rato e quer que seu vizinho de poltrona tenha essa mesma informação. Agora ele tem os dois primeiros elementos necessários à constituição de uma intenção informativa: *desejo* e *objetivo de informar*. Para alcançar esse objetivo, ele elabora um *plano*: vai ficar olhando fixamente para o rato. Ele espera que seu vizinho de poltrona, percebendo seu estranho comportamento em um cinema, tente descobrir o que tanto chama sua atenção e, com isso, também descubra a existência do rato. É um bom plano, que ele executa.

Agora, podemos dizer que houve uma *intenção informativa*, porque houve um desejo e objetivo de informar e um plano executado para alcançar o objetivo de satisfazer o desejo. Como toda intenção, a *intenção informativa* de nosso personagem pode não ter sucesso: é possível que, absorto no filme a que assiste, o espectador ao lado nem chegue a perceber que seu vizinho olha fixamente para algo e não descubra o rato.

A peculiaridade dessa situação é que, embora o espectador tenha tido a intenção de informar seu vizinho, ele não fez nada, explicitamente, para que sua intenção de informar fosse percebida. Não resta dúvida de que seu plano envolvia chamar a atenção do vizinho para o seu comportamento incomum em um cinema. Mesmo assim, não se pode dizer que ele tenha feito isso "às claras". Ele não fez nada para tornar inequívoca sua intenção de informar. Ou seja, ele fez algo para informar, mas *não fez nada para informar que estava informando*. Ele teve uma *intenção informativa*, mas não teve uma *intenção comunicativa*.

Quem tem uma *intenção comunicativa* tem a intenção de deixar clara sua intenção de informar. Não foi isso que fez nosso personagem no cinema. Ele pode ter pensado o seguinte. Bem, há um rato no cinema. Eu gostaria de avisar a pessoa ao meu lado sobre isso. Mas não tenho intimidade com ela. Talvez ela até fique incomodada por eu desviar sua atenção do filme. O melhor que posso fazer é o seguinte. Vou ficar olhando fixamente para a região onde está o rato. Se ela ficar curiosa e considerar conveniente desviar sua atenção do filme para lá, vai descobrir o rato. Se ela estiver tão absorta no filme a ponto de considerar que nada mais vale sua atenção, não vai olhar para onde eu estou olhando e não vai descobrir o rato. Nesse caso, minha *intenção informativa* não terá sucesso. Vou arriscar não alcançar o sucesso com minha *intenção informativa*, mas, pelo menos, não arrisco me indispor com um desconhecido.

Nosso personagem está tentando informar, mas não está tentando se comunicar. Ele tem uma *intenção informativa*, mas não tem uma *intenção comunicativa*. A *intenção comunicativa* é a intenção de informar sobre uma *intenção informativa*. Trata-se de uma intenção de segunda ordem, porque é uma intenção de que outra intenção (mais básica) seja reconhecida. Muitas vezes, é possível, como nesta situação, ter a intenção de informar sem ter a intenção de que essa intenção seja reconhecida. Há muitas outras situações do mesmo tipo. Uma mãe que, tendo recebido o presente de um admirador da filha, deixa-o sobre a mesa da sala sabendo que ela vai chegar com o namorado em seguida quer que o namorado descubra a existência de um admirador que a filha, constrangida, tem tentado esconder. A mãe também tem apenas uma *intenção informativa*.

O que nosso espectador e a mãe mencionada no parágrafo anterior querem é transmitir uma informação. O que nenhum dos dois quer é ser reconhecido como o responsável por essa transmissão (como alguém que se comunica); nenhum dos dois têm *intenção comunicativa*. A inexistência de uma *intenção comunicativa* abre a possibilidade de uma (falsa) *alegação* de inexistência de uma *intenção informativa*. Essa "desresponsabilização", muitas vezes, pode ser uma vantagem.

A transmissão de algum conteúdo apenas com uma intenção informativa tem, contudo, uma grande desvantagem: a possibilidade de insucesso. No cinema, o espectador ao lado, por estar totalmente absorto no filme, pode não perceber mais nada a sua volta. O casal de namorados pode chegar em casa ansioso para ver a novela e nem perceber a existência de um presente na mesa da sala. Nada disso aconteceria se, além de uma intenção informativa, nossos "informantes" tivessem uma intenção comunicativa: a intenção de que a *intenção informativa* fosse percebida. Como, então, se constitui uma *intenção comunicativa*?

Vamos tentar responder a essa pergunta partindo do caso da mãe que deseja informar o namorado da filha sobre a existência de um admirador inconveniente. Imagine agora que, decidida a garantir o sucesso de sua *intenção informativa*, a mãe adote outra estratégia. Em vez de apenas deixar o pacote sobre a mesa da sala de jantar, ela decide ficar na sala esperando que a filha apareça com o namorado. Assim que os dois chegam, ela aponta para o pacote. Agora, diferentemente da situação anterior, a mãe não se limitou a deixar o pacote sobre a mesa, com a expectativa de que o namorado da filha o percebesse e, por curiosidade, chegasse a ler o cartão com dizeres apaixonados do admirador de sua namorada.

Ao apontar para o presente, a mãe, *de um modo manifesto*, dirige a atenção do genro para o presente recebido pela filha. Ao fazer isso, "escancara" sua intenção de que o genro oriente sua atenção para o pacote. Nessa nova situação, a mãe tem duas intenções: uma *intenção informativa* (de que o genro tome consciência do presente e chegue às conclusões que essa descoberta produzirá) e uma *intenção comunicativa* (de que o genro perceba que ela tem uma intenção informativa). Agora, com sua atitude, a mãe assumiu a responsabilidade que todo comunicador assume: a de ser o agente *publicamente reconhecido* da transmissão de algum conteúdo. Essa pode ser uma desvantagem para quem quer eximir-se da responsabilidade de informar. Mas há uma grande vantagem: ao comunicar-se com o genro, a mãe garantiu o reconhecimento e, muito provavelmente, o sucesso de sua *intenção informativa*.

Que ingrediente, nessa nova situação, é responsável por permitir-nos caracterizá-la como comunicativa? Afinal, nos dois casos considerados, alguém leva outra pessoa a dirigir sua atenção para algo. São casos distintos em um aspecto crucial. No caso do presente deixado sobre a mesa, a mãe não pode estar segura de que o namorado da filha vá percebê-lo. Não há garantia de sucesso. Quando ela aponta para o presente sobre a mesa, não existe essa possibilidade de desatenção. Com seu gesto de apontar, ela está tornando inequívoca sua intenção de que o genro oriente sua atenção para algo. O que ela fez agora (mas não antes) foi um *gesto ostensivo*. Toda iniciativa comunicativa envolve *ostensão*.

Um *gesto ostensivo* é um gesto que ostenta. *Ostentar* é o mesmo que *mostrar*. Daí dizer-se que a pessoa que gosta de exibir seus bens é uma pessoa adepta da ostentação. Mas *ostentar* não precisa ter um sentido negativo. Ostentam-se objetos com objetivos nobres. Há, é verdade, dois substantivos relacionados ao verbo ostentar: *ostensão* e *ostentação*. O segundo está usualmente associado a comportamentos de exibicionismo, sobre os quais temos julgamentos morais. O substantivo *ostensão*, no entanto, é moralmente neutro. É esse sentido neutro que colabora com nossa análise pragmática da comunicação. Voltando a essa análise, vamos tentar compreender o que é uma iniciativa ostensiva a partir da noção de *movimento corporal ostensivo*.

Os animais deslocam-se. Os movimentos que fazem dividem-se em dois grupos: voluntários e involuntários. Batimentos cardíacos e movimentos respiratórios são involuntários, razão pela qual jamais podem ser encarados como parte de um plano, de uma intenção. Já os movimentos voluntários frequentemente estão associados a alguma intenção. Se vejo alguém varrendo a casa, considero que sua intenção é limpar a casa. Concluo que seu desejo é de que a casa fique limpa e que seu objetivo é satisfazer esse desejo. Em geral, a simples observação do comportamento dos outros (seus movimentos voluntários), leva-nos a supor suas intenções (seus desejos, objetivos e planos).

Quem varre a casa tem uma *intenção individual*. Uma *intenção individual* é uma intenção cujo sucesso depende apenas da pessoa que tem a intenção. Além disso, o desejo, o objetivo, o plano e a execução do plano precisam ser só dessa pessoa. Há, contudo, *intenções* que envolvem duas ou mais pessoas. Nesse caso, desejo e objetivo podem ser os mesmos entre os participantes. Mas, quando duas (ou mais) pessoas têm o mesmo objetivo e julgam que, para alcançá-lo, precisam de uma ação conjunta, muitas vezes, estão considerando que o *plano* (o conjunto previsto de *iniciativas*) necessário para alcançar esse sucesso precisa ser mais complexo. Estamos falando de *intenções compartilhadas*.[3]

Algumas intenções compartilhadas não exigem planos muito complexos. Imagine que duas pessoas querem carregar um caminhão. Elas podem combinar de se engajar juntas na mesma tarefa em um plano simples, muito parecido com o plano que teria sido elaborado para uma pessoa só. É necessário que cada pessoa faça o mesmo: leve objetos para o caminhão, ou seja, ambas têm o mesmo *papel* a desempenhar. Há intenções, contudo, que exigem planos mais complexos, em que cada participante desempenha um *papel próprio*, que só faz sentido combinado com o *papel* desempenhado pelo outro. Imagine dois enfermeiros querendo transferir da cama para uma cadeira de rodas um paciente. O *papel* de um é segurar a cadeira de rodas e, eventualmente, deslocá-la, o do outro é erguer o paciente e colocá-lo na cadeira.

Quando duas ou mais pessoas executam ações conjuntas que integram um plano complexo, não é apenas o objetivo que é compartilhado, a *atenção* também precisa ser compartilhada. No caso dos dois enfermeiros, cada um com um papel próprio e articulado ao papel do outro, prestar atenção no outro é essencial. Se o paciente, por exemplo, realiza um movimento inesperado enquanto um enfermeiro o desloca, talvez o outro precise, prevendo as consequências, deslocar a cadeira para a região onde calcula que vá ser o novo ponto final do movimento. Além de estar atento ao que faz, precisa estar atento ao que o outro faz.

Quando uma pessoa se engaja em um plano complexo, assumindo um *papel* próprio e distinto das demais, não costuma ser necessário chamar a sua atenção para nada. No caso do paciente a ser colocado na cadeira de rodas, o enfermeiro que controla a cadeira sabe a que aspectos da realidade precisa estar atento para executar seu *papel*. Entre optar por prestar atenção no jogo de futebol que passa na televisão e nos movimentos do outro enfermeiro e do paciente, ele vai optar pelos movimentos. O outro enfermeiro, por sua vez, sabe que seus movimentos são objeto da atenção de seu colega e está atento a isso. Ou seja, ele presta atenção na atenção do outro (que faz o mesmo). Essa atenção nos fatos, na atenção do outro e na atenção que o outro tem em nosso comportamento atento é essencial para a realização de tarefas sincronizadas, como a transferência de um paciente imobilizado da cama para a cadeira de rodas. *Intenções compartilhadas* pressupõem *atenção mutuamente compartilhada*.

Pode ocorrer algo, no entanto, que prejudique a execução do plano. Imagine que o enfermeiro que movimenta o paciente perceba, atrás do colega que segura a cadeira de rodas, uma senhora tropeçando e cambaleando em sua direção. O provável choque entre os dois vai resultar em um deslocamento da cadeira bem no momento final da trajetória do paciente, ocasionando um acidente. Vendo a aproximação da senhora (que o colega não percebe), o primeiro enfermeiro julga necessário chamar atenção do outro para a colisão iminente. Para isso, precisa realizar um movimento corporal que seja suficientemente distinto de todos os movimentos que poderiam ser interpretados por seu colega como iniciativas que fazem parte do plano inicial, um movimento que o colega jamais interpretaria como parte desse plano, justamente para chamar a atenção para algo que foge ao esperado. Ele precisa *informar* o colega sobre algo inesperado e, por isso, precisa ter um comportamento inesperado: um *comportamento ostensivo-comunicativo*.

Ao deparar-se com a situação descrita no parágrafo anterior, você já deve ter pensado em alguma atitude que o enfermeiro poderia tomar para alertar o colega. Muitas são as possibilidades. Talvez você tenha pensado em um alerta realizado pelo uso de um proferimento linguístico, como "Cuidado!". Seria um modo muito eficiente de resolver o problema. Mas nós não estamos querendo resolver um problema prático, estamos querendo compreender o que caracteriza uma situação como comunicativa. Então, vamos pensar em outras formas de alertar antes de considerar o uso da linguagem verbal (uma forma evidente de comunicação).

Uma alternativa à disposição do enfermeiro é projetar o queixo na direção da senhora cambaleante que se aproxima. Ao fazer isso, está apontando com o rosto para algo sobre o que deseja que a atenção de seu parceiro se volte. Tendo as mãos ocupadas, ele deu um jeito de ostentar (de mostrar) algo ao outro enfermeiro com a projeção do próprio queixo. Apenas essa ostensão é suficiente para desviar a atenção de seu parceiro para algo inesperado, informando-o sobre algo relevante para o sucesso de sua *intenção compartilhada* (de transferir o paciente para a cadeira de rodas).

O gesto de apontar é a iniciativa ostensivo-comunicativa prototípica. Quando apontamos, contamos com a capacidade do outro de desenhar uma linha imaginária entre uma origem e um alvo relevante. Trata-se de um gesto destinado a colaborar com uma única intenção: a de comunicar (e, consequentemente, de informar). Em nosso caso concreto, apontar para qualquer coisa fazia parte do plano de transferir o paciente da cama para a cadeira de rodas? Não. O enfermeiro apontou para uma senhora cambaleante na direção do colega para comunicar-se. Isso foi necessário porque precisou chamar a atenção do colega para algo que iria prejudicar o plano original. Apontar só faz parte de um tipo de plano específico: o plano de informar.

Aqui, no entanto, é preciso muito cuidado. O gesto de apontar é uma *iniciativa ostensivo-comunicativa* não porque direciona a atenção para algo que não estava no plano (nesse caso, a senhora tropeçando). É possível comunicar-se com o gesto de apontar para aquilo que estava previsto, mas está sendo esquecido por um dos participantes. O enfermeiro que move o paciente pode apontar para o suporte de pés na cadeira, avisando o colega que é necessário destravá-lo para que o paciente tenha o apoio necessário quando sentar. Seu gesto de apontar, nesse caso, também é comunicativo. Uma ostensão é comunicativa não porque chama a atenção para um elemento imprevisto em um plano. A iniciativa de apontar é um gesto ostensivo-comunicativo porque ela mesma não estava prevista no plano.

Nem todo gesto ostensivo, no entanto, é comunicativo. O atendente da joalheria que ostenta (mostra) pares de alianças ao casal de namorados que vai noivar está fazendo uma ostensão prevista no plano de comprar/vender alianças. Quem quer comprar um par de alianças já sabe, antes mesmo de chegar à joalheria, que vai contar com uma apresentação dos modelos da loja, o que envolve a sua ostensão. Não há aqui, contudo, qualquer novidade no gesto ostensivo do vendedor. Trata-se de um gesto previsto, que não informa nada novo. A ostensão de alianças por um vendedor é uma forma de interação, mas não constitui, na nossa perspectiva, uma forma característica de comunicação.

Toda forma de comunicação envolve uma dupla ostensão. Quem se comunica quer chamar a atenção do outro para algo em função de ter chamado, antes, atenção para si mesmo. Quantas vezes você já não ouviu a reclamação indignada de alguém dizendo "Você não está prestando atenção em mim!"? Essa pessoa estava bem chateada porque não estava conseguindo se comunicar com você. Ela não estava conseguindo informá-lo(a) sobre nada porque você não estava prestando atenção nela. O curioso é que você poderia estar prestando atenção na linda camiseta que ela usava, mas não naquilo que ela dizia. Ou seja, você não prestava atenção nela porque prestava atenção nela. Há, portanto, duas formas de prestar atenção em uma pessoa. E uma dessas formas pode atrapalhar a outra.

É justamente por haver tantos estímulos ambientais capazes de atrair a atenção das pessoas que a comunicação precisa contar com *movimentos corporais ostensivos*, iniciativas que chamam atenção para o próprio comunicador e, com isso, não deixam dúvida sobre sua necessidade de atenção (para se comunicar). Mas o que faz com que um movimento corporal seja percebido como *ostensivo-comunicativo*? Bem, já vimos que a primeira condição é não poder ser interpretado como parte de um plano prático (não comunicativo). Mas isso não é suficiente. Muitos movimentos dos nossos corpos não fazem parte de um plano e, mesmo assim, não são manifestações de uma intenção comunicativa. Afinal, não conseguimos ficar estáticos. Nossos braços, por exemplo, sempre estão se movimentando um pouco, não são considerados parte de um plano e, mesmo assim, não são interpretados como iniciativas comunicativas.

Para que um movimento corporal qualquer seja considerado uma *iniciativa ostensivo-comunicativa*, em geral, é necessário certo espalhafato. O gesto de apontar, por exemplo, precisa ser feito com uma energia particular, capaz de deixar claro que não se trata de um movimento corporal qualquer. Quem movimenta os braços de um modo natural faz o que todos os demais estão fazendo. Quem aponta para certa direção faz algo diferente dos outros, que exige mais esforço do que simplesmente deixar os braços em uma posição natural e confortável. É por isso que, antes de dirigir a atenção para algo, quem aponta chama atenção para si mesmo, realizando o que vamos chamar de *ostensão reflexiva*. Já o outro tipo de ostensão produzida pelo gesto de apontar, a *ostensão não reflexiva*, só é possível por contar com a percepção do primeiro tipo de ostensão.

Dos dois tipos de ostensão identificados, a *ostensão reflexiva* é a fundamental. Imagine, por exemplo, a situação de um turista na praia, observando a paisagem. Perto dele, há um casal jogando frescobol. Mais adiante há um surfista deslizando sobre as ondas. É um cenário agradável, que ele contempla relaxadamente, sem atribuir nenhuma intenção comunicativa aos personagens. De repente, avista uma pessoa no fundo do mar agitando os braços no ar freneticamente. O movimento corporal dessa pessoa não faz parte de qualquer plano imaginável. Afinal, se o seu plano fosse nadar ou brincar com a água, ela estaria com os braços submersos. Além disso, os movimentos são espalhafatosos, pouco naturais. Os movimentos frenéticos dos braços no ar não são parte de nenhum plano usual, também não são movimentos neutros. A pessoa está chamando atenção para si mesma (fazendo uma *ostensão reflexiva*). Ela quer informar a quem possa vê-la que ela tem uma *intenção informativa*. Ela tem uma *intenção comunicativa*.

Mas o que a pessoa dessa cena quer informar ostentando apenas a si mesma? Quando a pessoa agita os braços assim no mar é como se ela estivesse "dizendo" o seguinte: "Prestem atenção em mim!". O turista, assim como você e eu, sabe que ela quer informar que está se afogando. Trata-se de um caso em que *ostensão reflexiva* e *ostensão não reflexiva* coincidem. A pessoa que agita os braços freneticamente sabe que pode contar com a capacidade de quem a vê de perceber que ela está se comunicando (por causa da ostensão reflexiva) e com a capacidade que tem de realizar *inferências*.

Quando alguém faz uma *ostensão comunicativa*, sua *intenção informativa* não se restringe a chamar a atenção para aquilo que ostenta. Quando a criança aponta para o pacote de biscoitos na prateleira, ela não quer simplesmente mostrar aos pais que o pacote de biscoitos existe. Eles já sabiam. Ela quer que os pais entendam que ela deseja comer biscoitos. Nem tudo aquilo para o que chamamos atenção com um gesto ostensivo-comunicativo é uma novidade. Nem precisa ser. O que precisa ser novo não é a coisa ostentada; é o pensamento que pretendemos que os outros tenham quando a ostentamos. Esse pensamento é, invariavelmente, uma *inferência pragmática*.

Não faz sentido, então, ficar apontando, aleatoriamente, para aquilo que os outros não viram. Quem tem uma *intenção informativa* e se dá ao trabalho de executar um *plano* para ter sucesso quer mais do que informar sobre a existência de objetos. Quem tem uma *intenção informativa* depende de que seu interlocutor tenha a capacidade de *inferir* algo mais. Nos termos de Sperber e Wilson (1995), a comunicação humana é um processo *ostensivo-inferencial*. A ostensão é parte do processo, mas não o esgota.

Realizamos inferências a partir dos estímulos ostensivo-comunicativos porque consideramos que os outros são *cooperativos*. Se alguém aponta para um lustre no cinema, quem teve sua atenção orientada para o lustre vai considerar que o outro está cooperando de algum modo. Uma inferência possível é a de que o lustre pode cair. Sim, porque se, entre tantos estímulos ambientais, a pessoa ao lado resolveu chamar atenção para o lustre, é porque considera que vale a pena prestar mais atenção nele do que em todo o resto. Basta isso para que quem teve a atenção afetada passe a procurar o que mais o outro quis informar. Ainda nos termos de Sperber e Wilson (1995), todo o *gesto ostensivo* (comunicativo) torna manifesta a presunção de sua relevância ótima (*Princípio de Relevância*). Trocando em miúdos, toda ostensão comunicativa carrega em si mesma a garantia de que vale a pena processar produtivamente o estímulo tornado saliente com a ostensão realizada. Ou seja, vale a pena dispender energia para, a partir do estímulo tornado saliente, derivar mais conteúdo.

Qualquer iniciativa ostensivo-comunicativa, ou seja, qualquer iniciativa de alguém chamando atenção para si (e, por causa disso, para algo mais) como parte de uma *intenção comunicativa* é um *enunciado*. Até este ponto, vimos apenas *enunciados* não linguísticos (mais especificamente, o gesto de apontar). A partir deste ponto, vamos passar a considerar o tipo de enunciado que mais nos interessa: o *enunciado linguístico*. Além disso, vamos tentar compreender o modo de produção das inferências pragmáticas com o uso desse tipo de *enunciado*.

A sofisticação comunicativa da espécie humana: enunciados linguísticos

Quem profere um *enunciado linguístico* também realiza uma dupla ostensão, mas muito mais rica que a realizada pelo gesto de apontar. Quem fala, além de ostentar a si, ostenta um conjunto de ideias bastante elaboradas. Pense, por exemplo, numa frase simples como "O cachorro tá solto". Essa sentença tem palavras cujo significado já conhecemos. Sabemos que a palavra *cachorro* remete a um certo tipo de animal; sabemos que a palavra *solto* remete à situação na qual alguma entidade não se encontra impedida de deslocar-se para além de certos limites espaciais. A sentença "O cachorro tá solto" significa que um cachorro não se encontra impedido de deslocar-se para além de certos limites espaciais.

O código linguístico, então, já nos oferece uma representação bastante elaborada, que, no entanto, não esgota o sentido pretendido, porque *solto* pode significar não preso a uma corrente, dentro de casa (fora do pátio no qual costuma ficar confinado), ou mesmo fora de casa (perambulando pelas ruas do bairro). Qualquer uma dessas intepretações é possível. O significado linguístico da sentença é um primeiro passo interpretativo, mas não basta para especificar de modo completo o significado pretendido pelo falante. Qualquer uma das interpretações mais específicas resulta de *processamento inferencial*.

Agora pense na seguinte situação. Chegando à casa de um amigo, você aperta a campainha que há no muro da frente. Seu amigo aparece e você pergunta se pode entrar. Ele responde o seguinte: "O cachorro tá solto". Está alertando para o perigo de entrar. Talvez você nem soubesse que ele tem um cachorro. Agora, no entanto, você pensa que ele tem um cachorro que, estando solto, se você ingressar na casa, pode atacá-lo. De tudo isso que você pensou, quase nada está contido no significado semântico da frase proferida. Estamos diante de *processamento inferencial pragmático*.

Ao proferir a sentença, seu amigo já sabia que você prestava atenção nele. Afinal, você tinha perguntado a ele se poderia entrar. Era natural que estivesse esperando alguma resposta e, por isso, estivesse atento ao que ele iria dizer. Ele poderia ter apenas apontado para um cachorro solto em seu pátio. Mas o cachorro estava em uma parte do pátio que você não enxergava. Sendo um falante proficiente, ele usou um recurso bastante eficiente: proferiu a sentença "O cachorro tá solto", que permitiu a você tomar consciência da existência de um cachorro solto no pátio.

Em vez de apontar, seu amigo optou por dirigir sua atenção para uma forma simbólica de representação da realidade. Tanto o gesto de apontar para o cachorro quanto o proferimento da sentença "O cachorro tá solto" são *enunciados*. O gesto de apontar, como vimos, é um *enunciado não linguístico*; o proferimento da sentença "O cachorro tá solto" é um *enunciado linguístico*. Um *enunciado* é um estímulo cognitivo, com finalidade comunicativa, apresentado por meio de uma dupla ostensão (*ostensão reflexiva* e *ostensão não reflexiva*). O *enunciado* é a unidade de análise da Pragmática, a área do conhecimento que estuda a comunicação humana.

Vamos agora, mais concretamente, procurar entender o que vem a ser a informação veiculada por um *enunciado* pela análise de nossa situação. Supusemos dois modos entre os quais seu amigo poderia optar por responder à pergunta formulada: apontar para uma certa direção, dirigindo a sua atenção para uma região do ambiente onde, entre tantas coisas, há um cachorro livre para se movimentar; ou proferir a sentença "O cachorro tá solto". Vamos refletir sobre o que pode ser a intenção informativa em cada um desses casos.

Comecemos pela situação em que o morador da casa aponta para uma certa direção. O que, nesse caso, o morador quer informar? O fato de que há, no pátio, um cachorro? O fato de que há, no pátio, um cachorro que não tem seus movimentos restringidos por nada (corrente, canil)? O fato de que o cachorro abana o rabo? O fato de que há uma linda orquídea perto do cachorro? Enfim... A região espacial para onde o morador dirigiu a sua atenção com o gesto de apontar está repleta de estímulos passíveis de serem levados em consideração. Quais desses estímulos ambientais fazem parte daquilo para o que o morador da casa pretendeu chamar sua atenção?

Parece evidente que, ao dirigir sua atenção para uma certa região espacial, o morador da casa não quis que você mergulhasse em uma contemplação sem fim de tudo o que teve a saliência aumentada com seu gesto. Ele quis que você se concentrasse no fato de que há, no pátio, um cachorro com liberdade de movimento. O cachorro abanava o rabo? Havia uma linda orquídea ao seu lado? Nada disso importa, mesmo que tenha sido parte do que você viu. Seu amigo quis que, por perceber sua *intenção comunicativa*, você identificasse, entre todos os estímulos tornados salientes com seu gesto, apenas os *relevantes* para você. Por ser cooperativo, ele quis que você concentrasse sua atenção apenas no que permitisse inferir uma resposta ao seu pedido de permissão para entrar. Ele queria que você pensasse apenas uma coisa: que o cachorro estava solto.

Nos dois casos, naquele em que apontou para uma certa direção e naquele em que proferiu a sentença "O cachorro tá solto", o morador produziu um *enunciado* (gestual ou linguístico), com objetivo de garantir que você produzisse uma representação mental sobre um determinado aspecto da realidade. Essa representação mental inicial constitui o *significado explícito* do *enunciado*. Mas o *significado explícito* é apenas parte do conteúdo que o comunicador quer compartilhar. Do mesmo modo que a pessoa que aponta para um lustre quer informar mais que a simples existência do lustre, seu amigo quis informar mais do que a existência de um cachorro solto em seu pátio. Uma vez produzido o *significado explícito*, começam a ser produzidos *significados implícitos*.

Cada *enunciado* de uma sentença é um acontecimento único. A cada acontecimento estarão associados significados pragmáticos próprios. No campo do *significado explícito*, "O cachorro tá solto" pode referir-se à liberdade para movimentar-se de Sansão, de Golias etc. No campo do *significado implícito*, o leque de possibilidades também é enorme. Já vimos que, na situação imaginada, o *significado implícito* do enunciado linguístico "O cachorro tá solto" é o de que é perigoso ultrapassar o muro da casa. Implicitamente, então, o dono da casa está alertando para um perigo. Mas "O cachorro tá solto" não precisa significar isso.

Imagine a seguinte situação. Você acaba de colocar, em um prato, um bife suculento, que vai ser sua refeição. Antes de começar a comer, você vai ao banheiro. Quando retorna, percebe que seu prato está vazio. Sem entender o que aconteceu, pergunta a alguém próximo o que houve com o bife. Essa pessoa dá uma risadinha e diz "O cachorro tá solto". Agora, o proferimento quer dizer que o cachorro comeu o bife. Trata-se de outro *significado implícito*, muito diferente.

Esse exemplo permite perceber a magnitude dos problemas teóricos enfrentados por uma teoria do significado pragmático de *enunciados linguísticos*. Não há limite para significados pragmáticos (*explícitos* e *implícitos*). Como explicar que uma só sentença possa veicular ideias tão díspares quanto a de que é perigoso ultrapassar o muro e o cachorro comeu o bife? Para explicar essa capacidade magnífica de multiplicação de sentidos, a pragmática lança mão de dois conceitos fundamentais: *common ground*[4] e *contexto*.

Voltemos à nossa situação exemplo. Dois amigos (imaginamos, inicialmente, que você era um deles) participam de um breve diálogo. Eles se conheceram na escola. Na primeira aula, testemunharam o mal-estar de um colega, que precisou ser levado à enfermaria. Não demorou muito para que ficassem amigos, quando cada um passou a saber fatos sobre o outro, como a profissão dos pais, o time do coração, a matéria preferida. Todos esses conteúdos, tanto os presenciados pelos dois quanto aqueles que os dois compartilharam pela própria interação comunicativa, são *conteúdos episódicos* que fazem parte do seu *common ground*, o conjunto de conteúdos que ambos compartilham mutuamente.

Muitos *conteúdos episódicos* são representações elaboradas a partir de apreensão sensorial conjunta. Quando interlocutores ocupam o mesmo espaço físico, como nas interações face a face, assimilam estímulos ambientais muito parecidos. Duas pessoas em um mesmo ambiente enxergam as mesmas coisas, ouvem os mesmos sons e sentem os mesmos odores. Podem também sentir os mesmos gostos (se estiverem dividindo um prato no restaurante). O mesmo vale para as sensações táteis. O atendente da loja *pet* que convida alguém para sentir a maciez do pelo de um cachorro depois do banho está compartilhando uma sensação tátil.

Além disso, antes de se conhecerem, pessoas têm acesso a *conteúdos estruturados*, que integram automaticamente seu *common ground*. Sabemos, por exemplo, o que é uma escola; afinal, vivemos em uma sociedade com escolas. Antes de conhecermos outras pessoas, sabemos que compartilhamos com elas o conceito *escola*, ao qual associamos mais ou menos as mesmas ideias (instituições sediadas em construções com salas em que ocorrem aulas, com espaços para a realização de atividades importantes como bibliotecas, pátios, canchas esportivas). O conceito *escola* é um *conteúdo estruturado* compartilhado pelos membros da sociedade.

Bem, você deve ter percebido que o *common ground* que há entre duas pessoas tem uma dimensão astronômica. Mesmo entre dois desconhecidos em uma parada de ônibus, há um *common ground* impressionante. O próprio fato de estarem ali é prova de que seu *common ground* inclui o *conhecimento estruturado* relativo a transporte público. Mesmo não se conhecendo, sentem-se seguros de que compartilham informações elementares, como a de quem é o Presidente da República. Fora isso, os dois podem acessar e processar os mesmos estímulos ambientais, como imagens, sons e odores. Esse compartilhamento é muito importante para o sucesso de suas intenções.

Uma das intenções cujo sucesso depende da existência de um *common ground* é a *intenção informativa*, a intenção de compartilhar certos conteúdos (aumentando, inclusive, o próprio *common ground*). Pensávamos, antes, em *conteúdos pragmáticos implícitos*, conteúdos que impressionavam pela sua enorme variabilidade. Vimos que o proferimento de uma mesma sentença poderia levar a intepretações tão díspares como a de que ultrapassar um muro seria perigoso ou de que um certo bife teria ido parar no estômago de um cachorro esperto. Ninguém diria que existe alguma associação convencional entre a sentença e esses conteúdos.

Conteúdos implícitos produzidos por enunciados linguísticos resultam de *processamento pragmático inferencial*. Um processo inferencial é um tipo de operação cognitiva que parte de uma ou mais premissas e, com base em algum padrão inferencial, produz uma ou mais conclusões. As premissas e as conclusões são o que vamos chamar de pensamentos completos, representações mentais que podem ser consideradas verdadeiras ou falsas. A representação mental associada à sentença "Cachorros são fiéis" expressa um pensamento completo, com que podemos concordar ou discordar. A tradição em semântica e pragmática convencionou chamar os pensamentos completos de *proposições*.

Voltemos, então, para o *significado implícito* do *enunciado linguístico* "O cachorro tá solto". Como, na situação imaginada, esse enunciado veio a comunicar a ideia, absolutamente particular, de que era perigoso ingressar na casa? Bem, já sabemos que, numa interação comunicativa, os interlocutores agem de modo cooperativo. O visitante, tendo perguntado se pode entrar, espera que seu interlocutor seja cooperativo e responda se ele pode (ou não) entrar. O amigo não satisfaz diretamente essa expectativa. Em vez disso, chama a atenção para a existência de um cachorro livre para movimentar-se. Como o considera cooperativo, o visitante entende que esse conteúdo, combinado com outros do *common ground*, pode, por meio de um *processo inferencial*, produzir o conteúdo esperado, aquele que atende sua expectativa de resposta. Só lhe resta buscar, no *common ground*, *proposições* que, combinadas com o *conteúdo explícito* da sentença, resultem em uma inferência que possa ser considerada essa resposta. A seguir, está uma das possíveis formas de explicitação desse processo inferencial, ou seja, do conjunto de premissas (P) e da conclusão (C).

P1: Há um cachorro solto no pátio da casa.
P2: Cachorros podem morder pessoas.
C: Se ingressar no pátio da casa, o visitante pode ser mordido pelo cachorro.

Percebe-se que a conclusão (o significado pragmático implícito do enunciado proferido) é uma consequência bem razoável do *conteúdo explícito* do *enunciado* (P1) em combinação com um conteúdo do *common ground* (P2). Este conteúdo (em P2), identificado no interior do *common ground*, é o *contexto* do enunciado. O *contexto* de um *enunciado* é o conjunto de conteúdos que, somados ao *conteúdo explícito* do *enunciado*, é suficiente para, através de um processo inferencial, resultar em uma conclusão, um conteúdo implícito, que satisfaça a expectativa de cooperação dos interlocutores. É por isso que, quando uma pessoa entende um *enunciado* nosso de um modo que não pretendemos, dizemos que ela contextualizou o enunciado de um modo distinto daquele que esperávamos – nesse caso, dizemos que houve um *mal entendido*.

Essa identificação das premissas que integram o processo de interpretação, no entanto, coloca um problema de enormes proporções: como, diante de um conjunto tão grande de possibilidades no *common ground*, o intérprete escolhe exatamente aqueles poucos conteúdos que vão, em combinação com o conteúdo explícito, produzir uma inferência relevante?[5] O que garante ao intérprete que os conteúdos pinçados do *common ground* sejam exatamente aqueles que o enunciador esperava que ele escolhesse? É claro que parte do sucesso na interpretação de enunciados linguísticos depende de conhecimento linguístico. Mas nossos exemplos revelam que a proficiência linguística não é suficiente. É preciso algo mais.

A pragmática é a área que investiga justamente o modo de constituição desse algo mais. Podemos destacar duas tendências mais gerais de investigação nos estudos pragmáticos: os neogriceanos e os pós-griceanos. Cada uma dessas abordagens oferece um tipo de explicação próprio para o problema da interpretação pragmática. Para os neogriceanos, existem regras muito gerais de intepretação, que orientam nossos processos inferenciais. Não são regras que precisamos aprender de modo explícito. São modos de processar os estímulos linguísticos que obedecem a uma racionalidade comunicativa, que leva em conta nossas expectativas de compromisso com a verdade, com a informatividade, com a coerência e com a clareza. Chamadas de *máximas conversacionais*, essas regras são, na verdade, estratégias eficientes de interpretação, que compartilhamos independentemente da língua particular que falamos.

Os pós-griceanos, por sua vez, enxergam esses mecanismos como parte de um princípio cognitivo mais geral, o *princípio da relevância*, suposto como explicação para processos particulares de interpretação de *enunciados*. Trata-se de uma perspectiva que, além de considerar o papel de crenças e intenções, identifica, nos processos comunicativos, o papel de uma série de características do funcionamento próprio da mente humana, como a estruturação da memória, a capacidade de *meta-representação*[6] (de ter representações sobre representações)[7] e uma tendência biológica geral de economia de esforço e maximização de resultados. Trata-se de uma perspectiva mais enraizada no debate sobre a cognição humana. Neogriceanos e pós-griceanos constituem, na atualidade, dois polos importantíssimos no debate sobre fenômenos de sentido, alguns dos quais apresentados neste capítulo com a simplicidade necessária a um texto introdutório.

A comunicação através de uma língua natural envolve codificação e decodificação. Duas pessoas que não falam uma língua em comum não podem se comunicar pela linguagem verbal (embora possam comunicar-se de outras formas). Para a comunicação verbal, portanto, o domínio do código é condição necessária. Estão ultrapassadas, no entanto, as abordagens que se limitam a compreender a interação pela linguagem verbal apenas com base na noção de código. O famoso modelo de códigos, aquele que aparece nos livros escolares e até hoje é tema de questões de concursos como o Enem, é apenas parte da história a ser contada quando o objetivo é explicar o modo como as línguas funcionam na comunicação.

Tanto emissor quanto receptor, para se entenderem, não precisam apenas compartilhar um código; precisam também compartilhar um modo parecido de processar os estímulos linguísticos. As pessoas, normalmente, não percebem esta necessidade com a mesma clareza que percebem a necessidade de compartilhar uma língua. Afinal, todo mundo sabe a dificuldade que duas pessoas sem uma língua comum enfrentam para se comunicar, mas ninguém costuma pensar em duas pessoas que falam a mesma língua, mas processam os estímulos de modo absolutamente diverso. Isso não acontece (ainda bem) porque qualquer pessoa, independentemente da língua que fale, desenvolve as mesmas competências inferenciais. Enquanto os códigos linguísticos particulares são característicos de povos e culturas, regras de inferência são características de qualquer ser humano, independentes de língua e cultura.

Há situações, contudo, em que nos damos conta da importância da inferência. Quem nunca se aproximou de um grupo de amigos conversando e, por ter chegado no meio da conversa, não entendeu nada do que eles diziam? Essa incompreensão que experimentamos nesse tipo de situação não tem nada a ver com qualquer incapacidade relativa a código. Aqui, o que falta é conhecimento de conteúdos previamente produzidos na conversa. Falta *common ground*. Nessa situação, não entender nada é o mesmo que ser incapaz de encontrar um *contexto* adequado para os enunciados que ouvimos. Ouvimos a conversa, mas os enunciados linguísticos parecem soltos no ar, sem se conectar com nada que nos permita atribuir-lhes sentido. A ignorância sobre conteúdos que fazem parte do *common ground* de quem já conversava (mas não do nosso com elas) impede-nos de realizar inferências pragmáticas e, por isso, de identificar adequadamente o conteúdo informativo dos enunciados proferidos na conversa.

Vimos, neste capítulo, que esse conteúdo informativo é composto de duas camadas: o *significado pragmático explícito* e o *significado pragmático implícito*. São duas camadas de interpretação intimamente relacionadas. O *significado explícito* não se resume ao *significado semântico*, embora dele dependa. Já vimos, por exemplo, que o *significado explícito* de "O cachorro tá solto" pode ser o de que ele está andando livremente pelo pátio da casa ou de que ele saiu pelo portão e perambula pelo bairro. Nos dois casos, o *significado semântico* é o mesmo, mas o *significado pragmático explícito* não é. Enquanto a compreensão do significado semântico depende apenas do conhecimento do código linguístico empregado, a compreensão do *significado pragmático explícito* depende dessa compreensão e de *inferência pragmática*.

A *inferência pragmática* é um tipo de raciocínio que fazemos por sabermos que, com o uso de um enunciado, nosso interlocutor é *cooperativo*, ou seja, está empenhado em colaborar para uma interação que satisfaça interesses que vão além da simples identificação de conteúdos soltos. É essa suposição que nos leva a tentar descobrir os *significados pragmáticos implícitos* de seus enunciados. Para tanto, contamos com a identificação prévia do *significado explícito* do *proferimento* e com mecanismos inferenciais que combinam esse significado com outros conteúdos que somos capazes de acessar em nossa memória ou em nossos registros sensoriais.

Os poucos exemplos de enunciado linguístico apresentados neste capítulo já são suficientes para dar uma dimensão da quantidade de *significados implícitos* possíveis. A cada nova situação de comunicação, uma mesma frase veicula um conteúdo implícito particular, que se afasta de modo muito evidente do conteúdo semântico. A constatação de que nenhuma abordagem semântica seria capaz de explicar e descrever o modo de produção desse tipo de significado levou à constituição da pragmática. Este capítulo tentou tornar claros alguns conceitos que a pragmática, ao longo do tempo, foi forjando para descrever e explicar uma quantidade impressionante de fenômenos de sentido associados ao *proferimento* de *sentenças* em situações de comunicação. *Intenção comunicativa*, *intenção informativa*, *ostensão* (*reflexiva* e *não reflexiva*), *inferência*, *proposição*, *significado explícito*, *significado implícito*, *meta-representação*, *common ground*, *conteúdo episódico*, *conteúdo estruturado* e *contexto* são conceitos que estas páginas pretenderam tornar mais claros, para que, a partir de agora, você possa alçar outros voos na pragmática, tendo compreendido melhor seu objeto de estudo (a transmissão de conteúdos através da comunicação), sua unidade de análise (o enunciado) e (antes de se dedicar ao estudo de problemas teóricos mais localizados) o seu problema mais geral: a explicitação dos mecanismos de produção de sentido que, somados ao processo de decodificação, multiplicam os significados dos enunciados linguísticos.

ROTEIRO DE LEITURAS

A literatura sobre pragmática em língua portuguesa é reduzida. Na categoria dos manuais, há três obras que merecem menção. O livro *Pragmática*, de Levinson, mesmo sendo uma obra antiga, ainda é uma leitura proveitosa, registrando, com precisão e didatismo, um momento importantíssimo da área, aquele em que a linguística começa a se apropriar, com *modus operandi* próprio, de uma série de temas filosóficos sobre a linguagem (que dominam até hoje o debate acadêmico). O livro *Para entender pragmática*, de Luisandro Mendes de Souza e Luiz Arthur Pagani, é uma obra de extensão reduzida, que promove um primeiro contato com os grandes temas da pragmática. O manual *Pragmática: significado, comunicação e dinâmica contextual*, de Marcelo Ferreira, apresenta, nos três primeiros capítulos, alguns fundamentos da área, preparando o leitor para, nos demais, explorar um conjunto de temas mais especializados. É obra útil para quem pretende consolidar, a partir de uma abordagem didática e tecnicamente precisa, uma base para iniciar o estudo de questões mais específicas.

Quem quer obras de iniciação às duas grandes correntes de análise da pragmática, neogriceanos e pós-griceanos, conta com algumas opções em português. As duas primeiras partes do livro *Arquitetura da conversação: teoria das implicaturas*, de Roberta Pires de Oliveira e Renato Basso, são uma introdução à abordagem neogriceana. O livro *Pragmática e cognição: a textualidade pela relevância*, de Jane

Caetano da Silveira e Heloísa Feltes, é uma introdução à Teoria da Relevância, a principal abordagem pós-griceana. O capítulo "Pragmática", de Marcos Goldnadel, no livro *Manual de Linguística: semântica, pragmática e enunciação*, de Márcia Romero, Marcos Goldnadel, Pablo Nunes Ribeiro e Valdir do Nascimento Flores, é uma apresentação da pragmática fortemente inspirada pela Teoria da Relevância, que aborda *significados explícitos* e *significados implícitos*, com seções dedicadas à apresentação do modelo griceano de análise.

Já quem está disposto a encarar obras que aprofundam as perspectivas mencionadas encontra nos livros *Presumptive Meanings* (apenas em inglês), de Levinson, e *Teoria da Relevância: comunicação e cognição*, de Sperber e Wilson, modelos teóricos, de índole, respectivamente, neogriceana e pós-griceana. Vale mencionar ainda o livro *Pragmáticas: vertentes contemporâneas*, de Cristina B. L. Perna, Marcos Goldnadel e Karina Molsing, obra dedicada a apresentar algumas correntes (pragmática formal, teoria da relevância, pragmática experimental, pragmática e análise da conversa) e alguma áreas de interface (filosofia, fonoaudiologia, linguística de corpus, teoria literária, tradução literária e interação humano-computador).

Notas

[1] Morris (1976).
[2] Parte significativa deste capítulo se baseia na reflexão que se encontra em Grice (1957), bem como nas considerações sobre essas ideias em Sperber e Wilson (1995).
[3] Cf. Tomasello (2014).
[4] Pagani e Souza (2022) opta por *fundo conversacional* como tradução para *common ground*. Levinson (2000), além de *common ground*, identifica como formas equivalentes as expressões *mutual knowledge* e *joint assumption*, a primeira traduzida na versão portuguesa como *conhecimento mútuo* e a segunda, como *base comum* ou *suposição compartilhada*. Do mesmo modo que Ferreira (2023), vamos usar o original *common ground*, que parece ser a opção mais frequente na conversa acadêmica despretensiosa em língua portuguesa.
[5] Aqui há uma certa simplificação, porque a pergunta também deveria indagar sobre o que garante a identificação adequada dos próprios conteúdos explícitos.
[6] Cf. Sperber (2000).
[7] Alguém, por exemplo, pode saber que uma pessoa acredita que a Terra é plana, sem, no entanto, acreditar nisso. Essa pessoa tem uma representação sobre a representação da outra sem, contudo, assumir como correta essa representação. É essa capacidade de representar representações que nos permite ter recursividade epistêmica (Tomasello, 2014), que é a capacidade de embutir atitudes proposicionais em atitudes proposicionais, como quando o garoto da escola fala "A Mariana achou que eu queria que ela pensasse que o Pedro a achava chata".

Referências

FERREIRA, M. *Pragmática*: significado, comunicação e dinâmica contextual. São Paulo: Contexto, 2023.

GOLDNADEL, M. Pragmática. In: ROMERO, M.; GOLDNADEL, M.; RIBEIRO, P. N.; FLORES, V. N. *Manual de Linguística*: semântica, pragmática e enunciação. Petrópolis: Vozes, 2019.

GRICE, H. P. Meaning., *The Philosophical Review* n. 96, Vol. 66, no 3, p. 377-388, 1957.

LEVINSON, S. C. *Presumptive Meanings*: The Theory of Generalized Conversational Implicature. Cambridge: MIT Press, 2000.

OLIVEIRA, R. P.; BASSO, R. *Arquitetura da conversação*: teoria das implicaturas. São Paulo: Parábola, 2014.

PAGANI, L. A.; SOUZA, L. M. *Para conhecer pragmática*. São Paulo: Contexto, 2022.

PERNA, C.; GOLDNADEL, M. MOLSING, K. V. *Pragmáticas*: vertentes contemporâneas. Porto Alegre: EDIPUCRS, 2016.

SILVEIRA, J. R.; FELTES, H. P. M. *Pragmática e cognição*: a textualidade pela relevância. Porto Alegre: EDIPUCRS, 2002.

SPERBER, D. Metarepresentaion in an evolutionary perspective. In: SPERBER, D. *Metarepresentations*: a multidisciplinary perpspective. Oxford: Oxford University Press, 2000.

SPERBER, D.; WILSON, D. *Relevância*: comunicação e cognição. Lisboa: Fundação Calouste Gulbenkian, 1995.

TOMASELLO, M. *A natural history of human thinking*. Cambridge: Harvard University Press, 2014.

Texto

Alena Ciulla

BREVE HISTÓRICO DO SURGIMENTO DO *TEXTO*

O texto como objeto de estudo linguístico é, de fato, muito recente. Contudo, já na Antiguidade se tem registro de formulações sobre este fenômeno de linguagem: foi nessa longínqua época, inclusive, que a palavra *texto*, do latim *textus*, teve origem. Para o pensador romano Quintiliano (2016 [95 d.C.]), ao modo de um *textus* [tecido], que é formado de vários fios entrelaçados, também se podia observar, na prática dos grandes oradores da época, um tramado de elementos diferentes, que eram reunidos e organizados, formando um todo. Outros estudiosos da Antiguidade, como Cícero, Plauto e Horácio, contribuíram para pensar o que dava unidade a esses textos, sendo que todos transitaram pela ideia de organização e encadeamento de elementos diferentes. Mas foi Quintiliano (2016 [95 d.C.]) quem se dedicou mais intensamente à questão. Em sua obra *De Institutione Oratória* apresenta uma proposta de gramática que, por um lado, a partir dos autores que formavam o cânone clássico, visava determinar os usos da língua considerados legítimos e, por outro lado, visava atualizar no discurso esses usos, com o objetivo de convencer. Esse segundo compartimento da gramática abriga a retórica.

Quintiliano associou o *texto* a um todo em que se poderia distinguir os cinco componentes ou etapas da retórica, a partir da sistematização proposta por Aristóteles, na *Retórica*. O texto seria, então, uma composição de *inventio*, que é a busca por argumentos, *dispositio*, em que se ordenam os argumentos e se aplicam regras lógicas (de particular para o geral, de causa e efeito etc.), *elocutio*, em que se mobilizam os recursos para formar argumentos, como a metáfora e as figuras de estilo, *actio*, em que os discursos são atualizados em um contexto de recepção e, por fim, *memoria*, que consiste nas técnicas de memorização dos discursos. A noção de texto se restringia, nesse trabalho, a um tipo de texto, o da retórica, e a uma abordagem prescritiva da linguagem, isto é, a como os textos deveriam ser escritos.

Outra ponderação feita por Quintiliano é a de que o texto tem duas características: a de unidade, na junção de elementos diversos em um todo organizado (o *textus*) e a de abertura aos debates (o *textum*), assim constituindo uma composição que tem um caráter de fechamento, por um lado, e de inacabamento, por outro.

Essas formulações, como veremos mais adiante, são retomadas pelos estudos linguísticos para configurar o *texto* como objeto de observação científica. Entretanto, houve, após o declínio do Império Romano, uma espécie de declínio também do texto em prol de uma supervalorização da gramática, com o intuito político e econômico de sistematizar as novas línguas que foram se instituindo, como o português, o francês e o espanhol. Embora o interesse não fosse mais apenas nos textos dos grandes poetas e oradores, mas também nas situações comunicativas cotidianas, nessa época o texto era visto como uma mera sucessão de frases gramaticalmente corretas. Essa visada da gramática predominou por muito tempo.

OS ESTUDOS LINGUÍSTICOS DO TEXTO

É somente nos meados da década de 1960, no contexto de vários movimentos filosóficos e linguísticos, que se dá o ressurgimento do objeto *texto* no interior da linguística. Entre esses movimentos, está o que parte da constatação de que, como relatou Neis (1980: 21), "a comunicação linguística se efetua, não com frases sucessivas, mas com textos, e de que, em qualquer texto, encontram-se elementos essenciais, ausentes e inexplicáveis dentro das frases consideradas isoladamente". Não bastava, portanto, que a linguística permanecesse apenas descrevendo categorias gramaticais da morfologia e da sintaxe. Era preciso ir além da frase, instituída por Chomsky como objeto de pesquisa de mais alto nível de análise. Roman Jakobson (1963: 212-3) via aí também um empecilho para o desenvolvimento da nova perspectiva que se impunha e argumentava contra uma linguística confinada à gramática e/ou unicamente a questões não semânticas.

Essa percepção está relacionada ao que advoga Todorov (1967: 265):

> Pode-se apresentar esquematicamente a história da linguística após Saussure como um estreitamento e uma homogeneização de seu objeto. Com exceção de alguns pesquisadores, os linguistas se ocuparam do que Saussure chamou *língua*, isto é, um código abstrato, composto de regras que nos permitem emitir e compreender as frases de uma língua. Mas a *fala* ou o *discurso* também precisam de uma ciência, pois não se trata, como acreditava Saussure, de uma atividade puramente individual. Esta ciência do discurso já existiu, bem antes da linguística, e tinha o nome de *retórica*. É tempo, hoje, de refazer a retórica; se as explicações que os

antigos retóricos propunham não nos satisfazem mais, não devemos, por isso, descartar os problemas que os preocupavam. A retórica tem seu lugar entre as ciências de hoje e de amanhã.

O discurso – entendido aqui como a *fala* saussuriana –, conforme lemos no trecho acima, não é da ordem do puramente individual e, por isso, também tem seus padrões e regras próprios, que são apreendidos social e coletivamente pelos falantes de uma língua (cf. o capítulo "Discurso", neste volume). Um exemplo disso são as funções, como as de narrar, descrever, argumentar e explicar, que compõem "representações esquemáticas do mundo" (cf. Adam, 2019a: 39), manifestadas nos enunciados e nos textos que identificamos como narrativas, descrições, argumentações e explicações, respectivamente. Em outras palavras, há aspectos regulares e padronizáveis, não apenas no que diz respeito à gramática das línguas, mas também no modo como o discurso se organiza em textos, para que os falantes possam se entender e se comunicar. Por isso, para contemplar o texto como evento comunicativo, o que o faz escapar à esfera de uma análise somente gramatical e não semântica, a investigação desses padrões e regras do funcionamento discursivo é fundamental.

Conforme Neis (1981: 9), é difícil "não aceitar o princípio de que nossa comunicação se processa através de textos, ou seja, que ela é orientada pela textualidade". A textualidade, por sua vez, no âmbito das teorias do texto que surgiram nessa época, é vista como o conjunto de elementos que definem o texto, os quais se relacionam não somente aos aspectos "puramente" lexicais e coesivos do texto, mas ao discurso: dizem respeito principalmente ao contexto e à coerência e aos elementos linguísticos que permitem a emergência do contexto e da coerência dos textos, com suas diferentes funções (de narrar, argumentar, descrever etc.) e propósitos comunicativos nas diferentes esferas de atividade humana (profissionais, acadêmicos, jornalísticos, religiosos etc.).

A retomada da retórica, não pelas explicações, tais quais os antigos formularam, mas pelos problemas que os preocupavam, conforme sugeriu, ainda, Todorov (1967), foi efetivamente realizada, em especial a partir da década de 1970. Esse retorno à retórica, além de ajudar a colocar o texto no centro de uma nova ciência, trouxe a contribuição de outros estudos nela enraizados, conforme Nerlich e Clarke (1999): a estilística, a filologia, a ciência da literatura, a antropologia, a psicologia e a sociologia. Com a vantagem de ter o fato humano e o falante no seu âmago, esses estudos contribuíram nos encaminhamentos de um outro problema reivindicado nesse movimento de contracorrente a uma linguística formalista, que é a exclusão do sujeito falante. A redefinição do texto, assim, passa a ser pensada não apenas a partir dos modelos que formam o cânone clássico da literatura das línguas, para a obtenção de regras de estética e correção, mas para um "programa de descrição de todas as produções discursivas humanas" (Adam, 2008: 40).

Assim, a partir de autores como Benveniste (2005; 2006) e Anscombre e Ducrot (1983), são mobilizados aspectos enunciativos, discursivos e argumentativos em favor de uma redefinição de texto, sob a percepção comum de que, como já mencionado, o texto não é um "empilhamento" de frases, de que é preciso resgatar o sujeito que interage e enuncia e de que é preciso investigar o discurso. A partir desses questionamentos, diferentes filiações e enfoques propiciaram diversas perspectivas com objetos *texto*, também diversos. O ponto de vista escolhido neste capítulo para exemplificação de uma abordagem do texto é o da linguística textual, que é, de acordo com Bentes (2024: 334)

> a disciplina criada para tratar, de um ponto de vista linguístico, a problemática do texto e da textualidade [...] e se tornou uma disciplina importante no processo de institucionalização da linguística como um campo de saber autônomo e que podia avançar para além das propostas estruturalistas e gerativistas.

E, complementando o que é dito acima, a linguística textual avança não apenas ou não necessariamente em contraposição ao estruturalismo e ao gerativismo, para proceder um modelo de análise dos sentidos dos textos. A proposta de uma linguística textual abarca o aparelhamento de uma teoria que busca identificar unidades textuais e aquilo que confere unidade ao texto. Em outras palavras, a linguística textual busca a definição de categorias textuais e a observação da textualidade, cujos elementos permitem reconhecer um evento comunicativo como um texto.

Por ir ao encontro de uma teoria assim, entre as diversas abordagens que se desenvolveram, selecionamos a proposta de Jean-Michel Adam para, partindo dela, exemplificar uma perspectiva contemporânea sobre o texto. Enfatizamos que essa escolha foi feita porque esse autor não apenas faz análises, com interpretações dos sentidos dos textos, mas sobretudo propõe uma teoria que permite construir uma compreensão da própria produção de sentidos dos textos. Sua metodologia implica uma problematização, em uma espécie de "vai e vem" entre os dados fornecidos pelos textos, a teoria linguística e o regresso aos textos.

Em sua obra, Adam (2015) problematiza pontos nevrálgicos para a questão do texto, a começar pela discussão epistemológica de como a linguística pode abrigá-lo. No que concerne a esse problema, a proposta de Adam (2008) está, segundo o próprio autor, em uma relação de continuidade às propostas de Saussure e Benveniste.[1] Além disso, Adam (2008) define a linguística textual como uma disciplina no domínio da análise do discurso[2] e toma, como tarefa principal, em sua obra, descrever e teorizar o modo como as unidades textuais elementares são agrupadas em frases, períodos, sequências (cf. Adam, 2019a) e são apanhadas na dinâmica de um todo textual.

É importante salientar que a teorização que apresentamos aqui não visa apenas um tipo ou modalidade de texto, mas busca entender o que é o texto e como reconhecemos um texto, a partir da observação da diversidade de textos. Isso significa que os princípios gerais propostos para definir *texto* devem valer para todos os textos, com suas especificidades, seja ele um bilhete que se coloque na porta da geladeira, um tratado científico, um *post* no *Instagram*, uma conversa face a face, uma notícia de jornal, a fala de um palestrante em um congresso etc.

Trataremos aqui de pontos centrais para compreender o que é um texto, apresentando os principais elementos que lhe conferem textualidade – características que configuram o texto como tal e o delimitam. Partimos do exemplo adaptado de Cavalcante et al. (2022: 25), de um *print* de uma conversa pelo aplicativo WhatsApp. Nele, lê-se o seguinte:

Exemplo 1

seg., 25 de abr.

A: Qual é o número do seu pé? [16:23]

B: 35 [16:32]

Pela data, logo acima da primeira fala da interação, e pelas posições das mensagens (no aplicativo, como se sabe, o balão do locutor fica à direita e o do interlocutor à esquerda), sabe-se que a conversa foi iniciada pelo locutor (A) com a pergunta "qual o número do seu pé?". Alguns minutos depois (o que se vê, pois o aplicativo registra o horário de envio dos enunciados digitados), a resposta "35", que não somente confirma que a pessoa que recebeu a mensagem a compreendeu, como, a princípio, não se surpreendeu com a pergunta. Sabendo-se que o WhatsApp é um aplicativo e é um ambiente propício para conversas informais cotidianas, ainda que não exclusivo nesse tipo de interação, é possível que uma conversa se desenrole assim, sem cumprimentos, nem apresentações, especialmente se os participantes têm bastante intimidade. Além disso, outras inferências são possíveis, a partir dos conhecimentos compartilhados entre os participantes: por exemplo, o de que o aniversário do interlocutor está próximo e a pessoa que lhe faz a pergunta quer comprar um sapato, de presente. Outro tipo de conhecimento entra em jogo aqui, ainda que nem sempre sequer nos demos conta, em alguns casos, de tão corriqueiros, por exemplo, a tabela de numeração de calçados, que não é igual em todos os países, o fato de que o tamanho 35 é considerado pequeno no Brasil e muitas vezes é difícil encontrar a numeração para todos os modelos etc. Também é importante para a compreensão do texto do Exemplo 1, a questão do conhecimento do aplicativo e suas funcionalidades, algumas das quais mencionamos para descrevê-lo, como as datas e horários, indicando o início da interação e o momento do envio das mensagens. Por fim, mencionamos o conhecimento linguístico, que é primordial para a intercompreensão: é preciso conhecer os recursos (ou parte dos recursos) e marcas formais da língua em questão, para que se possa dar um sentido ao texto.

Todo falante sabe, mesmo que intuitivamente, que a interpretação do sentido de enunciados, como a que fizemos dessa interação no WhatsApp ou de qualquer texto, depende desses elementos que descrevemos acima: eles compõem o que chamamos ordinariamente de *contexto*. O contexto é necessário para que qualquer evento comunicativo – oral ou escrito, formal ou informal, digital, ou não – seja reconhecido como um texto, aqui entendido como *uma unidade linguística comunicativa*.

Ainda que o contexto seja frequentemente mencionado como necessário à interpretação dos textos, nem sempre são muito bem esclarecidos os critérios linguísticos que o determinam e, por isso, é um dos pontos de interesse da linguística textual. O contexto é considerado um dos pilares dos fatores de textualidade,[2] ao lado da coerência. Apresentamos, a seguir, um encaminhamento para a questão, conforme se pode depreender de Adam (2006).

Para constituir as bases da sua noção de texto e textualidade, Adam (2008) se inspira no trabalho de Coseriu (1980), para quem a linguística textual é uma teoria da produção co(n)textual de sentido e, além disso, deve fundar-se na análise de textos concretos. Adam (2006) esclarece, então, como ele próprio concebe o texto como unidade semântica e contextual. Para o autor, em primeiro lugar, um texto só pode se constituir e ser compreendido na sua relação forma-sentido (cf. Benveniste, 2005). Adam (2006) chega à ponderação de que somente há um efeito de texto, se o falante experimenta uma percepção de unidade cotextual, ou seja, se as relações entre forma e sentido permitem reconhecer uma unidade. Assim, a primeira contextualização que deve ser considerada é a do texto como unidade cotextual de enunciados.

Quando estamos diante de situações como a do Exemplo 1, podemos reconhecer o cotexto, de início, pelo enunciado de pergunta, que identificamos pelo pronome interrogativo "Qual" e pelo ponto de interrogação, e o segundo, como resposta ao primeiro, já que a pergunta é "Qual número" e o enunciado seguinte é um número ("35"). Além disso, a diagramação do aplicativo permite identificar a sequência dos dois enunciados pelos balões com diferentes cores e deslocamentos, quem escreveu o quê, a data e o horário que as mensagens foram enviadas. Essa "apresentação" dos diálogos no WhatsApp, com seus recursos e possibilidades, faz parte de um gênero discursivo (cf. Marcuschi, 2005; Niederauer, 2024) que podemos chamar *conversa pelo WhatsApp*. É importante salientar que o conhecimento do gênero discursivo também faz parte do conhecimento linguístico e compõe a identificação e disposição do cotexto. Esses recursos e elementos linguísticos em conjunto permitem que identifiquemos aquela sequência de dois enunciados do Exemplo 1 como uma unidade cotextual de enunciados.

Adam (2006) nomeia o cotexto como *força centrípeta* do texto. No entanto, não se distingue um aspecto interno, que seria o cotexto, em oposição a um aspecto externo do texto, que seria o contexto. Em muitas abordagens, o contexto é concebido como conjunto de "elementos que completam ou que asseguram a interpretação global de um enunciado" e/ou "lugares de onde se originam direta ou indiretamente, isto é, por inferência, esses elementos" nas palavras de Kleiber (1994: 14). Nessa concepção se misturam dados do ambiente linguístico imediato aos dados do mundo empírico, mas, de fato,

> [...] não temos acesso ao contexto como dado extralinguístico objetivo, mas somente às (re)construções pelos sujeitos falantes [...]. As informações do contexto são tratadas sobre a base dos conhecimentos enciclopédicos dos sujeitos, de seus pré-construtos culturais e outros lugares comuns argumentativos (Adam, 2006: 23).

Nessa afirmação, Adam (2006) se posiciona no que diz respeito à sua concepção de língua como representação simbólica do mundo e defende a ideia de que o contexto também é um construto realizado pelos interlocutores, nas situações enunciativas, a partir de seus conhecimentos enciclopédicos, de sua cultura, de seus pontos de vista, valores e crenças. O contexto, portanto, não está "no entorno" do texto, mas é construído no texto. Sob essa perspectiva, não é nem a situação sócio-histórica, nem a situação imediata de um ponto de vista externo que determinam o contexto, mas, sim, a percepção do mundo e da situação pelos interlocutores que é manifestada nos textos.

Voltando ao Exemplo 1, podemos afirmar que o contexto ali, em primeiro lugar, é construído pelo comum acordo e conhecimento sobre o uso daquele meio de troca de mensagens pelos interlocutores, em uma situação informal; e, em segundo lugar, pela suposição de vários conhecimentos compartilhados entre os dois interlocutores (a proximidade do aniversário, a cultura de presentear o aniversariante, a numeração de calçados etc.). Sem essas percepções e conhecimentos, que contextualizam o evento comunicativo, os enunciados talvez causassem estranheza. O que se quer demonstrar aqui é que não é o cotexto em si que permite compreender os enunciados de um texto, mas a percepção de como esses enunciados do cotexto podem se conectar e formar um texto.

A grafia de *co(n)texto* é usada por Adam (2006) para destacar que, para apreender um texto, é preciso considerar tanto o cotexto, que é a reconstrução de enunciados à direita e à esquerda do ponto de vista sintagmático,[4] quanto o contexto, que é a suposição de uma situação enunciativa que torna possível o enunciado e, eventualmente, o texto em questão. Observamos ainda que essa definição de contexto como suposição de uma situação enunciativa reitera a ideia de que o contexto não é externo ao texto, mas emerge da atividade e percepção dos interlocutores.

De acordo com Adam (2006), o texto, portanto, não é uma entidade estável, autônoma e fechada, mas "contextual", no que diz respeito à abertura que tem às relações contextuais. Isso significa dizer que o texto não é um produto acabado e pré-definido, mas somente é delimitado e contextualizado na interlocução, pelos interlocutores. O contexto faz parte, assim, do sentido do texto, ajudando a configurar sua unidade.

Outro aspecto que está ao lado do contexto, no estabelecimento da textualidade, é a coerência. A coerência de um texto pode ser definida, de modo bem geral, como todos os elementos que, em conjunto, "permitem aos interlocutores fazer o 'cálculo' sobre a adequação daquilo que ouvem ou leem", de acordo com Ciulla et al (2024). Listamos a seguir, sem a pretensão de sermos exaustivos, alguns dos principais elementos que contribuem para esse "cálculo" da coerência dos textos e algumas de suas principais funções específicas, fazendo um apanhado de possibilidades. Chamaremos esse conjunto de *operações de continuidade e ruptura*, pois operam a ligação necessária entre as partes do texto, permitindo estabelecer a coerência e o reconhecimento de uma unidade de texto.

- Recursos lexicais e gramaticais: conjunções, preposições, conectores, organização sintática, paralelismos gramaticais, concordância verbal, nominal etc.
- Unidades de segmentação: em períodos, parágrafos, estrofes, versos etc.; entram em jogo aqui elementos como a pontuação e a alínea, no escrito, e as pausas, no oral.
- Anafóricos: estabelecem o tema ("do que" se fala no texto) e fazem progredir o texto no aspecto do conteúdo, retomando, organizando, definindo, avaliando e enfatizando objetos de discurso, além de propiciar a introdução de novos objetos.
- Dêiticos: estabelecem a relação do locutor com os enunciados, organizam a referência a pessoas do discurso e a objetos.
- Marcas de intertextualidade: a partir das quais podem ser estabelecidas relações entre diferentes textos que são referenciados para contestar, reafirmar, comparar, ironizar etc.

Enfatizamos aqui que as operações e operadores listados acima são alguns dos principais responsáveis pela força coesiva que é promovida em diversos níveis e que é a partir deles que os interlocutores podem atribuir um efeito de texto. Para uma melhor especificação de toda a complexidade e para algum aprofundamento dessas relações, sugerimos consultar a bibliografia indicada na seção seguinte. Ficamos aqui com uma análise do Exemplo 2, feita a partir de Adam (2019b), para ilustrar alguns desses operadores e suas funções textuais:

Exemplo 2: "Canção de ninar", de Paul Éluard.

CANÇÃO DE NINAR
                para Cécile Éluard

Filha e mãe e mãe e filha e filha e mãe e mãe e filha e filha e mãe e mãe e filha e filha e mãe e mãe e mãe e filha e filha e filha e mãe.[5] (Adam, 2019b)

A repetição de três palavras, *filha, e* e *mãe* impede, à primeira vista, a introdução de informações novas e o desenvolvimento de uma predicação. O cotexto, visto assim, sem o contexto, e com a única conexão feita pelo "e", pode não ser suficiente para que os interlocutores vejam aí um texto. No entanto, se associamos as palavras repetidas ao título do poema, que o estabelece como "canção de ninar", uma ligação pode ser feita, associando-se à cena de uma mãe que canta para a filha dormir. Assim, podem ser supridas as disfunções de superfície sintática desses enunciados, como a falta de verbo e de predicação, pelo acesso a uma outra ordem do sentido, dominada semanticamente por uma temática de maternidade, manifestada nas relações anafóricas entre mãe e filha e, ritmicamente, por uma estrutura repetitiva, trazendo a sonoridade de uma canção. Também a segmentação do período, em um contínuo, sem vírgulas nem espaçamentos, escapam a uma estrutura periódica padrão, mas contribuem para construir a sonoridade de uma canção – especialmente se o poema for lido em voz alta.

Outros aspectos estão relacionados também ao conhecimento de que se trata de uma coletânea impressa de poemas surrealistas, de autoria de Paul Éluard: as relações intertextuais reforçam o modo de expressão surrealista do poema, além de que, na dedicatória do poema, há um nome feminino com o mesmo sobrenome do autor, sugerindo um grau de parentesco. Essas informações que envolvem o conhecimento enciclopédico e de mundo são chamadas de *peritextuais*, na reflexão de Adam (2019a), pois fazem parte do conjunto de elementos que podem auxiliar no estabelecimento do contexto e da coerência, mas nem sempre estão acessíveis aos interlocutores, ou então exigem inferências não inscritas no cotexto.[6]

Sobre a dimensão enunciativa do texto, observamos o aspecto de que, nesse poema, a marca de pessoa é ausente, não havendo uma ancoragem dêitica que vincule o que é enunciado ao testemunho do locutor. A dedicatória tem uma implicação de um *eu* que dedica o poema a alguém, mas, formalmente, *não há marca de pessoa*. O poema se faz, assim, como em uma descrição ou narrativa objetiva.

Vale ressaltar que a dêixis (que marca a relação do locutor com o enunciado) no texto literário demanda uma análise diferenciada (cf. Ciulla, 2008). Aqui, para que fique mais bem ilustrada a operação de continuidade textual operada pela dêixis nos textos, em comparação ao que ocorre no Exemplo (2), retomamos o Exemplo (1), em que aparece a expressão dêitica "seu pé". Com essa expressão, especialmente pelo pronome possessivo "seu", o locutor inclui e convoca o interlocutor como seu parceiro na situação enunciativa. Dessa maneira é construída uma referência à própria instância presente dos participantes e, nesse caso, configura um texto dialogal.

Podemos observar, então, que, também no que diz respeito à coerência, não se pode considerá-la como *a priori*. Os operadores de continuidade, por si só, não garantem que a coerência seja estabelecida. O que faz com que um texto seja reconhecido como coerente, além de um certo princípio de cooperação (cf. Grice, 1975) que predispõe os interlocutores a buscarem um sentido para os textos, é o fato de que possa haver uma combinação suficiente de elementos linguísticos reconhecidos e compartilhados entre os participantes do evento comunicativo, que permita a intercompreensão.

A conexão e a progressão temática se associam, mas nem sempre de maneira muito informativa ou explicitada, pelo menos não do ponto de vista normativo-gramatical, como podemos ver nos Exemplos (1) e (2). Os recursos que os falantes têm para acessar a ordem do sentido são os da *textualidade*, ou seja, os que permitem reconhecer uma unidade de sentido, um texto.

ROTEIRO DE LEITURAS

Ao longo do texto foram feitas algumas referências a obras que podem ser consultadas, caso haja necessidade de aprofundar a reflexão. Algumas delas, apresentamos com mais detalhe aqui, por serem em língua portuguesa e para que se possa ter uma ideia mais completa sobre o interesse da leitura. O livro *Linguística textual: conceitos e aplicações*, de Cavalcante et al. (2022), reúne as pesquisas realizadas desde 2002 pelo grupo Protexto/CNPq, liderado por Mônica Magalhães Cavalcante, da Universidade Federal do Ceará. As pesquisas do grupo foram cuidadosamente compiladas em um texto didático e incluem os conceitos de coerência, contexto, discurso, enunciação, interação, argumentação, gêneros discursivos, sequências textuais, referenciação, organização tópica e intertextualidade.

De autoria de Jean-Michel Adam, há dois livros importantes traduzidos para o português: *A linguística textual: análise textual dos discursos*, publicado no Brasil em 2008, e *Textos: tipos e protótipos*, publicado em 2019. Nas duas obras são discutidas as bases da linguística textual, mas, no segundo, Adam contempla os detalhes da sua teoria sobre os padrões, tipos textuais e sequências descritivas, narrativas, argumentativas, explicativas e dialogais. Também as unidades de segmentação, como frase, proposição-enunciado, período, parágrafo e suas relações, são bastante desenvolvidas nesta obra de 2019, de maneira muito sistemática e detalhada. Já as relações de conexão (o que chamamos de *operações de continuidade e ruptura*) ficam um pouco em segundo plano na obra de Adam.

Por isso, para quem se interessa pelos elementos de conexão do texto, é preciso recorrer a outros autores. Sobre os dêiticos e anafóricos e suas funções no texto, recomendamos a coletânea de traduções *Referenciação* (Cavalcante; Biasi-Rodrigues; Ciulla, 2003), em que vários tópicos são abordados, compondo uma perspectiva textual da referência, a partir de autores de fundamental importância, como Denis Apothéloz, Maria Elisabeth Conte, Gill Francis, Lorenza Mondada e Jean-Claude Milner.

Para o conhecimento da teoria de Eugenio Coseriu, precursor da linguística textual, indicamos *Linguagem e discurso* (Coseriu; Lamas, 2010), uma coletânea de textos do autor feita por Óscar Loureda Lamas. Por esta obra, pode-se vislumbrar uma introdução à *linguística integral* de Coseriu, que tem o texto como objeto central.

Uma leitura bem interessante para a reflexão sobre a definição de texto é proporcionada em *Linguística da mentira*, de Harald Weinrich (2017), um outro pioneiro da linguística textual, que traz, entre outras, uma importantíssima discussão sobre a diferença entre significado lexical e significado textual.

Consideramos também que a leitura dos *Problemas de Linguística Geral I e II*, de Émile Benveniste (2005, 2006) é de suma importância. Ainda que não tivesse o objeto *texto* como centro de sua reflexão, há vários fundamentos na sua obra aos quais precisamos retornar para avançar na noção de texto.

Por fim, indicamos a leitura do livro intitulado *Estudos do discurso: conceitos fundamentais*. Por sua relação indissociável com o texto, os estudos do discurso interessam a todos que desejam compreender o conceito de texto. Nessa obra, os diversos temas do campo do discurso são apresentados em seus fundamentos e avanços, por autores de diferentes perspectivas teóricas. Entre esses temas, estão a argumentação, a autoria, a dêixis, o ethos discursivo, o signo, a polifonia, a referenciação e a tipologia textual.

Notas

[1] Essa discussão sobre a linguística que abriga o texto na obra de Adam é apresentada com mais detalhe em Ciulla (2008) e na obra do próprio autor, por exemplo, em Adam (2008). Não nos estenderemos nela aqui, para não nos afastarmos do foco de apresentação de uma perspectiva de análise do texto.

[2] Observamos que a expressão "análise do discurso" está sendo referida aqui no seu sentido amplo, o de levar em conta na análise os aspectos discursivos do texto. Não se trata aqui, portanto, de filiar a Linguística Textual à Análise do Discurso (AD), que é uma outra abordagem muito diferente, com objetos, metodologias e fundamentações de outra natureza – ver discussão em Ciulla (2023) e Piovezani e Possenti (2023).

[3] Os *fatores de textualidade* foram formulados pioneiramente por Beaugrande e Dressler (1981) a partir das noções de *contexto* e *coerência*, para definir o texto. Contudo, a perspectiva sociocognitiva desses autores se afasta da perspectiva apresentada aqui, a partir de Adam (2006; 2008).

[4] Ainda que Adam faça algumas análises de textos orais, como em Adam (2008; 2019a e 2019b), o autor contempla, na definição de cotexto que apresenta, apenas o texto escrito, ao mencionar enunciados à direita e à esquerda. A nosso ver, é preciso repensar uma definição mais ampla que abarque não apenas a modalidade oral, além da escrita, mas outros ambientes, como o digital, em que aparecem não apenas as palavras sintagmática e linearmente dispostas nos enunciados, mas diversos elementos entram em jogo e se constituem como marcas linguísticas de delimitação do cotexto (conforme, inclusive, a análise do cotexto que fizemos do Exemplo 1).

[5] No original: "BERCEUSE

A Cécile Éluard

Fille et mère et mère et fille et fille et mère et mère et fille et fille et mère et mère et fille et fille et mère et mère et mère et fille et fille et fille et mère."

[6] Ver a noção de *common ground* no capítulo "Pragmática".

Referências

ADAM, J.-M. "Textes/discours et Co(n)textes". Entrevista a ACHARD-BAYLE, G. In: *Pratiques*: linguistique, littérature, didactique, n. 129-30, 2006, pp. 20-34.

_____. *A linguística textual*: introdução à análise textual dos discursos. Trad. Maria das Graças Soares Rodrigues et al. São Paulo: Cortez, 2008.

_____. Introduction aux problèmes du texte. In: _____. *Faire texte*: frontières textuelles et opérations de textualisation. Besançon: Presses Universitaires de Franche-Comté, 2015.

_____. *Textos*: tipos e protótipos. Trad. Mônica Cavalcante et al. São Paulo: Contexto, 2019a.

_____. La notion de texte. *Encyclopédie grammaticale du Français*. 2019b.

ANSCOMBRE, J.-C.; DUCROT, O. *L'argumentation dans la langue*. Bruxelas: Mardaga, 1983.

ARISTÓTELES. *Retórica*. Pref. e introd. Manuel Alexandre Júnior. Trad. e notas Manuel Alexandre Júnior, Paulo Farmhouse Alberto e Abel do Nascimento Pena. Lisboa: Centro de Filosofia da Universidade de Lisboa/Imprensa Nacional-Casa da Moeda, 2005.

AZEVEDO, T. M.; FLORES, V. N. *Estudos do discurso*: conceitos fundamentais. Petrópolis: Vozes, 2024.

BEAUGRANDE, R. A.; DRESSLER, W. U. *Introduction to text linguistics*. London/New York: Longman, 1981.

BENTES, A. C. Texto. In: AZEVEDO, T.M.; FLORES, V. N. (orgs.). *Estudos do discurso*: conceitos Fundamentais. Petrópolis: Editora Vozes, 2024.

BENVENISTE, E. *Problemas de Linguística Geral I*. Trad. Maria da Glória Novak e Maria Luiza Neri. Campinas: Pontes, 2005.

_____. *Problemas de Linguística Geral II*. Trad. Eduardo Guimarães et al. Campinas: Pontes, 2006.
CAVALCANTE, M. M. et al. *Linguística textual*: - conceitos e aplicações. São Paulo: Pontes, 2022.
CAVALCANTE, M. M.; RODRIGUES, B. B; CIULLA, A. *Referenciação*. São Paulo: Contexto, 2003.
CIULLA, A. *Os processos de referência e suas funções discursivas*: o universo literário dos contos. 201f. Fortaleza, 2008. Tese (Doutorado em Linguística) – Departamento de Letras Vernáculas, Universidade Federal do Ceará.
_____. O programa linguístico de Benveniste e a constituição da linguística textual proposta por Adam. *Revista Linguagem e Ensino*, Pelotas, v. 23, n. 3, 2020.
_____. Linguística textual. In: OTHERO, G. A.; FLORES, V. N. (orgs.). *A linguística hoje*: múltiplos domínios. São Paulo: Contexto, 2023.
CIULLA, A. et al. Textualidade digital e enunciação: os comentários de webnotícias. *Linha D'Água*, São Paulo, v. 37, n. 1, 2024, pp. 105-27.
COSERIU, E. *Textlinguistik*: Eine Einführung. Tubingen: Gunter Narr, 1980.
COSERIU, E.; LAMAS, O. L. *Linguagem e discurso*. Trad. Cecília Ines Erthal. Curitiba: Ed. UFPR, 2010.
GRICE, H. P. Logic and conversation. In: COLE, P.; MORGAN, J. L. (orgs.). *Syntax and Semantics 3*: Speech Acts, New York: Academic Press, 1975, pp. 41-58.
JAKOBSON, R. *Essais de linguistique générale*. Paris: Éditions de Minuit, 1963.
KLEIBER, G. Contexte, interprétation et mémoire; approche standard vs approche cognitive. *Langue française*, Paris, n. 103, 1994, pp. 9-22.
MARCUSCHI, L. A. Gêneros textuais: definição e funcionalidade. In: DIONÍSIO, A. P.; MACHADO, A. R.; BEZERRA, M. A. (orgs.). *Gêneros textuais e ensino*. Rio de Janeiro: Lucerna, 2005.
NEIS, I. A. Por que uma linguística textual? *Revista Letras de Hoje*, v. 20, n. 2, 1980.
_____. Por uma gramática textual. *Revista Letras de Hoje*, v. 16, n. 2, 1981.
NERLICH, B.; CLARKE, D. Champ, schéma, sujet: les contributions de Bühler, Bartlett et Benveniste à une linguistique du texte. *Langue française*, Paris, n. 121, 1999, pp. 36-55.
NIEDERAUER, C. M. M. Gêneros do discurso. In: AZEVEDO, T. M.; FLORES, V. N. (orgs.). *Estudos do discurso*:conceitos fundamentais. Petrópolis: Vozes, 2024.
PIOVEZANI, C.; POSSENTI, S. Linguística do discurso. In: OTHERO, G. A.; FLORES, V. N. (orgs.). *A linguística hoje*: múltiplos domínios. São Paulo: Contexto, 2023.
QUINTILIANO, M. F. *Institutio Oratoria*. Trad. Bruno Fregni Basseto. Livro IX, Tomo III. Campinas: UNICAMP, 2016.
TODOROV, T. *Littérature et signification*. Paris: Larousse, 1967.
WEINRICH, H. *Linguística da mentira*. Trad. Maria Aparecida Barbosa e Werner Heidermann. Florianópolis: Ed. da UFSC, 2017.

Enunciação

Valdir do Nascimento Flores

BREVE HISTÓRICO DO SURGIMENTO DA *ENUNCIAÇÃO*

Tomar a *enunciação* como objeto de estudo e de análise linguística não é algo que se possa considerar uma novidade do século XX, embora, é justo dizer, seja apenas a partir dessa época que o termo passa a figurar nos estudos linguísticos. Conforme a *Encyclopédie Philosophique Universelle* (1990), o termo latino *enuntiatio*, e de seu sucessor em francês *énonciation* (enunciação), conheceu uma grande variedade de significados – por vezes técnicos, por vezes contraditórios entre si –, em áreas como a lógica, a gramática e a retórica (cf. Fuchs, 1985). Considera-se que o significado propriamente linguístico do termo se estabilizou por volta de 1920, com o trabalho do linguista suíço Charles Bally (1865-1947). No entanto, já a partir de 1800, o termo indica *efemeridade, fugacidade*, estabelecendo-se, em meados do século XIX – notadamente com Henri Weil (1818-1909), em um estudo sobre a ordem das palavras – com o sentido moderno de "condição essencial" da fala, onde se encontram locutor e interlocutor. Em termos muito gerais, poderíamos dizer que a análise linguística da enunciação leva em conta os recursos que o locutor utiliza para construir, em um dado enunciado, um conjunto de representações daquilo que lhe permite dizer o que efetivamente diz. Nesse sentido, a perspectiva enunciativa parte da ideia de que há determinações fundamentais da linguagem humana formadas na enunciação que não se resumem a realidades linguísticas abstratas pré-existentes ao uso que o locutor faz delas.

A análise enunciativa distancia-se da separação saussuriana entre *língua* e *fala*, uma vez que parte do princípio de que a *língua* – como sistema social – advém do uso que os locutores fazem dela em atos individuais de enunciação. A cada novo uso, a cada ato enunciativo, essa mesma *língua* se reformula, se atualiza. Os linguistas dessa abordagem dão bastante atenção a fenômenos linguísticos de ordem estilística; às modalidades; à ordem das palavras no enunciado; às marcas de tempo, espaço e pessoa; à fraseologia; ou seja, a todos os mecanismos utilizados pelos locutores para produzirem um determinado sentido no interior de um enunciado, em uma dada situação espaço-temporal, como mostraremos a seguir.

Como tal, essa abordagem encontra suas raízes na retórica antiga, na gramática tradicional e na lógica (cf. Fuchs, 1985). Falemos sobre cada uma em particular. A retórica, iniciada como reflexão possivelmente no século V a.C., tem sua formulação mais completa na obra de Aristóteles, em IV a.c. Barthes (2001: 5) a considera uma metalinguagem (um discurso sobre o discurso) que assumiu diferentes práticas (ensino, ciência, moral etc.). A retórica dá bastante importância ao discurso jurídico, persuasivo portanto, e às técnicas de persuasão que poderiam ser utilizadas pelos produtores de discursos na tentativa de obter adesão de seus interlocutores, com relação a alguma causa e/ou tese. Explica Barthes (2001: 15-6):

> Aristóteles concebe o discurso (a *oratio*) como uma mensagem e o submete a uma divisão de tipo informático. O Livro I da *Retórica* é o livro do emissor da mensagem, o livro do orador: nele é tratada principalmente a concepção dos argumentos, na medida em que dependem do orador, de sua adaptação ao público, isso segundo os três gêneros reconhecidos de discursos (judicial, deliberativo, epidíctico). O Livro II é o livro do receptor da mensagem, o livro do público: nele se trata das emoções (das paixões) e de novo dos argumentos, mas desta vez na medida em que são *recebidos* (e não mais, como antes, *concebidos*). O Livro III é o livro da própria mensagem: nele se trata da *lexis* ou *elocutio*, quer dizer, das "figuras", e da *taxis* ou *dispositio*, isto é, da ordem das partes do discurso.

Como se pode facilmente notar, o chamado *quadro figurativo da enunciação* (Benveniste, 1989: 87), em que estão presentes interlocutores, situação e referência, é, em alguma medida, herdeiro da tradição retórica que, ao elencar recursos expressivos eficientes para conquistar a adesão do público, interessa-se pelo estilo verbal, pelas figuras de linguagem, pelos recursos de persuasão do discurso, ou seja, por tudo o que poderíamos considerar mecanismos de produção do discurso por um locutor em uma dada situação: "de fato essa retórica se sustenta, enquanto princípio, na consideração daquilo que chamamos hoje 'a situação de enunciação'" (Fuchs, 1985: 112).

A gramática tradicional, conforme explica Fuchs (1985: 113), "apesar de estar interessada pelas regras constitutivas do sistema da língua comum a todos os utilizadores [...], não ficou livre de ser tocada, em alguns pontos precisos, pela existência de fenômenos enunciativos da língua". Diz ela:

> desde a antiguidade, a tradição gramatical reconheceu a especificidade de alguns termos que só obtêm valor determinado através da atualização momentânea que lhes confere a produção do enunciado em que aparecem (Fuchs, 1985: 113-4).

A autora destaca dois desses fenômenos: a dêixis e as modalidades. Ambos são tratados em gramáticos como Dionísio da Trácia (170 a.C-90 a.C) e Apolônio Díscolo (sec. II). Com relação especificamente ao fenômeno da dêixis, já na *Gramática de Port-Royal*, no século XVII, em 1660, ela é objeto de estudo em capítulo sobre os pronomes e a categoria de pessoa (cf. Lahud, 1979). Quanto às modalidades, são dessa época distinções como: asserção, endereçamento, pedido-desejo, interrogação, ordem, entre outras:

> São herdeiros dessa longa tradição os linguistas contemporâneos que se esforçam por apresentar uma análise enunciativa das modalidades. Sua atenção é particularmente voltada para as seguintes questões: tipologia das modalidades, análise das relações sistemáticas entre modalidades, oposição entre modalidades de "dito" (ou do enunciado) e modalidades do "dizer" (ou da enunciação) e entre modalidades do "dizer" e modalidades do "fazer" (atos de fala, performativos...) (Fuchs, 1985: 115).

Na lógica, por fim, encontramos a fonte de estudos dedicados aos trabalhos com a referência (sentido *vs* referência), a pressuposição, os atos de fala, os casos de opacidade do sentido, a reflexividade, entre outros.

Esse pequeno histórico que fazemos é suficiente para mostrar que aquilo que se configurou no século XX, notadamente no contexto da linguística pós-saussuriana, como um estudo da enunciação, tem sua origem em trabalhos anteriores, que fazem parte da tradição dos estudos linguísticos em geral, em especial a retórica, a gramática tradicional e a lógica.

Isso posto, é justo indagar: em que circunstâncias esses estudos precursores efetivamente se transformaram em um objeto da linguística moderna? Dito de outro modo, o que determinou a inclusão na análise linguística desses aspectos esparsamente presentes na tradição dos estudos da linguagem?

O pontapé inicial é dado pelo linguista francês Michel Bréal (1832-1915), no século XIX, especificamente em 1897, com a publicação do livro *Ensaio de semântica*: "a linguística fala ao homem dele mesmo", dirá Bréal (1992: 17). Ele propõe chamar de "semântica" a "nova ciência das significações" – por oposição ao que, na época, era considerado o estudo das mudanças fonéticas da gramática comparada – e, no interior dessa nova disciplina, Bréal localiza "o elemento subjetivo" (1992: 157):

> Se é verdade, como se pretendeu, algumas vezes, que a linguagem é um drama em que as palavras figuram como atores e em que o agenciamento gramatical reproduz os movimentos dos personagens, é necessário pelo menos melhorar essa comparação por uma circunstância especial: o produtor intervém frequentemente na ação para nela misturar suas reflexões e seu sentimento pessoal [...]. Essa intervenção é o que proponho chamar *o aspecto subjetivo da linguagem*.

Esse aspecto subjetivo é representado
1º) por palavras ou membros de frases;
2º) por formas gramaticais;
3º) pelo plano geral de nossas línguas.

Ora, fica evidente que Bréal, mesmo que programaticamente, propõe um estudo metodologicamente estrito do que chama de "elemento subjetivo". Isso se deve, de um lado, ao entendimento que Bréal tem da natureza da linguagem humana – na qual há duas ordens de funcionamento: a informativa e a expressiva –, de outro lado, à crença na localização no interior das línguas dos mecanismos relativos ao "elemento subjetivo": ou, como ele mesmo diz, "o homem ao falar está tão longe de considerar o mundo como observador desinteressado que se pode julgar, [...], que a parte que ele dá a si mesmo na linguagem é desproporcionada" (Bréal, 1992: 161).

É, pois, com Bréal que começa a se esboçar uma "linguística da enunciação", porque é ele que efetivamente vislumbra a possibilidade de construção do aparato técnico mínimo para a abordagem linguística *stricto sensu* da enunciação em diferentes planos (lexicais, sintáticos, morfológicos etc.). No entanto, é justo dizer, em Bréal não há ainda um "modelo" da análise enunciativa; o que vemos, na verdade, é o reconhecimento de que o "elemento subjetivo" está presente no sistema da língua e a prospecção de uma análise disso.

O trabalho de Bréal repercute no século XX em teorias enunciativas como as de Charles Bally, Albert Sechehaye (1870-1946), Roman Jakobson (1896-1982), Émile Benveniste (1902-1976), entre outros, onde encontraremos propostas mais consolidadas de análise da enunciação.

A PRESENÇA DA ENUNCIAÇÃO NOS ESTUDOS LINGUÍSTICOS

Comecemos apresentando um conceito geral de enunciação e fazendo um breve levantamento dos fenômenos linguísticos enunciativos tradicionalmente analisados no conjunto das teorias linguísticas como uma primeira aproximação ao assunto: a enunciação é o "colocar em funcionamento a língua por um ato individual de utilização" (Benveniste, 1988: 82). Com essa definição, colocam-se em destaque três pontos importantes que devem ser levados em conta na análise enunciativa: o *ato* (que implica necessariamente o *locutor* e o *alocutário*);[1] a *situação* particular em que ocorre esse ato (que implica a *instância de discurso* – coordenadas de tempo (*agora*), espaço (*aqui*) e pessoa (*eu-tu*) – e a (co)referência); os *instrumentos linguísticos* (*o aparelho formal da língua* – *índices específicos e procedimentos acessórios*) utilizados para a construção do enunciado. Em outras palavras:

Uma troca linguística coloca em jogo indivíduos (locutor e alocutário), numa situação particular. Por mais individual e particular que seja esse ato, ele não deixa de obedecer a certos esquemas inscritos no sistema da língua. É preciso, portanto, distinguir entre o material linguístico abstrato (enunciado-tipo) e as múltiplas realizações que são os atos de discurso (ou enunciados-ocorrência): é neste segundo nível que se inscreve a problemática da enunciação (Arrivé; Gadet; Galmiche, 1986: 254).

A análise enunciativa é, então, o estudo, em uma dada *instância de discurso*, das "marcas" (específicas e acessórias) que a *enunciação* deixa no *enunciado*; essa análise interessa ao linguista na justa medida em que se considera que há certos fatos gramaticais que não podem ser semanticamente descritos sem relacioná-los ao ato de produção do enunciado (a enunciação), uma vez que o sentido do agenciamento das formas da língua, nesses fenômenos, não se limita à combinação formal de seus elementos. Na figura abaixo, apresentamos o percurso de análise enunciativa, tal como aqui estamos propondo.

Figura 1 – Percurso de análise do quadro formal de realização da enunciação.

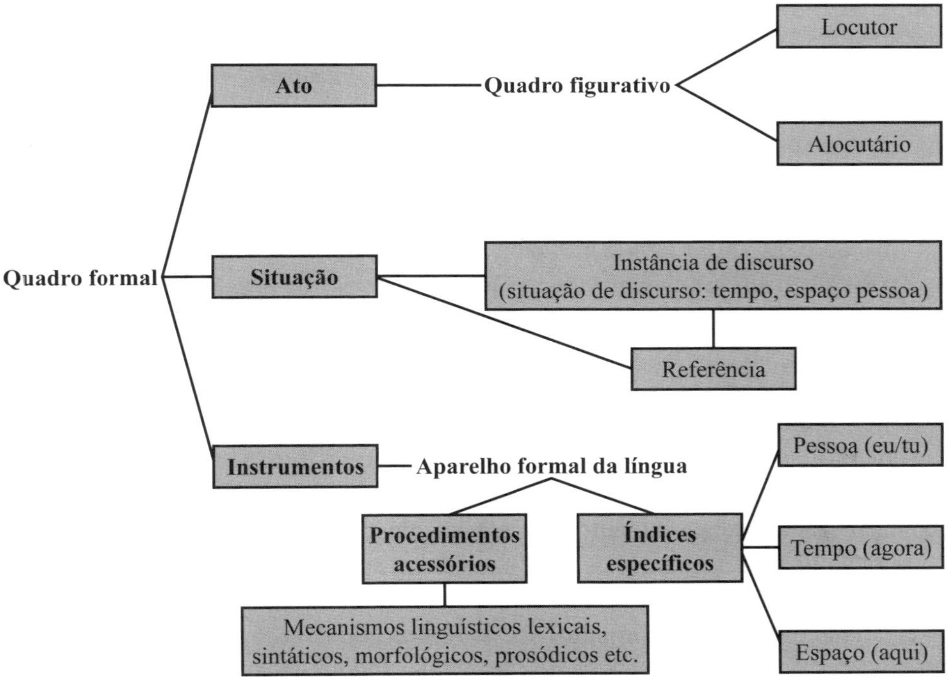

Fonte: adaptado de Flores (2019).

A Figura 1 decorre de interpretação que fazemos do texto "O aparelho formal da enunciação", do linguista francês Émile Benveniste, publicado em 1970 na revista *Langages*. Esse trabalho de Benveniste, além de ser considerado uma síntese de suas reflexões acerca da enunciação, instituiu-se na historiografia linguística como um verdadeiro programa de pesquisas enunciativas, um marco portanto.

Se, inicialmente, lemos a Figura 1 de baixo para cima, localizamos as "marcas" da enunciação, quer dizer, os instrumentos de sua realização linguística, que são *específicas* (no caso dos índices) e *acessórias* (no caso dos procedimentos). A sua descrição poderia integrar uma verdadeira "gramática da enunciação", não no sentido de uma "obra de referência" no interior da qual estariam todas as descrições semânticas possíveis da enunciação, o que seria contraditório com a ideia de que a enunciação, por sua natureza de "ato", é irrepetível; mas no sentido de que a enunciação "possui uma gramática", entendida como arranjo linguístico (composto por *índices específicos* e *procedimentos acessórios*), promovido por um locutor em uma dada situação, com vistas a um determinado sentido.

Essa "gramática" pode ser pensada, numa inspiração nitidamente benvenistiana, como constituída por dois componentes, ligados aos mecanismos linguísticos que permitem ao locutor enunciar a sua posição de locutor no interior do enunciado: um primeiro componente no qual estariam contidos os índices (marcas formais) específicos da enunciação; um segundo, no qual estariam presentes todos os demais mecanismos, quer dizer, os *procedimentos acessórios* utilizados pelo locutor para dizer o que diz. O conjunto dos dois componentes, referido à *situação enunciativa* e ao *ato* de enunciação, constitui, propriamente falando, a análise da enunciação.

Quanto aos índices específicos, Benveniste considera que "o ato individual de apropriação da língua introduz aquele que fala em sua fala. [...] Esta situação vai se manifestar por um jogo de formas específicas cuja função é de colocar o locutor em relação constante e necessária com sua enunciação" (Benveniste, 1989: 84). As *formas específicas* da enunciação são as categorias de pessoa,[2] tempo[3] e espaço.[4] Esse conjunto de categorias é uma espécie de dispositivo, inerente a todas as línguas (universal,[5] portanto), que permite a ocorrência da enunciação. As formas específicas da enunciação, as categorias, estão inscritas na linguagem e emergem nas línguas. Sem elas, não haveria enunciação.

Quanto aos procedimentos acessórios, Benveniste não chega a defini-los textualmente. Porém, com base em seu raciocínio, podemos dizer que se trata dos demais mecanismos que o locutor utiliza para construir a referência de seu discurso e que estão ligados à singularidade de cada enunciação. Como sugere Aresi (2011: 272), ao invés de dizermos "quais" são os procedimentos acessórios, deveríamos dizer "o que" são os procedimentos acessórios da enunciação. Em outras palavras, podem fazer parte dos procedimentos acessórios todos os recursos sintáticos, lexicais, prosódicos etc. que contribuem para o locutor dizer o que diz. Nesse sentido, podemos, no máximo, elencar, *in absentia*, alguns fenômenos que concorrem para auxiliar a interpretação enunciativa, sem pretensão de exaustividade, uma vez que eles somente podem ser realmente listados *in praesentia*, em um dado enunciado.

A diferença fundamental entre índices específicos e procedimentos acessórios diz respeito à modalidade de referência à enunciação que instauram.

Os índices específicos são formas *autorreferenciais* que referem o seu próprio aparecimento, quer dizer, que não remetem "[...] à 'realidade' nem a posições 'objetivas' no espaço ou no tempo, mas à enunciação, cada vez única, que as contém [...]", refletindo "[...] assim o seu próprio emprego" (Benveniste, 1988: 280). São formas que têm a mesma propriedade da autorreferência, por exemplo, advérbios, pronomes, locuções adverbiais etc.; "o essencial é, portanto, a relação entre o indicador (de pessoa, de tempo, de lugar, de objeto mostrado etc.) e a *presente* instância de discurso" (Benveniste, 1988: 280).

Os procedimentos acessórios são formas que estão ligadas referencialmente aos índices específicos, quer dizer, são mecanismos linguísticos que adquirem sentido porque ligados à *instância de discurso* que contém os indicadores *autorreferenciais*. Por exemplo, a organização do enunciado em *tema* e *comentário* identifica o objeto do ato de enunciação (*tema*) por oposição ao conteúdo relativamente a esse objeto (*comentário*); o valor hierárquico dos elementos do enunciado pode ser descrito para além do estatuto informacional que eles têm; o valor hierárquico pode ser visto como uma marca da enunciação no enunciado, um procedimento acessório, desde que referida aos índices específicos da enunciação.

Isso posto, a seguir, fazemos um esboço de nossa proposta de "gramática da enunciação", atentando antes para o fato de que, se é verdade que existe uma série de fenômenos de diferentes níveis linguísticos que podem e devem ser descritos com base na enunciação, também é verdade que uma lista exaustiva desses fenômenos seria impossível, pois a enunciação é criadora de usos para formas da língua.

A) Componente dos índices *específicos*[6] da enunciação

1. **Índices de pessoa (locutor(es) e interlocutor(es))**
   - Pronomes pessoais (singular e plural) de 1ª e 2ª pessoas (usos de *eu*, *tu*, *você*; *a gente/ nós*[7] [eu + não-eu (tu, tu + ele(s), ele(s), vocês)]; *vocês* [tu + não-tu (tu + ele(s)]). Essa descrição pode ser estendida às formas oblíquas de 1ª e 2ª pessoas (*me, mim, comigo, te, ti, contigo, nos, conosco* etc.) e, a depender da situação, às formas de tratamento (*o senhor, a senhora, vossa* etc.).
   - Pronomes possessivos de primeira e segunda pessoas (usos de *meu, teu, nosso*).
   - Desinências verbais (indicadoras de pessoa).
   - Elipse de correferência pronominal: *Você chegou e [Ø saiu muito rápido]*.

2. **Índices de tempo**
   - Desinências verbais indicadoras de presente, pretérito(s), futuro(s).
   - Advérbios e locuções adverbiais de simultaneidade (*agora, hoje, neste momento* etc.), de anterioridade (*ontem, na semana passada* etc.), de posterioridade (*amanhã, semana que vem* etc.).
   - Preposições e locuções prepositivas com indicação de concomitância, anterioridade ou posterioridade (*durante, ante, após* etc.).
   - Conjunções com indicação de concomitância, anterioridade ou posterioridade (*quando, antes que, depois que* etc.).
   - Adjetivos (*atual, futuro* etc.).
   - Alguns prefixos (*pré-, pós-* etc.).

3. **Índices de espaço**
   - Advérbios de localização (*aqui, lá* etc.), advérbios apresentativos (*eis*), locuções adverbiais (à direita, à esquerda, embaixo de, abaixo de, em cima, perto de, longe de etc.).
   - Demonstrativos relativos à primeira ou à segunda pessoas (usos de *este/esse/isto*).
   - Preposições e locuções prepositivas (*perante, sob, sobre* etc.).
   - Alguns tipos de verbos de movimento (*ir* e *vir*; *subir* e *descer*, por exemplo) cuja semântica está ligada à posição do locutor no espaço.

B) Componente dos *procedimentos acessórios* da enunciação

Muitos são os mecanismos que, articulados aos índices específicos da enunciação, compõem as marcas da enunciação no enunciado. Daremos aqui apenas algumas sugestões, já que se trata de um conjunto de elementos que varia de acordo com cada enunciação.

- A organização tema/comentário do enunciado acompanhada ou não de relevo entonacional.
- A metáfora e a metonímia entendidas como processos de construção do sentido na enunciação (cf. Fiorin, 2008).
- A modalização fundamental: *asserção* (afirmação e negação), *interrogação, intimação* (imperativos, vocativos etc.).
- A modalização (*modus*) que marca a relação que o locutor tem com o conteúdo do enunciado (*dictum*). A modalização pode dizer respeito a um julgamento intelectual, um julgamento afetivo ou a uma vontade do locutor. O conteúdo pode ser assumido inteiramente, ou assumido parcialmente, ou não assumido pelo locutor. Pode-se expressar ex-

pectativa, desejo, apreensão ligados ao uso de advérbios ou de outros recursos fraseológicos (*talvez, sem dúvida, provavelmente, indubitavelmente*); pode-se expressar maior ou menor adesão do locutor através de usos dos modos verbais – como o subjuntivo; uso da flexão verbal – como o futuro do pretérito.
- Verbos de fala que denotam o ato individual que realizam: *eu creio que, eu juro que, eu prometo que*.
- Emprego de conjunções e advérbios e expressões que organizam o dito: *enfim, inicialmente*.
- Usos modalizantes de adjetivos que exprimem avaliações (*grande, alegre, quente* etc.) por oposição a adjetivos objetivos (*casado, solteiro*). Verbos avaliativos (*perpetuar, estimar, pretender*). Subordinação que depende da enunciação (*Já que tu insistes, eu estou doente*); coordenação sobre a enunciação (*Corra porque estou atrasado*).
- Construções com *saber que* e *saber se*,[8] combinadas com ou sem interrogação e negação, em enunciados como:
  (1)   Ele sabe se Pedro vem.
  (2)   Ele sabe se Pedro vem?
  (3)   Ele sabe se Pedro não vem.
  (4)   Ele sabe se Pedro não vem?
  (5)   Ele não sabe se Pedro vem.
  (6)   Ele não sabe se Pedro vem?
  (7)   Ele sabe que Pedro vem.
  (8)   Ele sabe que Pedro vem?
  (9)   Ele sabe que Pedro não vem.
  (10) Ele sabe que Pedro não vem?
  (11) Ele não sabe que Pedro vem.
  (12) Ele não sabe que Pedro vem?

O paradigma que instaura a diferença diz respeito ao locutor, que poderíamos também chamar *sujeito da enunciação*, e não ao sujeito do enunciado.

Nos enunciados (1-6), o locutor não sabe sobre a vinda de Pedro; o saber do sujeito do enunciado (*Ele*), no entanto, pode variar:

Em (1), (3) e (5) o saber de *Ele* é suposto pelo locutor; em (2), (4) e (6), o saber de *Ele* também é suposto pelo locutor, embora seja objeto de dúvida; a interrogação incide exatamente sobre o saber de *Ele*.

Nos enunciados (7-12), o locutor sabe sobre a vinda de Pedro; mais uma vez, é o saber do sujeito do enunciado que varia. Em (7) e (9), há coincidência entre o saber do locutor e de *Ele*; em (8), (10) e (12) é o saber de *Ele* que é colocado em discussão pela interrogação.

Conclusão: *saber que* implica saber e *saber se* implica não saber para o locutor. Eis o paradigma que distribui os enunciados acima.

Essa situação pode ser complexificada a partir de várias alterações. Considere-se, por exemplo, uma situação em que há coincidência entre o sujeito do enunciado e o locutor com o índice *eu*. Sem dúvida, não podemos deixar de registrar uma dificuldade de compreensão de (11): **eu não sei que Pedro vem*. Introduzindo-se uma variação no tempo, tem-se: *eu não sabia que Pedro viria*.

Esses pequenos exercícios de reflexão permitem distinguir o *dizer* do *dito*, o que é propriamente o objeto da análise enunciativa.

Enfim, se continuamos a ler a Figura 1 de baixo para cima, veremos que a esse levantamento de "marcas" (específicas e acessórias) precisa ser acrescida uma análise que vislumbre a situação (instância de discurso e referência) e o ato (locutor e alocutário). Para ilustrar essa "segunda etapa" da análise enunciativa, vamos nos valer de um texto bastante importante de Roland Barthes, intitulado "Brecht e o discurso: contribuição para o estudo da discursividade", publicado em 1975. Nele, entre outros temas, Barthes aborda a "metonímia", retomando o discurso nazista de Rudolf Hess (vice-líder do Partido Nazista e secretário particular do Reich), que aparece em Brecht, a partir do qual Barthes exemplifica que, na fala continuada do político alemão, o discurso representa o interesse de poucos, mas fala por toda a Alemanha. Observe-se o comentário de Barthes.

> No seu discurso, Hess fala sem cessar da Alemanha. Mas a Alemanha não é outra coisa aqui senão os possidentes alemães. O Todo é dado, abusivamente, pela parte. A sinédoque é totalitária: é um golpe de força. 'O todo pela parte', esta definição da metonímia quer dizer: uma parte contra uma outra parte, os possidentes alemães contra o resto da Alemanha. O predicado ('alemães') torna-se o sujeito ('os alemães'): produz-se uma espécie de putsch lógico; a metonímia torna-se uma arma de classe (Barthes, 1984 [1975]: 197).

O que se vê no comentário de Barthes é que, naquela situação, a metonímia passa a ser utilizada como instrumento em prol do interesse de alguns, revestida de discurso coletivo. "O Todo é dado, abusivamente, pela parte". Naquela situação, naquela interlocução *a sinédoque é totalitária*; cria-se uma referência para "A Alemanha" numa instância de discurso que produz esse sentido do qual fala Barthes.

Em resumo, nossa proposta aqui é que se associe – no comentário (na análise, portanto) daquele que está estudando a enunciação – as "marcas" presentes nos dois componentes (*específicos* e *acessórios*) à situação (*referência* e *instância de discurso*) e ao ato no qual estão contidos locutor e alocutário (*eu* e *tu*).

ROTEIRO DE LEITURAS

O estudo da enunciação no Brasil já tem alguma tradição consolidada. Sem dúvida, o primeiro e mais abrangente estudo feito entre nós é o livro *As astúcias da enunciação: as categorias de pessoa, espaço e tempo*, de José Luiz Fiorin (1996). O autor faz uma fina descrição dessas categorias com dados do português do Brasil. Dividido em quatro capítulos, o livro apresenta, inicialmente, os fundamentos do estudo enunciativo e, posteriormente, dedica um capítulo para cada categoria, com farta exemplificação. Em relação especificamente ao fenômeno da dêixis, a primeira e fundante referência ainda é o livro de Michel Lahud (1979), *A propósito da noção de dêixis*. Nele, o autor apresenta uma proposta linguístico-enunciativa do fenômeno, com destaque para a leitura que faz do quadro benvenistiano da enunciação. Ainda em termos de descrição linguística, vale ver o livro de Valdir do Nascimento Flores e colaboradores (2008), *Enunciação e gramática*, em que se apresentam estudos das preposições, da frase nominal, do sistema pronominal, do aspecto verbal, entre outros. Além disso, cabe ler o capítulo "Enunciação", de Valdir do Nascimento Flores (2019), presente no livro *Manual de linguística: semântica, pragmática e enunciação*, de Romero et al., no qual se apresenta uma síntese da teoria benvenistiana da enunciação e sugere-se um conjunto de atividades a partir disso, e o livro *Problemas gerais de linguística*, de Valdir do Nascimento Flores (2019), em que o autor, com base na linguística benvenistiana, trabalha com a noção de linguística antropológica. Finalmente, vale mencionar duas publicações de periódicos sobre estudos enunciativos: a edição vol. 18, n. 34 da *ReVEL*, de março de 2020, e a edição especial de 2023 da revista *Letras*, ambas disponíveis gratuitamente *on-line*.

O aprofundamento das discussões aqui feitas pode se dar a partir de um roteiro mínimo de atividades, que vislumbre teoria e análise enunciativa. Os interessados (professores, alunos etc.) poderão, em um primeiro momento, ler alguns capítulos de *Problemas de linguística geral I* (1988) e *II* (1989), de Émile Benveniste, em especial os capítulos 18, 19 20 e 21, de *Problemas I*, e 3, 4 e 15, de *Problemas II*. Essa leitura pode ser amparada pelo livro *Introdução à teoria enunciativa de Benveniste*, de Valdir do Nascimento Flores (2014). Por fim, como forma de auxiliar no tratamento da terminologia técnica da área, sugere-se o uso do *Dicionário de linguística da enunciação*, de Flores et al. (2009).

Notas

[1] Além de alocutário, usam-se no campo termos como interlocutor, enunciatário, entre outros.
[2] "É primeiramente a emergência dos índices de pessoa (a relação *eu-tu*) que não se produz senão na e pela enunciação: o termo *eu* denotando o indivíduo que profere a enunciação, e o termo *tu*, o indivíduo que aí está presente como alocutário" (Benveniste, 1989: 84).

[3] "Uma terceira série de termos que dizem respeito à enunciação é constituída pelo paradigma inteiro – frequentemente vasto e complexo – das formas temporais [...]. Os 'tempos' verbais cuja forma axial, o 'presente', coincide com o momento da enunciação, fazem parte deste aparelho necessário" (Benveniste, 1989: 85).

[4] "Da mesma natureza e se relacionando à mesma estrutura de enunciação são os numerosos índices de ostensão (tipo *este, aqui* etc.), termos que implicam um gesto que designa o objeto ao mesmo tempo que é pronunciada a instância do termo" (Benveniste, 1989: 84-5).

[5] Evidentemente, não se trata de postular a existência universal, ou não, de classes aparentes como pronomes, advérbios ou verbos. As categorias são universais; as formas explícitas em que essas categorias se manifestam estão ligadas às particularidades de cada língua (francês, inglês, português etc.). Em função da natureza didática de nosso trabalho, nos limitamos aqui aos dados da língua portuguesa.

[6] Utilizamos aqui, em função da natureza didática deste texto, a metalinguagem consagrada na tradição linguística.

[7] Cabe verificar, ainda, a possibilidade em português da ocorrência do chamado *nós de majestade* ou o *nós de autor* (cf. Benveniste, 1988: 258-9): no primeiro, não há uma junção de elementos, mas uma ampliação, uma dilatação, de *eu*; no segundo, também não se trata de junção, mas de uma atenuação numa expressão difusa.

[8] Nossa inspiração para este exercício de reflexão vem de Milner (2012: 114-5).

Referências

ARESI, F. Os índices específicos e os procedimentos acessórios da enunciação. *Revista Virtual de Estudos da Linguagem*, v. 9, n. 16, 2011.

ARRIVÉ, M.; GADET, F.; GALMICHE, M. *La grammaire d'aujourd'hui*: guide alphabétique de linguistique française. Paris: Flammarion, 1986.

BARTHES, R. Brecht e o discurso: contribuição para o estudo da discursividade. In: _____. *O rumor da língua*. Trad. António Gonçalves. Lisboa: Edições 70, 1984.

_____. A antiga retórica: Apostila. In: _____. *A Aventura semiológica*. Trad. Mario Laranjeira. São Paulo: Martins Fontes, 2001.

BENVENISTE, E. *Problemas de linguística geral I*. Trad. Maria da Glória Novak e Maria Luiza Neri. Campinas: Pontes, 1988.

_____. *Problemas de linguística geral II*. Trad. Eduardo Guimarães et al. Campinas: Pontes, 1989.

BRÉAL, M. *Ensaio de semântica*. Trad. Eduardo Guimarães et al. São Paulo: EDUSC/Pontes, 1992.

DELESALLE, S. Introduction: histoire du mot énonciation. In: *Histoire, Épistémologie, Langage*, tome 8, fascicule 2, 1986. pp. 3-22.

ENCYCLOPÉDIE Philosophique Universelle, Vol. 2. *Les notions philosophiques*, tomo 1, PUF, Paris, 1990.

FIORIN, J. L. *Em busca do sentido*: estudos discursivos. São Paulo: Contexto, 2008.

_____. *As astúcias da enunciação*: as categorias de pessoa, espaço e tempo. São Paulo: Ática, 1996.

FLORES, V. N. *Introdução à Teoria Enunciativa de Benveniste*. São Paulo: Parábola, 2014.

_____. *Problemas gerais de linguística*. Petrópolis: Vozes, 2019.

_____. Enunciação. In: ROMERO, Márcia et al. *Manual de linguística*: semântica, pragmática e enunciação. Petrópolis: Vozes, 2019.

_____. Semântica da Enunciação. In: FERRAREZI JR., C; BASSO, R. (org.). *Semântica, semânticas*: uma introdução. São Paulo: Contexto, 2013. pp. 89-104.

FLORES, V. N. et al. *Enunciação e gramática*. São Paulo: Contexto, 2008.

_____. *Dicionário de linguística da enunciação*. São Paulo: Contexto, 2009.

FUCHS, C. As problemáticas enunciativas: esboço de uma apresentação histórica e crítica. *Alfa*. UNESP, SP: 1985, pp. 111-29.

LAHUD, M. *A propósito da noção de dêixis*. São Paulo: Ática, 1979.

MILNER, J.-C. *O amor da língua*. Trad. Paulo Sérgio de Souza Jr. Campinas: Ed. da UNICAMP, 2012.

Discurso

Gesualda dos Santos Rasia

EMERGÊNCIA DOS ESTUDOS DO DISCURSO

O debate em torno do sentido é pauta que remonta a tempos bastante distantes. Uma das notícias que temos acerca disso situa-se na Grécia Antiga, no século V a.C. A relação linguagem-realidade é abordada, desde lá, por múltiplas e diferentes perspectivas. Podemos dizer, inclusive, que os distintos modos de conceber essa relação produziram determinações sobre como cada campo dos estudos da linguagem encontra-se organizado. Um salto no tempo que nos coloca nos anos 50 e 60 do século XX apresenta-nos, por exemplo, um conjunto de disciplinas que concebem a língua na relação necessária com a exterioridade linguística: o sujeito que diz, para quem diz, em que circunstâncias o faz etc. Esse vetor faz com que disciplinas que estudem, por exemplo, a conversação, a pragmática, a enunciação, o texto e o discurso distingam-se do conjunto que abriga, entre outras, as disciplinas que investigam a fonética, a morfologia e a sintaxe. Essa diferença nos reporta ao enunciado já antológico de Saussure: "o ponto de vista cria o objeto" (Saussure, 1999 [1916]: 15). Importante destacar que a relação da língua com a exterioridade não constava do projeto saussuriano, e disso se ocuparam as disciplinas que emergiram nos meados do século XX. Costuma-se dizer que operam a partir do "resto" saussuriano. Importante também destacar que, na constituição do pensamento linguístico, assim como em qualquer outro campo do conhecimento, os movimentos quase nunca são retilíneos e contínuos. No final do século XIX, por exemplo, Michel Bréal, na obra *Ensaio de semântica*, já problematizava o fato de que a língua possui formas pelas quais o sujeito que diz se marca no que diz. Esse autor apresenta, como exemplo disso, "expressões que marcam a maior ou menor certeza ou confiança daquele que fala, como *sem dúvida, talvez, provavelmente, seguramente* etc." (Bréal, 2008: 157) (ver capítulo "Enunciação"). Diante disso, as rupturas propostas pelas disciplinas que passaram a olhar a língua para além dos limites da estrutura, com foco também nas relações intersubjetivas e com a ordem do mundo, não podem ser colocadas como inaugurais.

É nos anos 1950 e 1960, no entanto, que o olhar para a língua para além dos níveis clássicos de análise (fonético-fonológico, morfológico, sintático e semântico) adquire estatuto de disciplinarização, e a relação do indivíduo/sujeito com a linguagem angaria espaço no escopo das ciências da linguagem. O "espírito do tempo" dessas duas décadas convocava os linguistas a se perguntarem sobre o que se situa além dessas instâncias. É assim que, no interior do conjunto de esforços para dizer sobre o usuário da língua, as condições e formas desse uso, os estudos do discurso ocupam-se, em sentido amplo, com a esfera não subsumida às relações entre frases e nem às relações tramadas no interior do texto (ou seja, a materialidade linguística). Mikhail Bakhtin (1895-1975), Michel Foucault (1926-1984), Michel Pêcheux (1938-1983), Patrick Charaudeau (1939-), Norman Fairclough (1941-) e Dominique Maingueneau (1950-), por exemplo, são teóricos que elegem o discurso como objeto de investigação, cada qual com especificidades na explicitação de como se dão as relações sujeito-linguagem-sociedade-sentidos.

Neste capítulo, tratamos dos estudos do discurso a partir da perspectiva materialista da análise de discurso (AD). Antes, contudo, outra questão se impõe: no que consiste mais propriamente o discurso? Pêcheux (1988: 82) elabora esse conceito a partir de uma negatividade, afirmando que o termo *discurso* não se trata necessariamente de uma transmissão de informação entre A e B, mas, de modo mais geral, de um "efeito de sentidos" entre A e B.

Ora, para além da materialidade linguística, condição necessária para a produção de sentidos, mas não suficiente, o discurso é a instância que considera as relações da referida materialidade com aquilo que se situa fora dela: o sujeito e as condições históricas (a situação) em que ela é produzida. Disso decorre a impossibilidade de se trabalhar com sentidos fixos ou estáveis, mais ou menos como os percebemos em formulações de dicionários, porque os sentidos são *efeitos da relação entre o linguístico e o histórico*. Uma determinada palavra ou expressão pode, por exemplo, produzir efeito de conotação racista em uma época e não em outra; assim como pode, em um mesmo ponto da linha do tempo, soar com efeito de racismo para uns e não para outros.

A dimensão do discurso é inseparável, portanto, das condições históricas em que ele é produzido, assim como a disciplina que o abriga, a AD. A emergência da AD se dá na França dos anos 1960, e tem como fundador o filósofo Michel Pêcheux, com seus pares de pesquisa. Não por acaso, tal se dá no contexto do enfrentamento/confronto das classes estudantil e trabalhadora ao *status quo* de valores e de comportamentos vigentes, marcadamente por meio do evento conhecido como

Maio de 68. Entre as principais pautas desse movimento, estavam a reivindicação da liberdade de pensamento e a reforma do sistema de ensino francês; na pauta da classe operária, o pleito por melhores salários e a redução das jornadas de trabalho. Junto às demandas por direitos políticos e das minorias, que encontraram eco em outros movimentos de destaque mundial, havia também a demanda por democratização do ensino, bem como sua articulação à realidade social.

Nessas condições históricas de produção, a reivindicação da exterioridade (o sujeito e a situação de produção da linguagem) como constitutiva dos processos de significação é a tônica do projeto de Michel Pêcheux (a esse ponto retornaremos na próxima seção), que não apenas questiona os vetores da pesquisa linguística de então, como também postula deslocamentos para esse campo do conhecimento:

> Os *fenômenos linguísticos de dimensão superior à frase podem efetivamente ser concebidos como um funcionamento* mas com a condição de acrescentar imediatamente que este *funcionamento não é integralmente linguístico, no sentido atual deste termo* e que não podemos defini-lo senão em referência ao mecanismo de *colocação* dos protagonistas e do objeto de discurso, mecanismo que chamamos "condições de produção" do discurso (Pêcheux, 1990: 78).

Levar em consideração esse conjunto de aspectos produz uma consequência capital: o percurso que vai da língua à produção de sentidos compreende o sujeito que diz, nas condições históricas em que o faz. Por conta disso, a AD se configura, desde sua emergência, na obra inaugural *Análise automática do discurso* (1990), de Michel Pêcheux, como disciplina de leitura-interpretação. É o tempo em que o trato da informação por meios automáticos e eletrônicos começa a se consolidar, especialmente pelo advento do *chip* e, posteriormente, do surgimento dos computadores de uso pessoal. Do objetivo inicial de uso para decodificação de mensagens em contextos de guerra, os aparatos informáticos adentraram o espaço universitário do final dos anos 1960 e início dos 1970. Pêcheux foi um filósofo que se ocupou da linguagem, sobretudo com a questão dos sentidos; e a utilização de algoritmos para essa empreitada possibilitava a apreensão do discurso a partir de textos pela via da "repetição e da variação da repetição", conforme nos explicita Mazière (2007). A língua, na perspectiva elaborada por Pêcheux (1990), é o que ele designa como um *fundo invariante, que funciona como base comum para processos discursivos diferenciados*. Ou seja, a sintaxe, como espaço da língua que atende a coerções (a exemplo da ordem de componentes), é a base material sobre a qual operam ambiguidades, implícitos, entre outros fenômenos, os quais constituem fonte de produção discursiva.

Nessa perspectiva, a proposta de uma "análise automática do discurso" apresentava-se como possibilidade de apreensão, pela via algorítmica, do que se repetia e do que escapava à repetibilidade. Em tempos de desenvolvimento exponencial da informatização e seus desdobramentos, podemos dizer, hoje, que o título da obra de Pêcheux, embora remeta à ideia de automatização, o que em tese colidiria com uma abordagem discursiva, é não apenas coerente, como também atual. Como pensar, por exemplo, nas múltiplas formas de recorrência e irradiação do significante *democracia,* seja em campanhas políticas, seja em propostas governamentais ou em outros contextos? A depender das condições em que se dá a formulação, o sentido pode variar desde uma perspectiva progressista até uma mais conservadora. É com enunciado antológico de Pêcheux que podemos melhor compreender essa não fixidez dos sentidos:

> [...] o sistema da língua é, de fato, o mesmo para o materialista e para o idealista, para o revolucionário e para o reacionário, para aquele que dispõe de um conhecimento dado e para aquele que não dispõe desse conhecimento. Entretanto, não se pode concluir, a partir disso, que esses diversos personagens tenham o mesmo *discurso*: a língua se apresenta, assim, como a *base* comum de *processos* discursivos diferenciados [...] (Pêcheux, 1988: 90).

A formulação de Pêcheux aponta para uma especificidade do trabalho das formas da língua (fonológicas, morfológicas e sintáticas), ao mesmo tempo em que aponta para a indissociabilidade desse trabalho, quando da produção de sentidos, de tal modo que, afirma ele, "a língua constitui o *lugar material* onde se realizam efeitos de sentido" (Pêcheux, 1995: 172). Ao tratar dos sentidos como *efeito de*, os estudos do discurso postulam um duplo movimento: o da abertura, na medida em que não se opera com a univocidade do sentido; e o da determinação, na medida em que os sentidos também não são qualquer um. Há uma regulação, da ordem do ideológico, que deixa vestígios na língua, de algum modo.

Diante, por exemplo, do enunciado "ela é como se fosse da família", em contextos de trabalho doméstico feminino análogo à escravidão, amplamente recorrente na contemporaneidade, é possível problematizarmos discursivamente a produção de sentidos, com alcance, inclusive, para deliberações jurídicas. Quais os sentidos possíveis do item lexical *família*? Que derivações parafrásticas de sentido são possíveis de se propor a partir da estrutura comparativa "como se fosse"? Consideremos, por exemplo: a) ela se equipara a alguém da família; b) ela não é exatamente da família; c) ela pertence à família. Esse pequeno conjunto de possibilidades parafrásticas fornece pistas para o acesso ao processo discursivo, com vistas à compreensão do simulacro que aí opera. É necessário articular a base linguística à ordem do real,[1] via recuperação de práticas históricas da formação social brasileira pela qual famílias mais pobres disponibilizavam suas filhas para habitarem com famílias melhor situadas economicamente, prestando-lhes pequenos serviços em troca de abrigo e alimento. E, assim, sob a injunção da "adoção à brasileira", muitas dessas crianças seguiram até a vida adulta prestando trabalho, sem remuneração e sem direito de herança, tornando polissêmica, portanto, a formulação é como se fosse da família.

Eis a abertura dos sentidos, eis a incompletude da linguagem, eis a relativização da autonomia da sintaxe, aspectos esses que ganharam densidade no desenvolvimento da teoria e demandaram a utilização de seu aparato teórico-metodológico para práticas de leitura-interpretação. Leitura essa que não pode prescindir da base material-linguística, ao mesmo tempo em que não desconhece a opacidade desta. O significante *família*, no caso ilustrado, não tem seu sentido equacionado em uma suposta univocidade transparente da realidade, ou seja, com correspondência um a um dos sentidos a alguma suposta realidade. Se ampliarmos o espectro da discussão para o conceito jurídico de *família* ante as novas formas de configuração da contemporaneidade, teremos não apenas a divisão como também a disputa de sentidos em torno dos elementos constitutivos de uma família: pai, mãe, filho(s)? mãe, filho(s)? pai, pai, filho(s)? mãe, mãe, filho(s)? ...

Tal como a concepção de sentido proposta por Pêcheux é irredutível ao linguístico, também a concepção de sujeito por ele postulada o é. Como sujeitos, somos constituídos a partir de projeções imaginárias que nos levam, diante do dito, a nos perguntar quem somos e quem é o outro, para que falemos ou calemos, para que digamos uma coisa e não outra, assim como para determinar o modo como falamos ou não. A questão era, e permanece sendo, a do sujeito que lê e interpreta os enunciados a partir dos modos como o ser-estar dos sujeitos no corpo social se marca na ordem da língua, a exemplo do enunciado anteriormente por nós trabalhado.

Modelos de leitura que primam pela evidência dos sentidos, desconsiderando a alteridade e a opacidade constitutiva da linguagem, são confrontados pela perspectiva discursiva. É impossível tudo se dizer (a incompletude da linguagem a que nos referíamos anteriormente), especialmente porque as palavras não são espelho da realidade (esse debate não é exclusivo dos estudos do discurso, conforme já sinalizamos no início deste texto). Junto a isso, ainda que tentemos, a todo tempo, nos fazermos entender, não há nenhuma garantia de que o conseguiremos do modo como projetamos. O outro para quem a palavra se dirige, seja um sujeito empírico, seja um coletivo, ou mesmo uma projeção virtual, constitui o espaço de alteridade no qual os sentidos disputam território, espaço esse em que palavras como *democracia, liberdade, direito...* atestam a sempre instabilidade dos significantes, sujeitos à circulação e regionalizações de discursos (interdiscurso) e nos convocam, pois, à leitura-interpretação.

Uma das fontes das quais Pêcheux bebeu, o filósofo Louis Althusser (cf. Barbosa Filho e Baldini, 2017), se ocupava, entre outras questões, da reflexão/formulação do que é ler. Ele propõe que se pergunte sobre o que os textos não dizem, ou sobre o que dizem sem dizer. Esse mote é seguido por Pêcheux, que, em 1988, publica o livro *Semântica e discurso: uma crítica à afirmação do óbvio*. É assim, pois, que a AD coloca-se, desde sua fundação, como *disciplina de interpretação*, conforme formulação de Orlandi (1996a), situada na confluência/confronto das ciências sociais e da linguística.

DA INSEPARABILIDADE INTERIOR/EXTERIOR DA LÍNGUA

Uma figura amplamente empregada nos estudos da AD e que também aqui mobilizaremos para problematizar um de seus pressupostos centrais, a relação interior/exterior da língua, é a *Banda ou Fita de Möbius*. Criada no século XIX, no campo da matemática e da astronomia, sua forma lembra o símbolo do infinito, dada sua

> forma bidimensional que contém um único lado (resultante da junção das duas extremidades da fita e da torção de uma das extremidades em 180 graus, nos auxilia a compreender esse modo de indistinção dos limites que desfaz a dicotomia direito-avesso e que configura o campo discursivo [...] (Ferreira, 2013: 130).

Figura 1 – Banda de Möbius.

Fonte: Disponível em https://principia.io/media/uploads/images/estela-plateada/imagen2-web.jpg Acesso em 19 set. de 2024.

As propriedades da fita configuram-na como objeto simbolicamente adequado para a mobilização de discussões em diferentes campos do conhecimento. Ferreira (2013), por exemplo, afirma, a partir dela,

> a impossibilidade de se estabelecer os limites entre o avesso e o direito, entre o interno e o externo, já que cada lado representa essas duas faces ao mesmo tempo, acabando com a dicotomia habitual de separar os fatos da língua e os que são extra-linguísticos (Ferreira, 2013: 216).

A autora tece entrelaçamentos de questões discursivas com aquelas da ordem da psicanálise, elaborando analogia entre a intangibilidade da figura com o desejo que move analistas de discurso, na busca de uma língua que nunca se alcança em sua plenitude e, do mesmo modo, na busca da configuração dos sentidos por uma estabilização que não seja temporária. Vale sublinhar que esse desejo é da ordem do inconsciente, considerando que o sujeito nem sempre se dá conta dos movimentos por ele articulados nessa direção. Pensemos, por exemplo, nas inúmeras vezes em que nos valemos de expressões explicativas ou retificadoras, do tipo *isto é, aliás...*, na tentativa de garantir a significação por nós pretendida para nosso interlocutor. Impossível estabelecer o ponto inaugural das palavras por nós empregadas cotidianamente, assim como a linha de chegada na qual sua significação restaria estanque – o início e o fim da fita de Möbius. Também impossível a manutenção da correspondência, em nossas trocas linguageiras quotidianas, entre o formulado e o recebido/compreendido – o direito e o avesso da Fita de Möbius. Diante dos objetivos mais específicos deste texto, interessa-nos a impossibilidade de se distinguir seu dentro e seu fora, haja vista ela constituir-se tão somente como borda. Traço típico de fronteiras, a borda é justamente o lugar que marca uma divisão, ao mesmo tempo em que se coloca como ponto de duplo pertencimento. Se tomarmos o enunciado "Vidas negras importam", amplamente repetido em um passado recente,[2] temos o inacabamento do sentido na esfera do linguístico. Importam para quem? Por quê? De onde a demanda por afirmação dessa importância? Ao mesmo tempo em que a ordem sintática autoriza a ausência dessas complementaridades, seu ponto de ancoragem encontra-se nos limites-bordas da estrutura com a esfera do vivido, onde se materializam episódios de assassinatos gratuitos (mas não aleatórios) de sujeitos negros.

Estamos tratando, em sentido lato, das condições históricas que conformam os sujeitos e os sentidos, pressuposto caro à AD. Eni Orlandi, precursora dos estudos discursivos no Brasil, já defendia, na obra *A linguagem e seu funcionamento: as formas do discurso*, que do ponto de vista da análise do discurso, o que importa é destacar o modo de funcionamento da linguagem, sem esquecer que esse funcionamento não é integralmente linguístico, uma vez que dele fazem parte as condições de produção, que representam o mecanismo de situar os protagonistas e o objeto de discurso (Orlandi, 1996a: 117).

Ao mesmo tempo, o material linguístico (palavras, frases etc.) é condição do funcionamento discursivo, razão pela qual é consenso a ideia de um movimento dialético entre materialidade linguística e seu funcionamento, os modos como produzem sentidos quando imersos em práticas históricas. Para tornar um pouco mais palpável a discussão, trazemos aqui versos da marcha carnavalesca largamente repetidos nos nem assim tão distantes anos 1980:

> Nega do cabelo duro
> Que não gosta de pentear
> Quando passa na baixa do tubo
> O negão começa a gritar
> Pega ela aí
> Pega ela aí
> Pra quê?
> Pra passar batom
> De que cor?
> De violeta
> Na boca e na bochecha
> [...][3]

Luiz Caldas, compositor da referida letra, alegou, recentemente, em programa televisivo, que "Não escreveria esta canção hoje, a letra desta forma. Mas a música existe, faz parte da história, é super alegre, positiva [...]".[4] Flagrantemente, o conteúdo da canção faz ressoar posturas machistas e racistas. A questão que fica é por que, quando de sua aparição, há menos de meio século, nada disso foi posto em questão (ao menos até onde se sabe)? Teriam se alterado os sentidos das palavras? Teriam os sujeitos passado por transformações? E, sobretudo, o que dizer acerca de Luiz Caldas, que subscreve a canção e por ela se responsabiliza?

O indivíduo Luiz Caldas, desde o lugar social de compositor e cantor, tece comentários e avaliações sobre a letra da música, os quais não derivam exatamente de uma "tomada abrupta de consciência" acerca da problemática em pauta, mas em boa parte a partir da antecipação do que hoje se diz acerca de palavras e expressões consideradas de cunho racista. Ele coloca-se "lá adiante", no lugar do outro social que reclama um uso da linguagem considerado politicamente correto e assume uma *posição-sujeito*, ou seja, inscreve-se em um espaço de produção de sentidos determinado pelo trabalho da *ideologia*.[5] É corrente no campo dos estudos do discurso o pressuposto de que esse é o processo pelo qual o indivíduo é interpelado em sujeito pela ideologia. E sua resposta a essa interpelação se dá pela via da inscrição em uma determinada posição-sujeito. Inscrição esta que não é totalmente da ordem do consciente, de modo que o sujeito nem sempre se dá por conta que ele diz o que diz a partir da projeção do outro, como no caso exemplificado. Também não é uma inscrição sem movimento. Os limites entre as injunções do outro social e a inscrição do sujeito-compositor, assim como os limites entre o responder com base no que irrompe a partir de um lugar de subjetividade e o que se acredita esperar que seja dito, são por demais fluidos. Consideremos, por exemplo, o que se segue à afirmação do compositor, de que "não escreveria esta canção hoje": "mas a música existe, faz parte da história, é super alegre, divertida". Há um titubeio, um movimento da posição que o sujeito assume, do seu lugar de responsabilização pela autoria, pelos efeitos positivos já colhidos e, principalmente, por não se tratar de uma permanente reformulação do que já se disse.

As relações dos sujeitos com a ordem da realidade estão em constante movimento, bem o sabemos, e a linguagem não fica imune a isso. A dimensão material sinaliza o trabalho discursivo de sujeitos envolvidos nas tensões da ordem do social e vai produzindo marcas de rejeição, acolhimento, substituição... É assim, por exemplo, que *mulher preta* passa a ser expressão comumente empregada por mulheres negras e pardas identificadas com a luta antirracista; ou, ainda, que o sintagma *meu crespo é de rainha*[6] funciona como asserção de enfrentamento a *nega do cabelo duro*. Estamos falando dos processos parafrásticos, nos quais a substituição de uma palavra por outra, não necessariamente com mesma inscrição na ordem ideológica, marca o tensionamento língua/exterioridade, assim elaborado por Pêcheux:

> Estamos aqui no ponto máximo do efeito discursivo, enquanto ponto de contato entre o linguístico e o ideológico: o discursivo representa no interior do funcionamento da língua os efeitos da língua ideológica, e inversamente, ele manifesta a existência da materialidade linguística no interior da ideologia [...] (Pêcheux, 1995: 169).

A língua é o lugar material do discurso e de seus efeitos de sentido, que derivam da linguagem em funcionamento, do trabalho da língua na/com a historicidade. Diante disso, não estamos falando de uma mera substituição de itens lexicais ao alternar *nega* por *preta*. Na amplidão do espectro de possibilidades, poderíamos ter *negra*, *morena*, *mulata*, *neguinha*, *crioula*, *pessoa de cor*... Entre a ofensa e os efeitos do eufemismo, cada significante carrega uma memória específica, fundada a partir das condições materiais concretas nas quais irrompe. Os elementos do eixo *em ausência*, aquele das virtualidades, postulado por Saussure (1999 [1916]), sairiam de sua suposta neutralidade e, *em presença*, passariam a constituir terreno de disputas. A complexidade e a produtividade dessa formulação foram assim problematizadas por Gadet e Pêcheux (2004: 74):

> o não dito é constituinte do dizer, porque o todo da língua só existe sob a forma não finita do "não-tudo" [...]; é pelo papel constitutivo da ausência que o pensamento saussuriano resiste às interpretações sistêmicas, funcionalistas, gestaltistas e fenomenológicas que, entretanto, não cessam de provocar.

Uma vez que é impossível tudo dizer, no espaço do dizível bordeja o que poderia ser dito. Mais uma vez, não se trata de uma simples escolha entre palavra x ou palavra y. O sujeito que diz recorta suas "escolhas" a partir das posições ideológicas em que se inscreve. As aspas na palavra *escolhas* ancoram-se em dois motivos: primeiro, porque nem sempre a seleção de uma palavra é totalmente consciente. Quantas vezes dizemos o que não queríamos ou não poderíamos dizer? No entanto, dizemos. Em segundo lugar, porque, ainda que as escolhamos, nem sempre as palavras traduzirão o que intentamos. Quantas vezes somos "mal compreendidos" pelo outro? No terreno escorregadio e perigoso da palavra, nos arriscamos cotidianamente, porque há o outro, e a palavra dele também não está isolada ou imune a dissensos. Eis o discurso, eis a ideologia.

SOBRE A INTERPRETAÇÃO EM AD: O SUJEITO E OS SENTIDOS

O conceito de ideologia perpassa os demais conceitos que constituem o campo teórico-metodológico da AD, razão pela qual abordá-lo demandaria espaço maior do que o possível para os objetivos deste texto. Contudo, podemos refletir, ainda que brevemente, sobre o funcionamento da ideologia, a partir de um debate bastante atual. Em tempos de acirramento de posições no corpo social, não raro escutamos expressões do tipo "ideologia de gênero". Assim tratada, fica a questão reduzida, como se a defesa da pauta de aspectos múltiplos relacionados ao debate contemporâneo acerca de gêneros, sobretudo no espaço escolar, fosse uma tomada de posição ideológica porque atravessada pelo engano. E negar essa mesma pauta, por não considerá-la pertinente, equivalesse a ficar fora da ideologia, logo, livre de qualquer engodo. A ideologia coloca-se, assim, como algo negativo, ao invés de constitutiva de toda e qualquer tomada de posição. E tão somente porque se trata da perspectiva do outro, portanto, supostamente errônea. Não sem razão, Terry Eagleton (1997: 16) afirmou que "A ideologia, como o mau hálito, é algo que a outra pessoa tem". Retomando o exemplo anteriormente dado, dizer *mulher preta* ou *nega do cabelo duro* é dizer a partir de uma determinada inscrição ideológica, tanto em um, como em outro caso.

No escopo dessa discussão, importa esclarecer, ainda, que se inscrever ideologicamente não se limita a compactuar com ideias, formas de pensar; isso porque tem a ver, sobretudo, com práticas concretas permeadas por tais formas. Althusser (2008: 205) afirma que "[...] na ideologia, os 'homens' 'representam' não suas condições de existência reais, seu mundo real, mas antes de tudo sua relação com essas condições de existência reais". Nesse pressuposto, encontram-se as bases para compreendermos o sentido do adjetivo *materialista*, anteriormente referido como especificador da análise de discurso e que sustenta nossa abordagem neste texto. Discurso é entendido por nós como prática histórico-social, protagonizada por sujeitos entre outros sujeitos, semelhantes e diferentes.

As linhas que unem e separam semelhantes e diferentes podem ser pensadas também na perspectiva das bordas da Fita de Möbius. Antes de qualquer coisa, porque o sujeito postulado pela AD encontra, na constituição histórica, anterioridade a qualquer forma de singularização. Pêcheux define-o como posição-sujeito, ou uma tomada de posição ante as diferentes formas pelas quais a ideologia se concretiza nas relações sociais. Tal concepção de sujeito produz implicações capitais para a concepção de sentido, que é assim explicitado por Pêcheux: "[...] as palavras, expressões, proposições etc. mudam de sentido segundo as posições sustentadas por aqueles que as empregam, o que quer dizer que elas adquirem seu sentido em referência a essas posições" (1988: 160).

A inscrição ou tomada de posição implica movimento do sujeito na história. Não se trata de uma perspectiva individual acerca das coisas, marcada na tomada da palavra, tampouco se trata de uma homogeneidade de pensamento na qual não operam as diferenças e os dissensos. O sujeito, enquanto posição, inscreve-se em recortes de significância, nos quais encontra seus pares a partir da ordem do ideológico (Formações Discursivas). Isso não significa, contudo, que não haja mais movimento a partir dessa inscrição. Luiz Caldas, ao declarar que "não escreveria a canção dessa forma hoje", titubeia entre a posição à qual esteve identificado, na década de 1970, sobre a representação da mulher negra, e a posição que hoje se mostra mais adequada do ponto de vista do respeito às diferenças raciais. Estamos diante do sujeito em movência, constituindo a si e aos sentidos mutuamente. Conforme bem explicita Orlandi (1996b: 27): "O sentido, para a AD, não está fixado a priori como essência das palavras, nem tampouco pode ser qualquer um: há a determinação histórica. Ainda um entremeio".

A noção de *entremeio*, formulada por Orlandi (1996b) para dizer sobre a natureza da AD, que atua na borda limítrofe da língua e da historicidade, ou seja, no espaço em que se interroga acerca dos modos como uma instância articula-se (ou não) à outra, é bastante produtiva para pensar a condição dos sujeitos e dos sentidos ante o pressuposto da determinação. Reiterando o que afirmou sobre a condição do sentido, duplamente aberto e regido, a autora afirma que "[...] não é porque é aberto que o processo de significação não é regido, não é administrado. Ao contrário, é por esta abertura que há determinação. O lugar mesmo do movimento é o lugar do trabalho da estabilização e vice-versa" (Orlandi, 1996b: 13).

Junto às posições nas quais os sujeitos se inscrevem, também a memória discursiva atua na produção/determinação/movimento dos sentidos. Para situarmos o conceito de memória discursiva, reportamo-nos ao funcionamento de duas palavras da língua inglesa: "*nigger*" e "*N*-word". Quando da emergência do movimento dos direitos civis dos negros nos Estados Unidos, na metade do século XX, o campo da linguagem não ficou imune, e a palavra *nigger*, que já vinha sendo usada com carga pejorativa para designar o sujeito negro, materializou a memória da divisão racial no corpo social americano. Mais tarde, já nos anos 1980, consolida-se o emprego de "N + palavra" em substituição a *nigger*. "N" atua, assim, como uma forma de preenchimento do lugar do que não se pode/não convém dizer. Uma palavra por outra que, neste caso específico, talvez nem mesmo mude o modo de pensar/a posição de quem enuncia, desde que empregada como mero eufemismo e/ou para se evitar o risco de postura racista. Grada Kilomba, em *Memórias da plantação* (2019), assim explicita esse funcionamento:

> Uma interessante combinação de palavras, na qual uma palavra positiva, linda, é seguida por uma muito traumática, a palavra N. é um jogo de palavras doces e amargas que dificultam a identificação do racismo. [...] A primeira mascara a segunda; a segunda, no entanto, afirma sua posição como subordinada em relação às pessoas brancas.
> A palavra N. não é uma palavra neutra, mas um conceito colonial inventado durante a Expansão Europeia para designar todas/os as/os africanas/os subsarianas/os. Ela é, portanto, um termo localizado dentro da história da escravização e da colonização, ligado a uma experiência coletiva de opressão racial, brutalidade e dor. (Kilomba, 2019: 155-6).

A tentativa de mascaramento na materialidade do N. não funciona, pois, ao substituir *nigger*, não apaga a memória de suas condições de aparecimento e, portanto, a inscrição de racismo latente a esse vocábulo. Ao contrário, pode até reforçar esse lugar, na medida em que estabelece uma relação de subordinação a essa memória, materializada na palavra que segue a letra N.

Se para alguns o emprego de N+palavra funciona como condição de possibilidade para se portar de modo politicamente adequado quando do uso da linguagem, para outros, mais especificamente para o sujeito negro tipificado pelo N, esse emprego faz vir à tona o trauma, feridas não cicatrizadas. A irrupção de um passado no presente, desestabilizando sentidos possíveis, nos auxilia a compreender a definição de memória discursiva como aquilo que, "face a um texto que surge como acontecimento a ler, vem restabelecer os pré-construídos [...] etc. de que sua leitura necessita: a condição do legível em relação ao próprio legível" (Pêcheux, 1999: 52). A memória intervém, pois, como condição de possibilidade de uma leitura ou outra, porque seus fios tecem os sentidos de um ou outro modo. Sentidos produzidos anteriormente – em outras condições de produção, a partir de práticas concretas que significam os sujeitos previamente – não deixam de ecoar. É assim, a palavra "N." não apaga, no inglês americano, os vestígios do funcionamento racista.

Quando dizemos que há disputas em torno da palavra é porque a palavra encarna, enquanto prática linguageira concreta, o trabalho *da* língua e *com a* língua na história (Rasia, 2018). Disso decorre que os sentidos se tecem nas trocas cotidianas embebidas, inclusive, por rastros do que já significaram, e, na divisão dos sentidos (que é marcadamente política), sujeitos e sentidos se movem. A AD materialista coloca-se, assim, como disciplina que possibilita a compreensão de como sentidos se constituem. Possibilita, pelo desmantelamento dos efeitos de evidências, que compreendamos como e por que, por exemplo, "nem toda palavra é aquilo que o dicionário diz" (Fernando Anitelli, *Teatro Mágico*).

ROTEIRO DE LEITURAS

Historiamos, no início deste capítulo, o espaço de emergência da AD materialista, que foi a França dos anos 1960, com o grupo do filósofo Michel Pêcheux. Nos anos 1980, a referida disciplina foi trazida para o Brasil pela profa. Eni Orlandi, que de lá para cá conta com produção científica robusta e potente no entorno discursivo. Uma de suas obras, adequada para quem quer tomar conhecimento inicial da teoria e já ali se defrontar com as pistas para a densa malha da AD, é *Análise de discurso: princípios e procedimentos,* publicado em 1990. O espírito do tempo, de construção da abertura democrática no Brasil de então constituiu solo fértil para a acolhida de uma teoria que muito subsídio disponibilizou para a leitura/interpretação dos tempos sombrios e nada óbvios que começavam a ficar para trás. Como disciplina de caráter político, que mira a linguagem no ponto limítrofe das fronteiras de seu exterior, conforme desenvolvemos neste capítulo, a AD permanece hoje, e ainda mais, atual e profícua, especialmente porque a plasticidade de seu dispositivo teórico-metodológico, em constante movimento, possibilita que abordemos, como cientistas da linguagem que somos, o absurdo, que por vezes irrompe na ordem do real e se materializa na língua. A acolhida da AD em solo brasileiro tem um marco material que é a coletânea *Michel Pêcheux e a análise do discurso: uma relação de nunca acabar*, obra organizada pelas professoras Freda Indursky e Maria Cristina Leandro Ferreira (2005), que congrega trabalhos apresentados no I Seminário de Estudos em Análise do Discurso (SEAD), sediado na Universidade Federal do Rio Grande do Sul, em 2003. O evento, em celebração aos 20 anos do desaparecimento de Michel Pêcheux, reuniu pesquisadores brasileiros, vários deles em fase de formação, para discutir textos fundadores do campo de estudos, com a presença, inclusive, de pesquisadores do grupo do próprio Pêcheux. No ponto em que nos encontramos hoje, passadas mais de três décadas da chegada da AD no Brasil, o SEAD se consolidou como evento da área, e a cada edição torna visível a ampliação do contingente de pesquisadores em AD, em diferentes regiões e universidades brasileiras. Os primeiros estudiosos aqui formados já estão acompanhados por mais duas gerações de analistas do discurso, e a ampliação de especificidades (discurso midiático, de/sobre gêneros, feminismo, racialização...) ao lado do lugar inaugural do discurso político atesta que a expansão não foi apenas numérica. *A leitura de análise do discurso: história e práticas*, de Francine Mazière (2007), nos auxilia a melhor compreender o percurso histórico da AD, bem como a situar os principais fundamentos teóricos da disciplina. Da obra de Michel Pêcheux, sugerimos a leitura de *O discurso: estrutura ou acontecimento*, de 1997, a qual, por certo, pressupõe o conhecimento da produção anterior do filósofo. Contudo, entendemos pertinente a entrada pelo filtro de um texto que põe em causa a não disjunção entre a ordem da língua e sua exterioridade; entre a repetição e a transformação. O pensamento de Pêcheux emerge em um tempo de indagações que não lhe eram exclusivas, razão pela qual, por último, apontamos para um dos inúmeros textos de outro filósofo, Michel Foucault, *A ordem do discurso* (1996). Registro de sua aula inaugural no Collège de France, em 1970, que aborda as descontinuidades do discurso, junto à paradoxal possibilidade de ali mesmo desenharmos sua trama, esse livro pequeno apenas em extensão oferece-nos pistas valiosas sobre a entrada e as (re)formulações de Pêcheux na "arriscada ordem do discurso", porque a relação entre ponto de vista e objeto é atravessada por tensões.

Notas

[1] A realidade diz respeito à ordem do mundo em uma perspectiva empirista, situada no âmbito dos fatos. Já a ordem do real (da história) tem a ver com os modos de apreensão e vivência desses mesmos fatos por parte dos sujeitos, para além de uma suposta individualidade. Quando dizemos que o sujeito é historicamente situado, isso significa que diferentes coletivos humanos vivenciam de diferentes formas os acontecimentos históricos. As situações de racismo, que temos mobilizado como eixo de exemplaridade neste texto, não se apresentam como tal para diferentes

sujeitos. E assim o é porque todo e qualquer acontecimento se inscreve na história pela ordem da interpretação, pela ordem do real.
[2] *Black lives matter*, em inglês. É o nome do movimento social internacional, formado nos Estados Unidos em 2013, dedicado a combater o racismo e a violência contra pessoas pretas, especialmente em ações policiais (cf. https://www.britannica.com/topic/Black-Lives-Matter, acesso em 17 set.2024).
[3] *Fricote*, composição de Luiz Caldas, do gênero axé, datada de 1985.
[4] Disponível em: https://gauchazh.clicrbs.com.br/cultura-e-lazer/musica/noticia/2020/02/luiz-caldas-diz-que-hoje-nao-faria-a-musica-sobre-a-nega-do-cabelo-duro-ck6s2ybc60hz601mvucs-1chkc.html. Acesso em: 10 fev. 2024.
[5] Na sequência, a noção de ideologia será trabalhada.
[6] Título de narrativa infantil da escritora e ativista feminista americana Bell Hooks.

Referências

ALTHUSSER, L. *Sobre a reprodução*. Trad. Guilherme João de Freitas Teixeira. 2ª ed. Petrópolis: Vozes, 2008.
BARBOSA FILHO, F. R.; BALDINI, L. J. S. (orgs.) *Análise de discurso e materialismos*: historicidade e conceito. Campinas: Pontes, 2017.
BRÉAL, M. *Ensaio de semântica*. Trad. Eduardo Guimarães. 2ª ed. Campinas: RG, 2008.
EAGLETON, T. *Ideologia*: uma introdução. São Paulo: Ed. UNESP/ Boitempo, 1997.
FERREIRA, M. C. L. Discurso, arte e sujeito e a tessitura da linguagem. In: INDURSKY, F.; FERREIRA, M. C. L.; MITTMANN, S. (orgs.). *O acontecimento do discurso no Brasil*. Campinas: Mercado de Letras, 2013.
FOUCAULT, M. *A ordem do discurso*. Trad. Laura Fraga de A. Sampaio. 5ª ed. São Paulo: Loyola, 1996.
INDURSKY, F.; FERREIRA, M. C. L. *Michel Pêcheux e a análise do discurso*: uma relação de nunca acabar. São Carlos: ClaraLuz, 2005.
GADET, F.; PÊCHEUX, M. *A língua inatingível*: o discurso na história da linguística. Trad. Bethania Mariani e Maria Elizabeth Chaves de Mello. Campinas: Pontes, 2004 [1988].
KILOMBA, G. *Memórias da plantação*: episódios de racismo cotidiano. Trad. Jess Oliveira. Rio de Janeiro: Cobogó, 2019.
MAZIÈRE, F. *A análise do discurso*: história e práticas. Trad. Marcos Marcionilo. São Paulo: Parábola, 2007.
ORLANDI, E. *A linguagem e seu funcionamento*: as formas do discurso. Campinas: Pontes, 1996a.
_____. *Interpretação*: autoria, leitura e efeitos do trabalho simbólico. Petrópolis: Vozes, 1996b.
PÊCHEUX, M. Análise automática do discurso (AAD-69). In: GADET, F.; HAK, T. (orgs.). *Por uma análise automática do discurso*: uma introdução à obra de Michel Pêcheux. Trad. Bethania Mariani et al. Campinas: Ed. da Unicamp, 1990.
_____. Papel da memória. In: ACHARD, P. et al. (orgs.) *Papel da memória*. Trad. e introdução José Horta Nunes. Campinas: Pontes, 1999.
_____. *O discurso*: estrutura ou acontecimento. Trad. Eni Orlandi. 2ª ed. Campinas: Pontes, 1997.
_____. *Análise de Discurso*: Michel Pêcheux. Textos escolhidos por Eni Orlandi. Trad. Eni Orlandi. Campinas: Pontes, 1995.
_____. *Semântica e discurso*: uma crítica à afirmação do óbvio. Trad. Eni Orlandi. Campinas: Pontes, 1988.
PÊCHEUX, M.; FUCHS, C. A propósito da Análise Automática do Discurso: atualizações e perspectivas (1975). In: GADET, F.; HAK, T. (orgs.) *Por uma análise automática do discurso*: uma introdução à obra de Michel Pêcheux. Trad. Bethania Mariani et al. Campinas: Ed. da Unicamp, 1990.
RASIA, G. S. Sobre a noção de práticas linguageiras: lugares de emergência, filiações e fronteiras. *Fragmentum* (UFSM), n. 52, jul/dez 2018.
SAUSSURE, F. *Curso de linguística geral*. Trad. Antônio Chelini, José Paulo Paes e Izidoro Blikstein. São Paulo: Cultrix, 1999 [1916].

Lista de assuntos

Acarretamento, p. 122, 130, 132, 134

Acento distintivo, p. 106

Acento lexical, p. 103, 105, 106, 107, 108, 117

Adjetivo, p. 62, 63, 70, 87, 131, 180, 181, 195

Adjunto, p. 85, 91, 95, 131

Advérbio, p. 55, 56, 87, 179, 180, 181, 184

Alocutário, p. 176, 177, 182, 183

Ambiguidade, p. 89, 90, 98, 110, 121, 187

Árvore sintática, p. 76, 87, 88, 89

Ato de enunciação, p. 178, 179

Atos de fala, p. 23, 108, 109, 110, 111, 116, 137, 175

Cérebro, p. 11, 26, 38, 92

Coda, p. 45, 46, 107

Coerência, p. 153, 161, 164, 166, 167, 168, 170

Complemento, p. 81, 84, 85, 86, 91, 95, 96

Composicionalidade, p. 77, 78, 91, 120, 125, 126, 127, 133

Condição de verdade, p. 121, 122

Constituinte, p. 25, 47, 48, 54, 55, 78, 85, 88, 89, 91, 92, 93, 95, 96, 97, 98, 107, 117, 194

Contexto, p. 27, 33, 59, 62, 80, 81, 93, 95, 96, 99, 132, 150, 152, 154, 155, 159, 161, 164, 165, 166, 167, 168, 170

Cotexto, p. 164, 165, 166, 167, 170

Discursos, p. 159, 174, 190

Ditongação, p. 46, 48

Elisão, p. 46, 48

Emoções, p. 24, 108, 111, 112, 116, 174

Entoação, p. 24, 27, 30, 48, 101, 102, 103, 105, 108, 111, 112, 116

Enunciação, p. 33, 46, 101, 169, 173, 174, 175, 176, 177, 178, 179, 180, 181, 182, 183, 184, 185

Enunciado, p. 18, 24, 26, 29, 33, 46, 47, 48, 58, 84, 101, 138, 147, 148, 149, 150, 151, 152, 153, 154, 155, 161, 163, 164, 165, 166, 167, 168, 169, 170, 173, 174, 175, 176, 177, 178, 179, 180, 181, 182, 185, 188, 189, 191

Espaço, p. 175, 176, 177, 178, 179, 180

Estrutura clivada, p. 92, 94, 95, 96, 98, 99

Estrutura informacional, p. 93, 94

Estrutura sintática, p. 76, 77, 80, 85, 88, 89, 90, 92, 93, 94, 96, 98

Eventos, p. 128, 129, 190

Expressivos, p. 132

Extramétrico, p. 44, 45, 50

Fala, p. 160, 161, 162

Fluxo informacional, p. 93

Fone, p. 19, 33, 36, 49, 105

Fonema, p. 19, 23, 26, 33, 36, 39, 40, 41, 42, 49, 64, 83, 104

Fonemização, p. 34, 36, 38, 40, 42

Fonética, p. 11, 12, 34, 35, 37

Fonética acústica, p. 23, 30

Fonética articulatória, p. 49

Fonologia, p. 12, 13, 34, 35, 36, 37, 38

Fonologia métrica, p. 44, 45, 46

Fonologia prosódica, p. 46, 47

Frase, p. 24, 55, 57, 84, 88, 89, 92, 93, 96, 103, 108

Frase fonológica, p. 47, 48

Frase entoacional, p. 48

Fronteiras prosódicas, p. 117

Gramática, p. 36, 62, 67, 68, 69, 71, 73, 75, 76, 159, 160, 161, 178

Gramática tradicional, p. 84, 85, 86, 98, 174, 175

Gramático, p. 56, 83

Grupo clítico, p. 47, 48

Ideologia, p. 193, 194, 195

Indexicais, p. 131, 133, 135

Índices específicos da enunciação, p. 179, 180

Informação compartilhada, p. 94, 95

Informação nova, p. 94, 95, 96

Informação velha, p. 94, 95, 96

Instância de discurso, p. 176, 177, 179, 182

Interpretação semântica, 91, 92

Juntura, p. 33, 46

Léxico, p. 67-71

Linguagem, p. 8-10, 137

Locutor, p. 163, 166, 168, 173, 174, 176-182

Lógica, p. 120, 134, 173, 174, 175

Lista de assuntos   203

Materialidade linguística, p. 186, 192, 193, 196

Mente, p. 35, 92, 153

Modo de articulação, p. 16, 17, 18, 20, 31

Mora, p. 50

Morfema, p. 54, 55, 58, 59, 60, 64, 73

Morfologia, p. 53-55, 56

Neutralização, p. 40, 42, 43, 49

NGB, p. 84

Onset, p. 45, 46

Palavra, p. 58, 72

Palavra fonológica, p. 47, 48, 108

Pé métrico, p. 47

Percepção dos sons, p. 20

Pessoa, p. 56, 58-66, 70, 168, 173, 175-184

Ponto de articulação, p. 16, 18-20

Português brasileiro, p. 17-30,33, 65

Pragmática, p. 8-9, 101, 133, 137-138, 143, 149-155, 185

Preposição, p. 55, 87, 96, 98

Princípio da composicionalidade, p. 77, 91, 120, 125-126

Procedimentos acessórios da enunciação, p. 178, 180

Produção dos sons, p. 11-12, 14, 16, 20, 23, 35

Proeminência, p. 24, 27, 44, 106

Pronome, p. 55, 66, 86-87, 131, 164, 168

Prosódia, p. 23-25, 27, 30, 93, 99, 101-105, 107, 109, 111, 113, 115-117

Referência, p. 69, 123-125, 127, 134, 166, 168, 169, 174-179, 182, 195

Regras de reescrita, p. 42-43

Ressilabação, p. 46, 48

Retórica, p. 159-16, 173-175

Rima, p. 45, 107

Sândi vocálico externo, p. 46-47

Semântica, p. 7-9, 74-75, 78, 119-121, 123-124, 128-130, 132-134, 137, 151, 155-156, 161, 164, 175, 180, 183, 185, 190

Sentença, p. 24-26, 29, 38, 68, 75, 89, 98, 121-126, 128, 130-132, 134, 148-152

Sentido, p. 23, 68, 81, 89-91, 111, 119, 137-138, 143, 148, 153-155, 164, 167-168, 173, 175, 177-182, 185, 188-189, 191, 193, 195196

Sentido do texto, p. 166

Sílaba, p. 18-19, 23, 25-28, 30, 36, 38, 40, 44-48, 50, 59, 61, 64, 65, 105-110, 112, 117-118

Sintagma, p. 68, 80, 84-87, 90, 98, 193

Sintagma nominal, p. 85, 87

Sintagma preposicional, p. 86, 87, 90

Sintagma verbal, p. 85, 87

Sintaxe, p. 8, 36, 46, 55, 66-68, 71, 73, 75-78, 80, 83-85, 93-94, 97-98, 101, 103, 117, 125, 130, 133-134, 137, 160, 185, 187, 189

Situação de discurso, p. 177

SPE (*Sound Pattern of English*), p. 33, 38, 40-43, 48

Substantivo, p. 68, 76, 79, 86, 87, 89, 98, 143

Sujeito, p. 62, 84-86, 89, 95, 98, 131, 161-162, 181-182, 185-187, 189, 191, 193-198

Suprassegmentos, p. 44, 104-105

Tempo, p. 27, 31, 37, 56, 62, 104, 129, 131, 135, 173, 176-177, 179-180, 182-183

Teoria da Otimidade, p. 48-49

Teoria da sílaba, p. 38, 45-46, 48

Teoria fonológica, p. 33-34, 38, 40-41, 44, 47-48

Teste da clivagem, p. 92

Texto, p. 7-8, 93, 119, 159-170, 185-186, 197

Textualidade, p. 155, 161-164, 166, 168, 170

Traços fonológicos, p. 36, 41

Tradição gramatical, p. 34, 68, 84, 103, 174

Unidade linguística comunicativa, p. 164

Valor contrastivo, p. 33, 39-44, 50

Verbo, p. 55-56, 58-59, 70, 74-75, 79, 81, 87, 89, 91-92, 95-96, 98, 143, 167

Vozeamento, p. 16, 18-20, 42

Os autores

Alena Ciulla é professora adjunta no Departamento de Letras Clássicas e Vernáculas da Universidade Federal do Rio Grande do Sul, atuando em nível de graduação e pós-graduação. Seus interesses de pesquisa são os estudos do texto no âmbito da linguística textual em diferentes perspectivas, em especial a dos estudiosos da Escola de Genebra. Alguns de seus interesses específicos de pesquisa são a dêixis, a anáfora, as relações do texto com a referência, com a enunciação e com a tradução.

Ana Paula Scher é professora livre-docente sênior (aposentada) pela Universidade de São Paulo, professora visitante (Titular-E) do Departamento de Letras da Universidade Federal de Juiz de Fora. Tem experiência na área de linguística, com ênfase em teoria da gramática, pesquisando, principalmente, dentro do paradigma da gramática gerativa, em particular, da morfologia distribuída. É pesquisadora do CNPq.

Carolina Serra É professora da Universidade Federal do Rio de Janeiro, na graduação e no Programa de Pós-graduação em Letras Vernáculas, atuando na linha de fonética, fonologia, prosódia e morfologia do português: descrição e ensino. Suas pesquisas tratam de variação e mudança sonora, bem como prosódia em interface com a sintaxe, na esteira da fonologia prosódica e da fonologia entoacional autossegmental e métrica.

Elisa Battisti é professora associada de Linguística da Universidade Federal do Rio Grande do Sul, atuando em sociolinguística e em fonologia nos níveis de graduação e pós-graduação. Desenvolve pesquisa sobre variação linguística como prática social e fonologia do português brasileiro. É pesquisadora do CNPq.

Gabriel de Ávila Othero é professor associado de Linguística, nos níveis de graduação e pós-graduação, da Universidade Federal do Rio Grande do Sul (UFRGS). Atua nas áreas de sintaxe (e sua interface com semântica, morfologia, estrutura informacional e prosódia), gramática do português brasileiro e história da linguística.

Gesualda dos Santos Rasia é professora na Universidade Federal do Paraná, onde atua na graduação e na pós-graduação. Suas áreas de estudos e de atuação são texto, discurso, história das ideias linguísticas, ensino de língua portuguesa e formação de professores. É pesquisadora do CNPq.

João Antônio de Moraes é professor titular do Departamento de Letras Vernáculas da Faculdade de Letras da Universidade Federal do Rio de Janeiro. Tem desenvolvido pesquisas na área de linguística do português, com ênfase em fonética acústica, especialmente nas subáreas entoação, prosódia, nasalidade e fonologia experimental.

João Paulo Cyrino é professor da Universidade Federal da Bahia e doutor em Linguística pela Universidade de São Paulo. Investiga os seguintes temas: interface morfologia e sintaxe, voz, valência e transitividade, comparabilidade tipológica, morfossintaxe computacional.

Marcos Goldnadel éprofessor da Universidade Federal do Rio Grande do Sul. Tem experiência na área de linguística, com ênfase em pragmática, atuando principalmente nos seguintes temas: pragmática, implicatura, pressuposição, redação e língua portuguesa.

Paula Armelin é professora da Universidade Federal de Juiz de Fora, atuando na linha de linguística e cognição. Sua pesquisa se concentra na área de teoria e análise linguística, como foco em fenômenos morfológicos das línguas naturais e na interface entre morfologia e sintaxe.

Plínio Barbosa é professor livre-docente em fonética e fonologia pela Universidade Estadual de Campinas. Tem formação em engenharia eletrônica e linguística, com ênfase na área de fonética experimental, atuando principalmente nos seguintes temas: análise e modelamento dinâmicos da prosódia da fala, prosódia experimental, teoria de sistemas dinâmicos e de osciladores acoplados, ciências da fala e da linguagem, estilos de elocução, emoção na fala, relações entre atividade respiratória e fala. É pesquisador do CNPq.

Renato Basso é professor da Universidade Federal de São Carlos. Pesquisa a descrição de fenômenos linguísticos usando as ferramentas da semântica e pragmática formais, com ênfase em semântica do verbo e dos indexicais. Interessa-se também pela linguística histórica e epistemologia da linguística.

Sandra Madureira é professora titular do Departamento de Linguística da PUC-SP. Tem experiência na área de linguística e linguística aplicada. desenvolve pesquisa no campo da fonética experimental, abordando como temas principais a expressividade da fala, a expressão facial de emoções e atitudes, o simbolismo sonoro, as qualidades de voz, a entoação, a aquisição de sons de L2, a variação fonética e os distúrbios de fala.

Valdir do Nascimento Flores é professor titular de língua portuguesa, nos níveis de graduação e pós-graduação, da Universidade Federal do Rio Grande do Sul (UFRGS). Nos últimos anos, suas pesquisas têm buscado desenvolver uma perspectiva antropológica de abordagem da enunciação. É pesquisador do CNPq.

GRÁFICA PAYM
Tel. [11] 4392-3344
paym@graficapaym.com.br